HUNGARIAN
VOCABULARY

FOR ENGLISH SPEAKERS

ENGLISH-
HUNGARIAN

The most useful words
To expand your lexicon and sharpen
your language skills

9000 words

Hungarian vocabulary for English speakers - 9000 words

By Andrey Taranov

T&P Books vocabularies are intended for helping you learn, memorize and review foreign words. The dictionary is divided into themes, covering all major spheres of everyday activities, business, science, culture, etc.

The process of learning words using T&P Books' theme-based dictionaries gives you the following advantages:

- Correctly grouped source information predetermines success at subsequent stages of word memorization
- Availability of words derived from the same root allowing memorization of word units (rather than separate words)
- Small units of words facilitate the process of establishing associative links needed for consolidation of vocabulary
- Level of language knowledge can be estimated by the number of learned words

T&P Books Publishing
www.tpbooks.com

ISBN: 978-1-78071-679-4

This book is also available in E-book formats.
Please visit www.tpbooks.com or the major online bookstores.

HUNGARIAN VOCABULARY
for English speakers

T&P Books vocabularies are intended to help you learn, memorize, and review foreign words. The vocabulary contains over 9000 commonly used words arranged thematically.

- Vocabulary contains the most commonly used words
- Recommended as an addition to any language course
- Meets the needs of beginners and advanced learners of foreign languages
- Convenient for daily use, revision sessions, and self-testing activities
- Allows you to assess your vocabulary

Special features of the vocabulary

- Words are organized according to their meaning, not alphabetically
- Words are presented in three columns to facilitate the reviewing and self-testing processes
- Words in groups are divided into small blocks to facilitate the learning process
- The vocabulary offers a convenient and simple transcription of each foreign word

The vocabulary has 256 topics including:

Basic Concepts, Numbers, Colors, Months, Seasons, Units of Measurement, Clothing & Accessories, Food & Nutrition, Restaurant, Family Members, Relatives, Character, Feelings, Emotions, Diseases, City, Town, Sightseeing, Shopping, Money, House, Home, Office, Working in the Office, Import & Export, Marketing, Job Search, Sports, Education, Computer, Internet, Tools, Nature, Countries, Nationalities and more ...

T&P BOOKS' THEME-BASED DICTIONARIES

The Correct System for Memorizing Foreign Words

Acquiring vocabulary is one of the most important elements of learning a foreign language, because words allow us to express our thoughts, ask questions, and provide answers. An inadequate vocabulary can impede communication with a foreigner and make it difficult to understand a book or movie well.

The pace of activity in all spheres of modern life, including the learning of modern languages, has increased. Today, we need to memorize large amounts of information (grammar rules, foreign words, etc.) within a short period. However, this does not need to be difficult. All you need to do is to choose the right training materials, learn a few special techniques, and develop your individual training system.

Having a system is critical to the process of language learning. Many people fail to succeed in this regard; they cannot master a foreign language because they fail to follow a system comprised of selecting materials, organizing lessons, arranging new words to be learned, and so on. The lack of a system causes confusion and eventually, lowers self-confidence.

T&P Books' theme-based dictionaries can be included in the list of elements needed for creating an effective system for learning foreign words. These dictionaries were specially developed for learning purposes and are meant to help students effectively memorize words and expand their vocabulary.

Generally speaking, the process of learning words consists of three main elements:

- Reception (creation or acquisition) of a training material, such as a word list
- Work aimed at memorizing new words
- Work aimed at reviewing the learned words, such as self-testing

All three elements are equally important since they determine the quality of work and the final result. All three processes require certain skills and a well-thought-out approach.

New words are often encountered quite randomly when learning a foreign language and it may be difficult to include them all in a unified list. As a result, these words remain written on scraps of paper, in book margins, textbooks, and so on. In order to systematize such words, we have to create and continually update a "book of new words." A paper notebook, a netbook, or a tablet PC can be used for these purposes.

This "book of new words" will be your personal, unique list of words. However, it will only contain the words that you came across during the learning process. For example, you might have written down the words "Sunday," "Tuesday," and "Friday." However, there are additional words for days of the week, for example, "Saturday," that are missing, and your list of words would be incomplete. Using a theme dictionary, in addition to the "book of new words," is a reasonable solution to this problem.

The theme-based dictionary may serve as the basis for expanding your vocabulary.

It will be your big "book of new words" containing the most frequently used words of a foreign language already included. There are quite a few theme-based dictionaries available, and you should ensure that you make the right choice in order to get the maximum benefit from your purchase.

Therefore, we suggest using theme-based dictionaries from T&P Books Publishing as an aid to learning foreign words. Our books are specially developed for effective use in the sphere of vocabulary systematization, expansion and review.

Theme-based dictionaries are not a magical solution to learning new words. However, they can serve as your main database to aid foreign-language acquisition. Apart from theme dictionaries, you can have copybooks for writing down new words, flash cards, glossaries for various texts, as well as other resources; however, a good theme dictionary will always remain your primary collection of words.

T&P Books' theme-based dictionaries are specialty books that contain the most frequently used words in a language.

The main characteristic of such dictionaries is the division of words into themes. For example, the *City* theme contains the words "street," "crossroads," "square," "fountain," and so on. The *Talking* theme might contain words like "to talk," "to ask," "question," and "answer".

All the words in a theme are divided into smaller units, each comprising 3–5 words. Such an arrangement improves the perception of words and makes the learning process less tiresome. Each unit contains a selection of words with similar meanings or identical roots. This allows you to learn words in small groups and establish other associative links that have a positive effect on memorization.

The words on each page are placed in three columns: a word in your native language, its translation, and its transcription. Such positioning allows for the use of techniques for effective memorization. After closing the translation column, you can flip through and review foreign words, and vice versa. "This is an easy and convenient method of review – one that we recommend you do often."

Our theme-based dictionaries contain transcriptions for all the foreign words. Unfortunately, none of the existing transcriptions are able to convey the exact nuances of foreign pronunciation. That is why we recommend using the transcriptions only as a supplementary learning aid. Correct pronunciation can only be acquired with the help of sound. Therefore our collection includes audio theme-based dictionaries.

The process of learning words using T&P Books' theme-based dictionaries gives you the following advantages:

- You have correctly grouped source information, which predetermines your success at subsequent stages of word memorization

- Availability of words derived from the same root (lazy, lazily, lazybones), allowing you to memorize word units instead of separate words

- Small units of words facilitate the process of establishing associative links needed for consolidation of vocabulary

- You can estimate the number of learned words and hence your level of language knowledge

- The dictionary allows for the creation of an effective and high-quality revision process

- You can revise certain themes several times, modifying the revision methods and techniques

- Audio versions of the dictionaries help you to work out the pronunciation of words and develop your skills of auditory word perception

The T&P Books' theme-based dictionaries are offered in several variants differing in the number of words: 1.500, 3.000, 5.000, 7.000, and 9.000 words. There are also dictionaries containing 15,000 words for some language combinations. Your choice of dictionary will depend on your knowledge level and goals.

We sincerely believe that our dictionaries will become your trusty assistant in learning foreign languages and will allow you to easily acquire the necessary vocabulary.

TABLE OF CONTENTS

MISCELLANEOUS

MAIN 500 VERBS

PRONUNCIATION GUIDE

T&P phonetic alphabet	Hungarian example	English example

Vowels

[ɒ]	**takaró** [tɒkɒro:]	hot
[a:]	**bátor** [ba:tor]	calf, palm
[ɛ]	**öreg** [ørɛg]	man, bad
[e:]	**csésze** [ʧɛ:sɛ]	longer than in bell
[i]	**viccel** [vitsɛl]	shorter than in feet
[i:]	**híd** [hi:d]	feet, meter
[o]	**komoly** [komoj]	pod, John
[o:]	**óvoda** [o:vodɒ]	fall, bomb
[ø]	**könny** [køɲ:]	eternal, church
[ø:]	**rendőr** [rɛndø:r]	first, thirsty
[u]	**tud** [tud]	book
[u:]	**bútor** [bu:tor]	pool, room
[y]	**üveg** [yvɛg]	fuel, tuna
[y:]	**tűzoltó** [ty:zolto:]	longer than fuel

Consonants

[b]	**borsó** [borʃo:]	baby, book
[c]	**kutya** [kucɒ]	Irish - ceist
[ʦ]	**recept** [rɛtsɛpt]	cats, tsetse fly
[ʧ]	**bocsát** [boʧa:t]	church, French
[d]	**dal** [dɒl]	day, doctor
[ʣ]	**edző** [ɛʣø:]	beads, kids
[ʤ]	**dzsem** [ʤɛm]	joke, general
[f]	**feltétel** [fɛlte:tɛl]	face, food
[g]	**régen** [re:gɛn]	game, gold
[h]	**homok** [homok]	home, have
[j]	**játszik** [ja:ʦik]	yes, New York
[ɟ]	**negyven** [nɛɟvɛn]	geese
[k]	**katalógus** [kɒtɒlo:guʃ]	clock, kiss
[l]	**olcsó** [olʧo:]	lace, people
[m]	**megment** [mɛgmɛnt]	magic, milk
[n]	**négyzet** [ne:ɟzɛt]	name, normal

T&P phonetic alphabet	Hungarian example	English example
[ŋ]	senki [ʃɛŋki]	ring
[ɲ]	kanyar [kɔɲɒr]	canyon, new
[p]	pizsama [piʒɒmɒ]	pencil, private
[r]	köröm [køɾøm]	rice, radio
[s]	szoknya [sokɲɒ]	city, boss
[ʃ]	siet [ʃiɛt]	machine, shark
[t]	táska [taːʃkɒ]	tourist, trip
[v]	vezető [vɛzɛtøː]	very, river
[z]	frizura [frizurɒ]	zebra, please
[ʒ]	mazsola [mɒʒolɒ]	forge, pleasure

ABBREVIATIONS
used in the vocabulary

English abbreviations

ab.	-	about
adj	-	adjective
adv	-	adverb
anim.	-	animate
as adj	-	attributive noun used as adjective
e.g.	-	for example
etc.	-	et cetera
fam.	-	familiar
fem.	-	feminine
form.	-	formal
inanim.	-	inanimate
masc.	-	masculine
math	-	mathematics
mil.	-	military
n	-	noun
pl	-	plural
pron.	-	pronoun
sb	-	somebody
sing.	-	singular
sth	-	something
v aux	-	auxiliary verb
vi	-	intransitive verb
vi, vt	-	intransitive, transitive verb
vt	-	transitive verb

BASIC CONCEPTS

Basic concepts. Part 1

1. Pronouns

I, me	**én**	[e:n]
you	**te**	[tɛ]
he, she, it	**ő**	[ø:]
we	**mi**	[mi]
you (to a group)	**ti**	[ti]
they	**ők**	[ø:k]

2. Greetings. Salutations. Farewells

Hello! (fam.)	**Szervusz!**	[sɛrvus]
Hello! (form.)	**Szervusztok!**	[sɛrvustok]
Good morning!	**Jó reggelt!**	[jo: rɛggɛlt]
Good afternoon!	**Jó napot!**	[jo: nɒpot]
Good evening!	**Jó estét!**	[jo: ɛʃte:t]
to say hello	**köszönt**	[køsønt]
Hi! (hello)	**Szia!**	[siɒ]
greeting (n)	**üdvözlet**	[ydvøzlɛt]
to greet (vt)	**üdvözöl**	[ydvøzøl]
How are you?	**Hogy vagy?**	[hoɟ vɒɟ]
What's new?	**Mi újság?**	[mi u:jʃa:g]
Bye-Bye! Goodbye!	**Viszontlátásra!**	[visont la:ta:ʃrɒ]
See you soon!	**A közeli viszontlátásra!**	[ɒ køzɛli visont la:ta:ʃrɒ]
Farewell! (to a friend)	**Isten veled!**	[iʃtɛn vɛlɛd]
Farewell! (form.)	**Isten vele!**	[iʃtɛn vɛlɛ]
to say goodbye	**elbúcsúzik**	[ɛlbu:tʃu:zik]
So long!	**Viszlát!**	[visla:t]
Thank you!	**Köszönöm!**	[køsønøm]
Thank you very much!	**Köszönöm szépen!**	[køsønøm se:pɛn]
You're welcome	**Kérem.**	[ke:rɛm]
Don't mention it!	**szóra sem érdemes**	[so:rɒ ʃɛm e:rdɛmɛʃ]
It was nothing	**nincs mit**	[nintʃ mit]
Excuse me!	**Bocsánat!**	[botʃa:nɒt]
to excuse (forgive)	**bocsát**	[botʃa:t]

to apologize (vi)	bocsánatot kér	[botʃaːnɒtot keːr]
My apologies	bocsánatot kérek	[botʃaːnɒtot keːrɛk]
I'm sorry!	Elnézést!	[ɛlneːzeːʃt]
to forgive (vt)	bocsát	[botʃaːt]
please (adv)	kérem szépen	[keːrɛm seːpɛn]

Don't forget!	Ne felejtse!	[nɛ fɛlɛjtʃɛ]
Certainly!	Persze!	[pɛrsɛ]
Of course not!	Persze nem!	[pɛrsɛ nɛm]
Okay! (I agree)	Jól van!	[joːl vɒn]
That's enough!	Elég!	[ɛleːg]

3. How to address

mister, sir	Uram	[urɒm]
ma'am	Asszonyom	[ɒssonøm]
miss	Fiatalasszony	[fiɒtɒl ɒssoɲ]
young man	Fiatalember	[fiɒtɒl ɛmbɛr]
young man (little boy, kid)	Kisfiú	[kiʃfiuː]
miss (little girl)	Kislány	[kiʃlaːɲ]

4. Cardinal numbers. Part 1

0 zero	nulla	[nullɒ]
1 one	egy	[ɛɟ]
2 two	kettő, két	[kɛttøː], [keːt]
3 three	három	[haːrom]
4 four	négy	[neːɟ]

5 five	öt	[øt]
6 six	hat	[hɒt]
7 seven	hét	[heːt]
8 eight	nyolc	[ɲolts]
9 nine	kilenc	[kilɛnts]

10 ten	tíz	[tiːz]
11 eleven	tizenegy	[tizɛnɛɟ]
12 twelve	tizenkettő	[tizɛŋkɛttøː]
13 thirteen	tizenhárom	[tizɛnhaːrom]
14 fourteen	tizennégy	[tizɛnneːɟ]

15 fifteen	tizenöt	[tizɛnøt]
16 sixteen	tizenhat	[tizɛnhɒt]
17 seventeen	tizenhét	[tizɛnheːt]
18 eighteen	tizennyolc	[tizɛnɲølts]
19 nineteen	tizenkilenc	[tizɛŋkilɛnts]
20 twenty	húsz	[huːs]
21 twenty-one	huszonegy	[husonɛɟ]

| 22 twenty-two | huszonkettő | [huson kɛttø:] |
| 23 twenty-three | huszonhárom | [huson ha:rom] |

30 thirty	harminc	[hɔrmints]
31 thirty-one	harmincegy	[hɔrmintsɛɟ]
32 thirty-two	harminckettő	[hɔrmints kɛttø:]
33 thirty-three	harminchárom	[hɔrmintsha:rom]

40 forty	negyven	[nɛɟvɛn]
41 forty-one	negyvenegy	[nɛɟvɛnɛɟ]
42 forty-two	negyvenkettő	[nɛɟvɛn kɛttø:]
43 forty-three	negyvenhárom	[nɛɟvɛn ha:rom]

50 fifty	ötven	[øtvɛn]
51 fifty-one	ötvenegy	[øtvɛnɛɟ]
52 fifty-two	ötvenkettő	[øtvɛn kɛttø:]
53 fifty-three	ötvenhárom	[øtvɛn ha:rom]

60 sixty	hatvan	[hɔtvɒn]
61 sixty-one	hatvanegy	[hɔtvɒnɛɟ]
62 sixty-two	hatvankettő	[hɔtvɒn kɛttø:]
63 sixty-three	hatvanhárom	[hɔtvɒn ha:rom]

70 seventy	hetven	[hɛtvɛn]
71 seventy-one	hetvenegy	[hɛtvɛnɛɟ]
72 seventy-two	hetvenkettő	[hɛtvɛn kɛttø:]
73 seventy-three	hetvenhárom	[hɛtvɛn ha:rom]

80 eighty	nyolcvan	[ɲoltsvɒn]
81 eighty-one	nyolcvanegy	[ɲoltsvɒnɛɟ]
82 eighty-two	nyolcvankettő	[ɲoltsvɒn kɛttø:]
83 eighty-three	nyolcvanhárom	[ɲoltsvɒn ha:rom]

90 ninety	kilencven	[kilɛntsvɛn]
91 ninety-one	kilencvenegy	[kilɛntsvɛnɛɟ]
92 ninety-two	kilencvenkettő	[kilɛntsvɛn kɛttø:]
93 ninety-three	kilencvenhárom	[kilɛntsvɛn ha:rom]

5. Cardinal numbers. Part 2

100 one hundred	száz	[sa:z]
200 two hundred	kétszáz	[ke:tsa:z]
300 three hundred	háromszáz	[ha:romsa:z]
400 four hundred	négyszáz	[ne:ɟsa:z]
500 five hundred	ötszáz	[øtsa:z]

600 six hundred	hatszáz	[hɒtsa:z]
700 seven hundred	hétszáz	[he:tsa:z]
800 eight hundred	nyolcszáz	[ɲoltssa:z]
900 nine hundred	kilencszáz	[kilɛntssa:z]

1000 one thousand	ezer	[ɛzɛr]
2000 two thousand	kétezer	[keːtɛzɛr]
3000 three thousand	háromezer	[haːromɛzɛr]
10000 ten thousand	tízezer	[tiːzɛzɛr]
one hundred thousand	százezer	[saːzɛzɛr]
million	millió	[millioː]
billion	milliárd	[milliaːrd]

6. Ordinal numbers

first (adj)	első	[ɛlʃøː]
second (adj)	második	[maːʃodik]
third (adj)	harmadik	[hɒrmɒdik]
fourth (adj)	negyedik	[nɛɟɛdik]
fifth (adj)	ötödik	[øtødik]

sixth (adj)	hatodik	[hɒtodik]
seventh (adj)	hetedik	[hɛtɛdik]
eighth (adj)	nyolcadik	[noltsɒdik]
ninth (adj)	kilencedik	[kilɛntsɛdik]
tenth (adj)	tizedik	[tizɛdik]

7. Numbers. Fractions

fraction	tört	[tørt]
one half	fél	[feːl]
one third	egy harmad	[ɛɟ hɒrmɒd]
one quarter	egy negyed	[ɛɟ nɛɟɛd]

one eighth	egy nyolcad	[ɛɟ nøltsɒd]
one tenth	egy tized	[ɛɟ tizɛd]
two thirds	két harmad	[keːt hɒrmɒd]
three quarters	három negyed	[haːrom nɛɟɛd]

8. Numbers. Basic operations

subtraction	kivonás	[kivonaːʃ]
to subtract (vi, vt)	kivon	[kivon]
division	osztás	[ostaːʃ]
to divide (vt)	oszt	[ost]

addition	összeadás	[øssɛɒdaːʃ]
to add up (vt)	összead	[øssɛɒd]
to add (vi, vt)	hozzáad	[hozzaːɒd]
multiplication	szorzás	[sorzaːʃ]
to multiply (vt)	megszoroz	[mɛgsoroz]

9. Numbers. Miscellaneous

digit, figure	számjegy	[sa:mjɛɟ]
number	szám	[sa:m]
numeral	számnév	[sa:mne:v]
minus sign	mínusz	[mi:nus]
plus sign	plusz	[plus]
formula	formula	[formulɒ]

calculation	kiszámítás	[kisa:mi:ta:ʃ]
to count (vi, vt)	számol	[sa:mol]
to count up	összeszámol	[øssɛsa:mol]
to compare (vt)	összehasonlít	[øssɛhɒʃonli:t]

How much?	Mennyi?	[mɛnɲi]
How many?	Hány?	[ha:ɲ]

sum, total	összeg	[øssɛg]
result	eredmény	[ɛrɛdme:ɲ]
remainder	maradék	[mɒrɒde:k]

a few (e.g., ~ years ago)	néhány	[ne:ha:ɲ]
little (I had ~ time)	kevés ...	[kɛve:ʃ]
the rest	egyéb	[ɛɟe:b]
one and a half	másfél	[ma:ʃfe:l]
dozen	tucat	[tutsɒt]

in half (adv)	ketté	[kɛtte:]
equally (evenly)	egyenlően	[ɛɟɛnlø:ɛn]
half	fél	[fe:l]
time (three ~s)	egyszer	[ɛcsɛr]

10. The most important verbs. Part 1

to advise (vt)	tanácsol	[tɒna:tʃol]
to agree (say yes)	beleegyezik	[bɛlɛɛɟɛzik]
to answer (vi, vt)	válaszol	[va:lɒsol]
to apologize (vi)	bocsánatot kér	[botʃa:nɒtot ke:r]
to arrive (vi)	érkezik	[e:rkɛzik]

to ask (~ oneself)	kérdez	[ke:rdɛz]
to ask (~ sb to do sth)	kér	[ke:r]
to be (vi)	van	[vɒn]

to be afraid	fél	[fe:l]
to be hungry	éhes van	[e:hɛʃ vɒn]
to be interested in ...	érdeklődik	[e:rdɛklø:dik]
to be needed	szükség van	[sykʃe:g vɒn]
to be surprised	csodálkozik	[tʃoda:lkozik]

Hungarian

T&P Books. Hungarian vocabulary for English speakers - 9000 words

to be thirsty	szomjas van	[somjoʃ vɒn]
to begin (vt)	kezd	[kɛzd]
to belong to ...	tartozik	[tɒrtozik]
to boast (vi)	dicsekedik	[ditʃɛkɛdik]
to break (split into pieces)	tör	[tør]
to call (~ for help)	hív	[hi:v]
can (v aux)	tud	[tud]
to catch (vt)	fog	[fog]
to change (vt)	változtat	[va:ltoztɒt]
to choose (select)	választ	[va:lɒst]
to come down (the stairs)	lemegy	[lɛmɛɟ]
to compare (vt)	összehasonlít	[øssɛhɒʃonli:t]
to complain (vi, vt)	panaszkodik	[pɒnɒskodik]
to confuse (mix up)	összetéveszt	[øssɛte:vɛst]
to continue (vt)	folytat	[fojtɒt]
to control (vt)	ellenőriz	[ɛllɛnø:riz]
to cook (dinner)	készít	[ke:si:t]
to cost (vt)	kerül	[kɛryl]
to count (add up)	számol	[sa:mol]
to count on ...	számít ...re	[sa:mi:t ...rɛ]
to create (vt)	teremt	[tɛrɛmt]
to cry (weep)	sír	[ʃi:r]

11. The most important verbs. Part 2

to deceive (vi, vt)	csal	[tʃɒl]
to decorate (tree, street)	díszít	[di:si:t]
to defend (a country, etc.)	véd	[ve:d]
to demand (request firmly)	követel	[køvɛtɛl]
to dig (vt)	ás	[a:ʃ]
to discuss (vt)	megbeszél	[mɛgbɛse:l]
to do (vt)	csinál	[tʃina:l]
to doubt (have doubts)	kételkedik	[ke:tɛlkɛdik]
to drop (let fall)	leejt	[lɛɛjt]
to enter (room, house, etc.)	bemegy	[bɛmɛɟ]
to exist (vi)	létezik	[le:tɛzik]
to expect (foresee)	előre lát	[ɛlø:rɛ la:t]
to explain (vt)	magyaráz	[mɒɟɒra:z]
to fall (vi)	esik	[ɛʃik]
to find (vt)	talál	[tɒla:l]
to finish (vt)	befejez	[bɛfɛjɛz]
to fly (vi)	repül	[rɛpyl]
to follow ... (come after)	követ	[køvɛt]

to forget (vi, vt)	elfelejt	[ɛlfɛlɛjt]
to forgive (vt)	bocsát	[botʃaːt]
to give (vt)	ad	[ɒd]
to give a hint	céloz	[tseːloz]
to go (on foot)	megy	[mɛɟ]

to go for a swim	úszni megy	[uːsni mɛɟ]
to go out (for dinner, etc.)	kimegy	[kimɛɟ]
to guess (the answer)	kitalál	[kitɒlaːl]

to have (vt)	van	[vɒn]
to have breakfast	reggelizik	[rɛggɛlizik]
to have dinner	vacsorázik	[vɒtʃoraːzik]
to have lunch	ebédel	[ɛbeːdɛl]
to hear (vt)	hall	[hɒll]

to help (vt)	segít	[ʃɛgiːt]
to hide (vt)	rejt	[rɛjt]
to hope (vi, vt)	remél	[rɛmeːl]
to hunt (vi, vt)	vadászik	[vɒdaːsik]
to hurry (vi)	siet	[ʃiɛt]

12. The most important verbs. Part 3

to inform (vt)	tájékoztat	[taːjeːkoztɒt]
to insist (vi, vt)	ragaszkodik	[rɒgɒskodik]
to insult (vt)	megsért	[mɛgʃeːrt]
to invite (vt)	meghív	[mɛghiːv]
to joke (vi)	viccel	[vitsɛl]

to keep (vt)	megőriz	[mɛgøːriz]
to keep silent, to hush	hallgat	[hɒllgɒt]
to kill (vt)	megöl	[mɛgøl]
to know (sb)	ismer	[iʃmɛr]
to know (sth)	tud	[tud]
to laugh (vi)	nevet	[nɛvɛt]

to liberate (city, etc.)	felszabadít	[fɛlsɒbɒdiːt]
to like (I like …)	tetszik	[tɛtsik]
to look for … (search)	keres	[kɛrɛʃ]
to love (sb)	szeret	[sɛrɛt]
to make a mistake	hibázik	[hibaːzik]

to manage, to run	irányít	[iraːniːt]
to mean (signify)	jelent	[jɛlɛnt]
to mention (talk about)	megemlít	[mɛgɛmliːt]
to miss (school, etc.)	elmulaszt	[ɛlmulɒst]
to notice (see)	észrevesz	[eːsrɛvɛs]
to object (vi, vt)	ellentmond	[ɛllɛntmond]
to observe (see)	figyel	[fiɟɛl]

to open (vt)	nyit	[ɲit]
to order (meal, etc.)	rendel	[rɛndɛl]
to order (mil.)	parancsol	[pɒrɒntʃol]
to own (possess)	rendelkezik	[rɛndɛlkɛzik]

to participate (vi)	részt vesz	[re:st vɛs]
to pay (vi, vt)	fizet	[fizɛt]
to permit (vt)	enged	[ɛŋgɛd]
to plan (vt)	tervez	[tɛrvɛz]
to play (children)	játszik	[ja:tsik]

to pray (vi, vt)	imádkozik	[ima:dkozik]
to prefer (vt)	többre becsül	[tøbbrɛ bɛtʃyl]
to promise (vt)	ígér	[i:ge:r]
to pronounce (vt)	kiejt	[kiɛjt]
to propose (vt)	javasol	[jɒvɒʃol]
to punish (vt)	büntet	[byntɛt]

13. The most important verbs. Part 4

to read (vi, vt)	olvas	[olvɒʃ]
to recommend (vt)	ajánl	[ɒja:nl]
to refuse (vi, vt)	lemond	[lɛmond]
to regret (be sorry)	sajnál	[ʃɒjna:l]
to rent (sth from sb)	bérel	[be:rɛl]

to repeat (say again)	ismétel	[iʃme:tɛl]
to reserve, to book	rezervál	[rɛzɛrva:l]
to run (vi)	fut	[fut]
to save (rescue)	megment	[mɛgmɛnt]
to say (~ thank you)	mond	[mond]

to scold (vt)	szid	[sid]
to see (vt)	lát	[la:t]
to sell (vt)	elad	[ɛlɒd]
to send (vt)	felad	[fɛlɒd]
to shoot (vi)	lő	[lø:]

to shout (vi)	kiabál	[kiɒba:l]
to show (vt)	mutat	[mutɒt]
to sign (document)	aláír	[ɒla:i:r]
to sit down (vi)	leül	[lɛyl]

to smile (vi)	mosolyog	[moʃojog]
to speak (vi, vt)	beszélget	[bɛse:lgɛt]
to steal (money, etc.)	lop	[lop]
to stop (for pause, etc.)	megáll	[mɛga:ll]
to stop (please ~ calling me)	abbahagy	[ɒbbɒhɒɟ]
to study (vt)	tanul	[tɒnul]

to swim (vi)	úszik	[u:sik]
to take (vt)	vesz	[vɛs]
to think (vi, vt)	gondol	[gondol]
to threaten (vt)	fenyeget	[fɛnɛgɛt]

to touch (with hands)	érint	[e:rint]
to translate (vt)	fordít	[fordi:t]
to trust (vt)	rábíz	[ra:bi:z]
to try (attempt)	próbál	[pro:ba:l]
to turn (e.g., ~ left)	fordul	[fordul]

to underestimate (vt)	aláértékel	[ɒla:e:rte:kɛl]
to understand (vt)	ért	[e:rt]
to unite (vt)	egyesít	[ɛɟɛʃi:t]
to wait (vt)	vár	[va:r]

to want (wish, desire)	akar	[ɒkɒr]
to warn (vt)	figyelmeztet	[fiɟɛlmɛztɛt]
to work (vi)	dolgozik	[dolgozik]
to write (vt)	ír	[i:r]
to write down	feljegyez	[fɛljɛɟɛz]

14. Colors

color	szín	[si:n]
shade (tint)	árnyalat	[a:rɲɒlɒt]
hue	tónus	[to:nuʃ]
rainbow	szivárvány	[siva:rva:ɲ]

white (adj)	fehér	[fɛhe:r]
black (adj)	fekete	[fɛkɛtɛ]
gray (adj)	szürke	[syrkɛ]

green (adj)	zöld	[zøld]
yellow (adj)	sárga	[ʃa:rgɒ]
red (adj)	piros	[piroʃ]

blue (adj)	kék	[ke:k]
light blue (adj)	világoskék	[vilɒgoʃke:k]
pink (adj)	rózsaszínű	[ro:ʒɒsi:ny:]
orange (adj)	narancssárga	[nɒrɒntʃʃa:rgɒ]
violet (adj)	lila	[lilɒ]
brown (adj)	barna	[bɒrnɒ]

| golden (adj) | arany | [ɒrɒɲ] |
| silvery (adj) | ezüstös | [ɛzyʃtøʃ] |

beige (adj)	bézs	[be:ʒ]
cream (adj)	krémszínű	[kre:msi:ny:]
turquoise (adj)	türkizkék	[tyrkiʃke:k]

cherry red (adj)	meggyszínű	[mɛdʝ siːɲ:]
lilac (adj)	lila	[lilɒ]
crimson (adj)	málnaszínű	[maːlnɒ siːɲ:]

light (adj)	világos	[vilaːgoʃ]
dark (adj)	sötét	[ʃøteːt]
bright, vivid (adj)	élénk	[eːleːŋk]

colored (pencils)	színes	[siːnɛʃ]
color (e.g., ~ film)	színes	[siːnɛʃ]
black-and-white (adj)	feketefehér	[fɛkɛtɛfɛheːr]
plain (one-colored)	egyszínű	[ɛcsiːɲ:]
multicolored (adj)	sokszínű	[ʃoksiːɲ:]

15. Questions

Who?	Ki?	[ki]
What?	Mi?	[mi]
Where? (at, in)	Hol?	[hol]
Where (to)?	Hová?	[hovaː]
From where?	Honnan?	[honnɒn]
When?	Mikor?	[mikor]
Why? (What for?)	Minek?	[minɛk]
Why? (~ are you crying?)	Miért?	[mieːrt]

What for?	Miért?	[mieːrt]
How? (in what way)	Hogy? Hogyan?	[hoʝ], [hoʝɒn]
What? (What kind of ...?)	Milyen?	[mijɛn]
Which?	Melyik?	[mɛjik]

To whom?	Kinek?	[kinɛk]
About whom?	Kiről?	[kirøːl]
About what?	Miről?	[mirøːl]
With whom?	Kivel?	[kivɛl]

How many?	Hány?	[haːɲ]
How much?	Mennyi?	[mɛnɲi]
Whose?	Kié?	[kieː]

16. Prepositions

with (accompanied by)	val, -vel	[-vɒl, -vɛl]
without	nélkül	[neːlkyl]
to (indicating direction)	ba, -be	[bɒ, -bɛ]
about (talking ~ ...)	ról, -ről	[roːl, -røːl]
before (in time)	előtt	[ɛløːtt]
in front of ...	előtt	[ɛløːtt]
under (beneath, below)	alatt	[ɒlɒtt]

above (over)	**fölött**	[føløtt]
on (atop)	**n**	[n]
from (off, out of)	**ból, -ből**	[bo:l, -bø:l]
of (made from)	**ból, -ből**	[bo:l, -bø:l]
in (e.g., ~ ten minutes)	**múlva**	[mu:lvɒ]
over (across the top of)	**keresztül**	[kɛrɛstyl]

17. Function words. Adverbs. Part 1

Where? (at, in)	**Hol?**	[hol]
here (adv)	**itt**	[itt]
there (adv)	**ott**	[ott]
somewhere (to be)	**valahol**	[vɒlɒhol]
nowhere (not in any place)	**sehol**	[ʃɛhol]
by (near, beside)	**mellett, nál, -nél**	[mɛllɛtt], [na:l, -ne:l]
by the window	**az ablaknál**	[ɒz ɒblɒkna:l]
Where (to)?	**Hová?**	[hova:]
here (e.g., come ~!)	**ide**	[idɛ]
there (e.g., to go ~)	**oda**	[odɒ]
from here (adv)	**innen**	[innɛn]
from there (adv)	**onnan**	[onnɒn]
close (adv)	**közel**	[køzɛl]
far (adv)	**messze**	[mɛssɛ]
near (e.g., ~ Paris)	**mellett**	[mɛllɛtt]
nearby (adv)	**a közelben**	[ɒ køzɛlbɛn]
not far (adv)	**nem messze**	[nɛm mɛssɛ]
left (adj)	**bal**	[bɒl]
on the left	**balra**	[bɒlrɒ]
to the left	**balra**	[bɒlrɒ]
right (adj)	**jobb**	[jobb]
on the right	**jobbra**	[jobbrɒ]
to the right	**jobbra**	[jobbrɒ]
in front (adv)	**elöl**	[ɛløl]
front (as adj)	**elülső**	[ɛlylʃø:]
ahead (the kids ran ~)	**előre**	[ɛlø:rɛ]
behind (adv)	**hátul**	[ha:tul]
from behind	**hátulról**	[ha:tulro:l]
back (towards the rear)	**hátra**	[ha:trɒ]
middle	**közép**	[køze:p]
in the middle	**középen**	[køze:pɛn]

at the side	oldalról	[oldɒlro:l]
everywhere (adv)	mindenütt	[mindɛnytt]
around (in all directions)	körül	[køryl]

from inside	belülről	[bɛlylrø:l]
somewhere (to go)	valahova	[vɒlɒhovɒ]
straight (directly)	egyenesen	[ɛɟɛnɛʃɛn]
back (e.g., come ~)	visszafelé	[vissɒfɛle:]

| from anywhere | valahonnan | [vɒlɒhonnɒn] |
| from somewhere | valahonnan | [vɒlɒhonnɒn] |

firstly (adv)	először	[ɛlø:sør]
secondly (adv)	másodszor	[ma:ʃodsor]
thirdly (adv)	harmadszor	[hɒrmɒdsor]

suddenly (adv)	hirtelen	[hirtɛlɛn]
at first (in the beginning)	eleinte	[ɛlɛintɛ]
for the first time	először	[ɛlø:sør]
long before …	jóval … előtt	[jo:vɒl … ɛlø:tt]
anew (over again)	újra	[u:jrɒ]
for good (adv)	mindörökre	[mindørøkrɛ]

never (adv)	soha	[ʃohɒ]
again (adv)	ismét	[iʃme:t]
now (at present)	most	[moʃt]
often (adv)	gyakran	[ɟokrɒn]
then (adv)	akkor	[ɒkkor]
urgently (quickly)	sürgősen	[ʃyrgø:ʃɛn]
usually (adv)	általában	[a:ltɒla:bɒn]

by the way, …	apropó	[ɒpropo:]
possibly	lehetséges	[lɛhɛtʃe:gɛʃ]
probably (adv)	valószínűleg	[vɒlo:si:ny:lɛg]
maybe (adv)	talán	[tɒla:n]
besides …	azon kívül …	[ɒzon ki:vyl]
that's why …	ezért	[ɛze:rt]
in spite of …	nek ellenére	[nɛk ɛllɛne:rɛ]
thanks to …	… köszenhetően	[køsɛnhɛtø:ɛn]

what (pron.)	mi	[mi]
that (conj.)	ami	[ɒmi]
something	valami	[vɒlɒmi]
anything (something)	valami	[vɒlɒmi]
nothing	semmi	[ʃɛmmi]

who (pron.)	ki	[ki]
someone	valaki	[vɒlɒki]
somebody	valaki	[vɒlɒki]

| nobody | senki | [ʃɛŋki] |
| nowhere (a voyage to ~) | sehol | [ʃɛhol] |

29

| nobody's | senkié | [ʃɛŋkie:] |
| somebody's | valakié | [vɒlɒkie:] |

so (I'm ~ glad)	így	[i:ɟ]
also (as well)	is	[iʃ]
too (as well)	is	[iʃ]

18. Function words. Adverbs. Part 2

Why?	Miért?	[mie:rt]
for some reason	valamiért	[vɒlɒmie:rt]
because ...	azért, mert ...	[ɒze:rt], [mɛrt]
for some purpose	valamiért	[vɒlɒmie:rt]

and	és	[e:ʃ]
or	vagy	[vɒɟ]
but	de	[dɛ]
for (e.g., ~ me)	... céljából	[tse:ja:bo:l]

too (~ many people)	túl	[tu:l]
only (exclusively)	csak	[tʃɒk]
exactly (adv)	pontosan	[pontoʃɒn]
about (more or less)	körülbelül	[kørylbɛlyl]

approximately (adv)	körülbelül	[kørylbɛlyl]
approximate (adj)	megközelítő	[mɛgkøzɛli:tø:]
almost (adv)	majdnem	[mɒjdnɛm]
the rest	a többi	[ɒ tøbbi]

each (adj)	minden	[mindɛn]
any (no matter which)	bármilyen	[ba:rmijɛn]
many, much (a lot of)	sok	[ʃok]
many people	sokan	[ʃokɒn]
all (everyone)	mindenki	[mindɛŋki]

in return for ...	ért cserébe	[e:rt tʃɛre:bɛ]
in exchange (adv)	viszonzásul	[visonza:ʃul]
by hand (made)	kézzel	[ke:zzɛl]
hardly (negative opinion)	aligha	[ɒlighɒ]

probably (adv)	valószínűleg	[vɒlo:si:ny:lɛg]
on purpose (intentionally)	szándékosan	[sa:nde:koʃɒn]
by accident (adv)	véletlenül	[ve:lɛtlɛnyl]

very (adv)	nagyon	[nɒɟøn]
for example (adv)	például	[pe:lda:ul]
between	között	[køzøtt]
among	körében	[køre:bɛn]
so much (such a lot)	annyi	[ɒɲɲi]
especially (adv)	különösen	[kylønøʃɛn]

Basic concepts. Part 2

19. Weekdays

Monday	hétfő	[he:tfø:]
Tuesday	kedd	[kɛdd]
Wednesday	szerda	[sɛrdɒ]
Thursday	csütörtök	[ʧytørtøk]
Friday	péntek	[peːntɛk]
Saturday	szombat	[sombɒt]
Sunday	vasárnap	[vɒʃaːrnɒp]

today (adv)	ma	[mɒ]
tomorrow (adv)	holnap	[holnɒp]
the day after tomorrow	holnapután	[holnɒputaːn]
yesterday (adv)	tegnap	[tɛgnɒp]
the day before yesterday	tegnapelőtt	[tɛgnɒpɛløːtt]

day	nap	[nɒp]
working day	munkanap	[muŋkɒnɒp]
public holiday	ünnepnap	[ynnɛpnɒp]
day off	szabadnap	[sɒbɒdnɒp]
weekend	hétvég	[he:tve:g]

all day long	egész nap	[ɛge:s nɒp]
the next day (adv)	másnap	[maːʃnɒp]
two days ago	két nappal ezelőtt	[ke:t nɒppɒl ɛzɛløːtt]
the day before	az előző nap	[ɒz ɛløːzø: nɒp]
daily (adj)	napi	[nɒpi]
every day (adv)	naponta	[nɒpontɒ]

week	hét	[he:t]
last week (adv)	a múlt héten	[ɒ muːlt he:tɛn]
next week (adv)	a következő héten	[ɒ køvɛtkɛzø: he:tɛn]
weekly (adj)	heti	[hɛti]
every week (adv)	hetente	[hɛtɛntɛ]
twice a week	kétszer hetente	[ke:tsɛr hɛtɛntɛ]
every Tuesday	minden kedd	[mindɛn kɛdd]

20. Hours. Day and night

morning	reggel	[rɛggɛl]
in the morning	reggel	[rɛggɛl]
noon, midday	délidő	[de:lidø:]

in the afternoon	délután	[de:luta:n]
evening	este	[ɛʃtɛ]
in the evening	este	[ɛʃtɛ]
night	éjszak	[e:jsɒk]
at night	éjjel	[e:jjɛl]
midnight	éjfél	[e:jfe:l]

second	másodperc	[ma:ʃodpɛrts]
minute	perc	[pɛrts]
hour	óra	[o:rɒ]
half an hour	félóra	[fe:lo:rɒ]
a quarter-hour	negyedóra	[nɛɟɛdo:rɒ]
fifteen minutes	tizenöt perc	[tizɛnøt pɛrts]
24 hours	teljes nap	[tɛjɛʃ nɒp]

sunrise	napkelte	[nɒpkɛltɛ]
dawn	virradat	[virrɒdɒt]
early morning	kora reggel	[korɒ rɛggɛl]
sunset	naplemente	[nɒplɛmɛntɛ]

early in the morning	kora reggel	[korɒ rɛggɛl]
this morning	ma reggel	[mɒ rɛggɛl]
tomorrow morning	holnap reggel	[holnɒp rɛggɛl]

this afternoon	ma nappal	[mɒ nɒppɒl]
in the afternoon	délután	[de:luta:n]
tomorrow afternoon	holnap délután	[holnɒp de:luta:n]

tonight (this evening)	ma este	[mɒ ɛʃtɛ]
tomorrow night	holnap este	[holnɒp ɛʃtɛ]

at 3 o'clock sharp	pont három órakor	[pont ha:rom o:rɒkor]
about 4 o'clock	körülbelül négy órakor	[kørylbɛlyl ne:ɟ o:rɒkor]
by 12 o'clock	tizenkét órára	[tizɛŋke:t o:ra:rɒ]

in 20 minutes	húsz perc múlva	[hu:s pɛrts mu:lvɒ]
in an hour	egy óra múlva	[ɛɟ o:rɒ mu:lvɒ]
on time (adv)	időben	[idø:bɛn]

a quarter to …	háromnegyed	[ha:romnɛɟɛd]
within an hour	egy óra folyamán	[ɛɟ: o:rɒ fojɒma:n]
every 15 minutes	minden tizenöt perc	[mindɛn tizɛnøt pɛrts]
round the clock	éjjel nappal	[e:jjɛl nɒppɒl]

21. Months. Seasons

January	január	[jɒnua:r]
February	február	[fɛbrua:r]
March	március	[ma:rtsiuʃ]
April	április	[a:priliʃ]

May	**május**	[maːjuʃ]
June	**június**	[juːniuʃ]
July	**július**	[juːliuʃ]
August	**augusztus**	[ɒugustuʃ]
September	**szeptember**	[sɛptɛmbɛr]
October	**október**	[oktoːbɛr]
November	**november**	[novɛmbɛr]
December	**december**	[dɛtsɛmbɛr]
spring	**tavasz**	[tɒvɒs]
in spring	**tavasszal**	[tɒvɒssɒl]
spring (as adj)	**tavaszi**	[tɒvɒsi]
summer	**nyár**	[ɲaːr]
in summer	**nyáron**	[ɲaːron]
summer (as adj)	**nyári**	[ɲaːri]
fall	**ősz**	[øːs]
in fall	**ősszel**	[øːssɛl]
fall (as adj)	**őszi**	[øːsi]
winter	**tél**	[teːl]
in winter	**télen**	[teːlɛn]
winter (as adj)	**téli**	[teːli]
month	**hónap**	[hoːnɒp]
this month	**ebben a hónapban**	[ɛbbɛn ɒ hoːnɒpbɒn]
next month	**a következő hónapban**	[ɒ køvɛtkɛzøː hoːnɒpbɒn]
last month	**a múlt hónapban**	[ɒ muːlt hoːnɒpbɒn]
a month ago	**egy hónappal ezelőtt**	[ɛɟ hoːnɒppɒl ɛzɛløːtt]
in a month (a month later)	**egy hónap múlva**	[ɛɟ hoːnɒp muːlvɒ]
in 2 months (2 months later)	**két hónap múlva**	[keːt hoːnɒp muːlvɒ]
the whole month	**az egész hónap**	[ɒz ɛgeːs hoːnɒp]
all month long	**az egész hónap**	[ɒz ɛgeːs hoːnɒp]
monthly (~ magazine)	**havi**	[hɒvi]
monthly (adv)	**havonta**	[hɒvontɒ]
every month	**minden hónap**	[mindɛn hoːnɒp]
twice a month	**kétszer havonta**	[keːtsɛr hɒvontɒ]
year	**év**	[eːv]
this year	**ebben az évben**	[ɛbbɛn ɒz eːvbɛn]
next year	**a következő évben**	[ɒ køvɛtkɛzøː eːvbɛn]
last year	**a múlt évben**	[ɒ muːlt eːvbɛn]
a year ago	**egy évvel ezelőtt**	[ɛɟ eːvvɛl ɛzɛløːtt]
in a year	**egy év múlva**	[ɛɟ eːv muːlvɒ]
in two years	**két év múlva**	[keːt eːv muːlvɒ]
the whole year	**az egész év**	[ɒz ɛgeːs eːv]

all year long	az egész év	[ɒz ɛge:s e:v]
every year	minden év	[mindɛn e:v]
annual (adj)	évi	[e:vi]
annually (adv)	évente	[e:vɛntɛ]
4 times a year	négyszer évente	[ne:ɟsɛr e:vɛntɛ]

date (e.g., today's ~)	nap	[nɒp]
date (e.g., ~ of birth)	dátum	[da:tum]
calendar	naptár	[nɒpta:r]

half a year	fél év	[fe:l e:v]
six months	félév	[fe:le:v]
season (summer, etc.)	évszak	[e:vsɒk]
century	század	[sa:zɒd]

22. Time. Miscellaneous

time	idő	[idø:]
moment	pillanat	[pillɒnɒt]
instant (n)	pillanat	[pillɒnɒt]
instant (adj)	pillanatnyi	[pillɒnɒtni]
lapse (of time)	szakasz	[sɒkɒs]
life	élet	[e:lɛt]
eternity	örökkévalóság	[ørøkke:vɒlo:ʃa:g]

epoch	korszak	[korsɒk]
era	korszak	[korsɒk]
cycle	ciklus	[tsikluʃ]
period	időköz	[idø:køz]
term (short-~)	határidő	[hɒta:ridø:]

the future	jövő	[jøvø:]
future (as adj)	jövő	[jøvø:]
next time	máskor	[ma:ʃkor]
the past	múlt	[mu:lt]
past (recent)	elmúlt	[ɛlmu:lt]
last time	legutóbb	[lɛguto:bb]

later (adv)	később	[ke:ʃø:bb]
after (prep.)	után	[uta:n]
nowadays (adv)	mostanában	[moʃtona:bɒn]
now (at this moment)	most	[moʃt]
immediately (adv)	azonnal	[ɒzonnɒl]
soon (adv)	hamarosan	[hɒmɒroʃɒn]
in advance (beforehand)	előre	[ɛlø:rɛ]

a long time ago	régen	[re:gɛn]
recently (adv)	nemrég	[nɛmre:g]
destiny	sors	[ʃorʃ]
memories (childhood ~)	emlék	[ɛmle:k]

archives	irattár	[irɒtta:r]
during ...	... közben	[køzbɛn]
long, a long time (adv)	sokáig	[ʃoka:ig]
not long (adv)	röviden	[røvidɛn]
early (in the morning)	korán	[kora:n]
late (not early)	későn	[ke:ʃø:n]

forever (for good)	örökre	[ørøkrɛ]
to start (begin)	kezd	[kɛzd]
to postpone (vt)	elhalaszt	[ɛlhɒlɒst]

at the same time	egyszerre	[ɛcsɛrrɛ]
permanently (adv)	állandóan	[a:llɒndo:ɒn]
constant (noise, pain)	állandó	[a:llɒndo:]
temporary (adj)	ideiglenes	[idɛiglɛnɛʃ]

sometimes (adv)	néha	[ne:hɒ]
rarely (adv)	ritkán	[ritka:n]
often (adv)	gyakran	[ɟokrɒn]

23. Opposites

| rich (adj) | gazdag | [gɒzdɒg] |
| poor (adj) | szegény | [sɛge:ɲ] |

| ill, sick (adj) | beteg | [bɛtɛg] |
| well (not sick) | egészséges | [ɛge:ʃɛgɛʃ] |

| big (adj) | nagy | [nɒɟ] |
| small (adj) | kicsi | [kitʃi] |

| quickly (adv) | gyorsan | [ɟørʃɒn] |
| slowly (adv) | lassan | [lɒʃɒn] |

| fast (adj) | gyors | [ɟørʃ] |
| slow (adj) | lassú | [lɒʃu:] |

| glad (adj) | vidám | [vida:m] |
| sad (adj) | szomorú | [somoru:] |

| together (adv) | együtt | [ɛɟytt] |
| separately (adv) | külön | [kyløn] |

| aloud (to read) | hangosan | [hɒŋgoʃɒn] |
| silently (to oneself) | magában | [mɒga:bɒn] |

tall (adj)	magas	[mɒgɒʃ]
low (adj)	alacsony	[ɒlɒtʃoɲ]
deep (adj)	mély	[me:j]
shallow (adj)	sekély	[ʃɛke:j]

| yes | igen | [igɛn] |
| no | nem | [nɛm] |

| distant (in space) | távoli | [ta:voli] |
| nearby (adj) | közeli | [køzɛli] |

| far (adv) | messze | [mɛssɛ] |
| nearby (adv) | közel | [køzɛl] |

| long (adj) | hosszú | [hossu:] |
| short (adj) | rövid | [røvid] |

| good (kindhearted) | kedves | [kɛdvɛʃ] |
| evil (adj) | gonosz | [gonos] |

| married (adj) | nős | [nø:ʃ] |
| single (adj) | nőtlen | [nø:tlɛn] |

| to forbid (vt) | tilt | [tilt] |
| to permit (vt) | enged | [ɛŋgɛd] |

| end | vég | [ve:g] |
| beginning | kezdet | [kɛzdɛt] |

| left (adj) | bal | [bɒl] |
| right (adj) | jobb | [jobb] |

| first (adj) | első | [ɛlʃø:] |
| last (adj) | utolsó | [utolʃo:] |

| crime | bűncselekmény | [by:nʧɛlɛkme:ɲ] |
| punishment | büntetés | [byntɛte:ʃ] |

| to order (vt) | parancsol | [pɒrɒnʧol] |
| to obey (vi, vt) | engedelmeskedik | [ɛŋgɛdɛlmɛʃkɛdik] |

| straight (adj) | egyenes | [ɛɟɛnɛʃ] |
| curved (adj) | ferde | [fɛrdɛ] |

| paradise | paradicsom | [pɒrɒdiʧom] |
| hell | pokol | [pokol] |

| to be born | születik | [sylɛtik] |
| to die (vi) | meghal | [mɛghɒl] |

| strong (adj) | erős | [ɛrø:ʃ] |
| weak (adj) | gyenge | [ɟɛŋgɛ] |

old (adj)	öreg	[ørɛg]
young (adj)	fiatal	[fiɒtɒl]
old (adj)	régi	[re:gi]
new (adj)	új	[u:j]

| hard (adj) | kemény | [kɛmeːɲ] |
| soft (adj) | puha | [puhɒ] |

| warm (tepid) | meleg | [mɛlɛg] |
| cold (adj) | hideg | [hidɛg] |

| fat (adj) | kövér | [køveːr] |
| thin (adj) | sovány | [ʃovaːɲ] |

| narrow (adj) | keskeny | [kɛʃkɛɲ] |
| wide (adj) | széles | [seːlɛʃ] |

| good (adj) | jó | [joː] |
| bad (adj) | rossz | [ross] |

| brave (adj) | bátor | [baːtor] |
| cowardly (adj) | gyáva | [ɟaːvɒ] |

24. Lines and shapes

square	négyzet	[neːɟzɛt]
square (as adj)	négyszögletes	[neːɟsøglɛtɛʃ]
circle	kör	[kør]
round (adj)	kerek	[kɛrɛk]
triangle	háromszög	[haːromsøg]
triangular (adj)	háromszögű	[haːromsøgyː]

oval	tojásidom	[tojaːʃidom]
oval (as adj)	ovális	[ovaːliʃ]
rectangle	téglalap	[teːglɒlɒp]
rectangular (adj)	derékszögű	[dɛrɛːksøgyː]

pyramid	gúla	[guːlɒ]
rhombus	rombusz	[rombus]
trapezoid	trapéz	[trɒpeːz]
cube	kocka	[kotskɒ]
prism	prizma	[prizmɒ]

circumference	körvonal	[kørvonɒl]
sphere	gömb	[gømb]
ball (solid sphere)	gömb	[gømb]
diameter	átmérő	[aːtmeːrøː]
radius	sugár	[ʃugaːr]
perimeter (circle's ~)	kerület	[kɛrylɛt]
center	középpont	[køzeːppont]

horizontal (adj)	vízszintes	[viːzsintɛʃ]
vertical (adj)	függőleges	[fyggøːlɛgɛʃ]
parallel (n)	párhuzamos egyenes	[paːrhuzɒmoʃ ɛɟɛnɛʃ]
parallel (as adj)	párhuzamos	[paːrhuzɒmoʃ]

line	vonal	[vonɒl]
stroke	vonal	[vonɒl]
straight line	egyenes	[ɛɟɛnɛʃ]
curve (curved line)	görbe	[gørbɛ]
thin (line, etc.)	vékony	[ve:koɲ]
contour (outline)	körvonal	[kørvonɒl]

intersection	metszés	[mɛtse:ʃ]
right angle	derékszög	[dɛre:ksøg]
segment	körszelet	[kørsɛlɛt]
sector (circular ~)	szektor	[sɛktor]
side (of triangle)	oldal	[oldɒl]
angle	szög	[søg]

25. Units of measurement

weight	súly	[ʃu:j]
length	hosszúság	[hossu:ʃa:g]
width	szélesség	[se:lɛʃe:g]
height	magasság	[mɒgɒʃa:g]
depth	mélység	[me:jʃe:g]
volume	térfogat	[te:rfogɒt]
area	terület	[tɛrylɛt]

gram	gramm	[grɒmm]
milligram	milligramm	[milligrɒmm]
kilogram	kilógramm	[kilo:grɒmm]
ton	tonna	[tonnɒ]
pound	font	[font]
ounce	uncia	[untsiɒ]

meter	méter	[me:tɛr]
millimeter	milliméter	[millime:tɛr]
centimeter	centiméter	[tsɛntime:tɛr]
kilometer	kilométer	[kilome:tɛr]
mile	mérföld	[me:rføld]

inch	hüvelyk	[hyvɛjk]
foot	láb	[la:b]
yard	yard	[jard]

square meter	négyzetméter	[ne:ɟzɛtme:tɛr]
hectare	hektár	[hɛkta:r]

liter	liter	[litɛr]
degree	fok	[fok]
volt	volt	[volt]
ampere	amper	[ɒmpɛr]
horsepower	lóerő	[lo:ɛrø:]
quantity	mennyiség	[mɛɲɲiʃe:g]

a little bit of …	egy kicsit …	[ɛɟ: kitʃit]
half	fél	[fe:l]
dozen	tucat	[tutsɒt]
piece (item)	darab	[dɒrɒb]

| size | méret | [me:rɛt] |
| scale (map ~) | lépték | [le:pte:k] |

minimal (adj)	minimális	[minima:liʃ]
the smallest (adj)	legkisebb	[lɛgkiʃɛbb]
medium (adj)	közép	[køze:p]
maximal (adj)	maximális	[mɒksima:liʃ]
the largest (adj)	legnagyobb	[lɛgnɒɟøbb]

26. Containers

canning jar (glass ~)	befőttes üveg	[bɛfø:tɛs yvɛg]
can	bádogdoboz	[ba:dogdoboz]
bucket	vödör	[vødør]
barrel	hordó	[hordo:]

wash basin (e.g., plastic ~)	tál	[ta:l]
tank (100L water ~)	tartály	[tɒrta:j]
hip flask	kulacs	[kulɒtʃ]
jerrycan	kanna	[kɒnnɒ]
tank (e.g., tank car)	ciszterna	[tsistɛrnɒ]

mug	bögre	[bøgrɛ]
cup (of coffee, etc.)	csésze	[tʃe:sɛ]
saucer	csészealj	[tʃe:sɛɒj]
glass (tumbler)	pohár	[poha:r]
wine glass	borospohár	[boroʃpoha:r]
stock pot (soup pot)	lábas	[la:bɒʃ]

| bottle (~ of wine) | üveg | [yvɛg] |
| neck (of the bottle, etc.) | nyak | [ɲɒk] |

carafe (decanter)	butélia	[bute:liɒ]
pitcher	korsó	[korʃo:]
vessel (container)	edény	[ɛde:ɲ]
pot (crock, stoneware ~)	köcsög	[køtʃøg]
vase	váza	[va:zɒ]

flacon, bottle (perfume ~)	kölnisüveg	[kølniʃyvɛg]
vial, small bottle	üvegcse	[yvɛgtʃɛ]
tube (of toothpaste)	tubus	[tubuʃ]

sack (bag)	zsák	[ʒa:k]
bag (paper ~, plastic ~)	zacskó	[zɒtʃko:]
pack (of cigarettes, etc.)	csomag	[tʃomɒg]

box (e.g., shoebox)	doboz	[doboz]
crate	láda	[la:dɒ]
basket	kosár	[koʃa:r]

27. Materials

material	anyag	[ɒɲɒg]
wood (n)	fa	[fɒ]
wood-, wooden (adj)	fa, fából való	[fɒ], [fa:bo:l vɒlo:]

| glass (n) | üveg | [yvɛg] |
| glass (as adj) | üveges | [yvɛgɛʃ] |

| stone (n) | kő | [kø:] |
| stone (as adj) | köves | [køvɛʃ] |

| plastic (n) | műanyag | [my:ɒɲɒg] |
| plastic (as adj) | műanyagos | [my:ɒɲɒgoʃ] |

| rubber (n) | gumi | [gumi] |
| rubber (as adj) | gumi | [gumi] |

| cloth, fabric (n) | szövet | [søvɛt] |
| fabric (as adj) | szövetből készült | [søvɛtbø:l ke:sy:lt] |

| paper (n) | papír | [pɒpi:r] |
| paper (as adj) | papír | [pɒpi:r] |

| cardboard (n) | karton | [kɒrton] |
| cardboard (as adj) | karton | [kɒrton] |

polyethylene	polietilén	[poliɛtile:n]
cellophane	celofán	[tsɛlofa:n]
plywood	furnérlap	[furne:rlɒp]

porcelain (n)	porcelán	[portsɛla:n]
porcelain (as adj)	porcelán	[portsɛla:n]
clay (n)	agyag	[ɒɟog]
clay (as adj)	agyag	[ɒɟog]
ceramic (n)	kerámia	[kɛra:miɒ]
ceramic (as adj)	kerámiai	[kɛra:miɒi]

28. Metals

metal (n)	fém	[fe:m]
metal (as adj)	fémes	[fe:mɛʃ]
alloy (n)	ötvözet	[øtvøzɛt]
gold (n)	arany	[ɒrɒɲ]

gold, golden (adj)	arany	[ɒrɒɲ]
silver (n)	ezüst	[ɛzyʃt]
silver (as adj)	ezüst, ezüstös	[ɛzyʃt], [ɛzyʃtøʃ]

iron (n)	vas	[vɒʃ]
iron-, made of iron (adj)	vas	[vɒʃ]
steel (n)	acél	[ɒtse:l]
steel (as adj)	acél	[ɒtse:l]
copper (n)	réz	[re:z]
copper (as adj)	réz	[re:z]

aluminum (n)	alumínium	[ɒlumi:nium]
aluminum (as adj)	alumínium	[ɒlumi:nium]
bronze (n)	bronz	[bronz]
bronze (as adj)	bronz	[bronz-]

brass	sárgaréz	[ʃa:rgɒre:z]
nickel	nikkel	[nikkɛl]
platinum	platina	[plɒtinɒ]
mercury	higany	[higɒɲ]
tin	ón	[o:n]
lead	ólom	[o:lom]
zinc	horgany	[horgɒɲ]

HUMAN BEING

Human being. The body

29. Humans. Basic concepts

human being	ember	[ɛmbɛr]
man (adult male)	férfi	[fe:rfi]
woman	nő	[nø:]
child	gyerek	[ɟɛrɛk]
girl	lány	[la:ɲ]
boy	fiú	[fiu:]
teenager	kamasz	[kɒmɒs]
old man	öregember	[ørɛgɛmbɛr]
old woman	öregasszony	[ørɛgɒssoɲ]

30. Human anatomy

organism (body)	szervezet	[sɛrvɛzɛt]
heart	szív	[si:v]
blood	vér	[ve:r]
artery	ütőér	[ytø:e:r]
vein	véna	[ve:nɒ]
brain	agy	[ɒɟ]
nerve	ideg	[idɛg]
nerves	idegek	[idɛgɛk]
vertebra	csigolya	[tʃigojɒ]
spine (backbone)	gerinc	[gɛrints]
stomach (organ)	gyomor	[ɟømor]
intestines, bowels	bélcsatorna	[be:ltʃotornɒ]
intestine (e.g., large ~)	bél	[be:l]
liver	máj	[ma:j]
kidney	vese	[vɛʃɛ]
bone	csont	[tʃont]
skeleton	csontváz	[tʃontva:z]
rib	borda	[bordɒ]
skull	koponya	[koponɒ]
muscle	izom	[izom]
biceps	bicepsz	[bitsɛps]

tendon	ín	[iːn]
joint	ízület	[iːzylɛt]
lungs	tüdő	[tydøː]
genitals	nemi szervek	[nɛmi sɛrvɛk]
skin	bőr	[bøːr]

31. Head

head	fej	[fɛj]
face	arc	[ɒrts]
nose	orr	[orr]
mouth	száj	[saːj]

eye	szem	[sɛm]
eyes	szem	[sɛm]
pupil	pupilla	[pupillɒ]
eyebrow	szemöldök	[sɛmøldøk]
eyelash	szempilla	[sɛmpillɒ]
eyelid	szemhéj	[sɛmheːj]

tongue	nyelv	[ɲɛlv]
tooth	fog	[fog]
lips	ajak	[ɒjɒk]
cheekbones	pofacsont	[pofɒtʃont]
gum	íny	[iːɲ]
palate	szájpadlás	[saːjpɒdlaːʃ]

nostrils	orrlyuk	[orrjuk]
chin	áll	[aːll]
jaw	állkapocs	[aːllkɒpotʃ]
cheek	orca	[ortsɒ]

forehead	homlok	[homlok]
temple	halánték	[hɒlaːnteːk]
ear	fül	[fyl]
back of the head	tarkó	[tɒrkoː]
neck	nyak	[ɲɒk]
throat	torok	[torok]

hair	haj	[hɒj]
hairstyle	frizura	[frizurɒ]
haircut	hajvágás	[hɒjvaːgaːʃ]
wig	paróka	[pɒroːkɒ]

mustache	bajusz	[bɒjus]
beard	szakáll	[sɒkaːll]
to have (a beard, etc.)	visel	[viʃɛl]
braid	copf	[tsopf]
sideburns	pofaszakáll	[pofɒsɒkaːll]
red-haired (adj)	vörös hajú	[vørøʃ hɒjuː]

gray (hair)	ősz hajú	[ø:s hɒju:]
bald (adj)	kopasz	[kopɒs]
bald patch	kopaszság	[kopɒʃaːg]

ponytail	lófarok	[lo:fɒrok]
bangs	sörény	[ʃøreːɲ]

32. Human body

hand	kéz, kézfej	[keːz], [keːsfɛj]
arm	kar	[kɒr]

finger	ujj	[ujj]
thumb	hüvelykujj	[hyvɛjkujj]
little finger	kisujj	[kiʃujj]
nail	köröm	[kørøm]

fist	ököl	[økøl]
palm	tenyér	[tɛneːr]
wrist	csukló	[ʧukloː]
forearm	alkar	[ɒlkɒr]
elbow	könyök	[køɲøk]
shoulder	váll	[vaːll]

leg	láb	[laːb]
foot	talp	[tɒlp]
knee	térd	[teːrd]
calf (part of leg)	lábikra	[laːbikrɒ]
hip	csípő	[ʧiːpøː]
heel	sarok	[ʃɒrok]

body	test	[tɛʃt]
stomach	has	[hɒʃ]
chest	mell	[mɛll]
breast	mell	[mɛll]
flank	oldal	[oldɒl]
back	hát	[haːt]
lower back	derék	[dɛreːk]
waist	derék	[dɛreːk]

navel (belly button)	köldök	[køldøk]
buttocks	far	[fɒr]
bottom	fenék	[fɛneːk]

beauty mark	anyajegy	[ɒɲɒjɛɟ]
tattoo	tetoválás	[tɛtovaːlaːʃ]
scar	forradás	[forrɒdaːʃ]

Clothing & Accessories

33. Outerwear. Coats

clothes	ruha	[ruhɒ]
outerwear	felsőruha	[fɛlʃøːruhɒ]
winter clothing	téli ruha	[teːli ruhɒ]
coat (overcoat)	kabát	[kɒbaːt]
fur coat	bunda	[bundɒ]
fur jacket	bekecs	[bɛkɛtʃ]
down coat	pehelykabát	[pɛhɛj kɒbaːt]
jacket (e.g., leather ~)	zeke	[zɛkɛ]
raincoat (trenchcoat, etc.)	ballonkabát	[bɒllɒŋkɒbaːt]
waterproof (adj)	vízhatlan	[viːzhɒtlɒn]

34. Men's & women's clothing

shirt (button shirt)	ing	[iŋg]
pants	nadrág	[nɒdraːg]
jeans	farmernadrág	[fɒrmɛrnɒdraːg]
suit jacket	zakó	[zɒkoː]
suit	kosztüm	[kostym]
dress (frock)	ruha	[ruhɒ]
skirt	szoknya	[sokɲɒ]
blouse	blúz	[bluːz]
knitted jacket (cardigan, etc.)	kardigán	[kɒrdigaːn]
jacket (of woman's suit)	blézer	[bleːzɛr]
T-shirt	trikó	[trikoː]
shorts (short trousers)	rövidnadrág	[røvidnɒdraːg]
tracksuit	sportruha	[ʃportruhɒ]
bathrobe	köntös	[køntøʃ]
pajamas	pizsama	[piʒɒmɒ]
sweater	pulóver	[puloːvɛr]
pullover	pulóver	[puloːvɛr]
vest	mellény	[mɛlleːɲ]
tailcoat	frakk	[frɒkk]
tuxedo	szmoking	[smokiŋg]

uniform	egyenruha	[εɟεnruhɒ]
workwear	munkaruha	[muŋkɒruhɒ]
overalls	kezeslábas	[kεzεʃlaːbɒʃ]
coat (e.g., doctor's smock)	köpeny	[køpεɲ]

35. Clothing. Underwear

underwear	fehérnemű	[fεheːrnεmy:]
undershirt (A-shirt)	alsóing	[ɒlʃoːiŋg]
socks	zokni	[zokni]

nightdress	hálóing	[haːloːiŋg]
bra	melltartó	[mεlltɒrtoː]
knee highs (knee-high socks)	térdzokni	[teːrʣokni]
pantyhose	harisnya	[hɒriʃnɒ]
stockings (thigh highs)	harisnya	[hɒriʃnɒ]
bathing suit	fürdőruha	[fyrdøːruhɒ]

36. Headwear

hat	sapka	[ʃɒpkɒ]
fedora	kalap	[kɒlɒp]
baseball cap	baseball sapka	[bεjsbɒll ʃɒpkɒ]
flatcap	sport sapka	[ʃport ʃɒpkɒ]

beret	svájci sapka	[ʃvaːjtsi ʃɒpkɒ]
hood	csuklya	[ʧukjɒ]
panama hat	panamakalap	[pɒnɒmɒ kɒlɒp]
knit cap (knitted hat)	kötött sapka	[køtøtt ʃɒpkɒ]

headscarf	kendő	[kεndøː]
women's hat	női kalap	[nøːi kɒlɒp]

hard hat	sisak	[ʃiʃok]
garrison cap	pilótasapka	[piloːtɒ ʃɒpkɒ]
helmet	sisak	[ʃiʃok]
derby	keménykalap	[kεmeːɲkɒlɒp]

37. Footwear

footwear	cipő	[tsipøː]
shoes (men's shoes)	bakancs	[bɒkɒnʧ]
shoes (women's shoes)	félcipő	[feːltsipøː]
boots (e.g., cowboy ~)	csizma	[ʧizmɒ]
slippers	papucs	[pɒpuʧ]

tennis shoes (e.g., Nike ~)	edzőcipő	[ɛdzø:tsipø:]
sneakers (e.g., Converse ~)	tornacipő	[tornɒtsipø:]
sandals	szandál	[sɒnda:l]

cobbler (shoe repairer)	cipész	[tsipe:s]
heel	sarok	[ʃɒrok]
pair (of shoes)	pár	[pa:r]

shoestring	cipőfűző	[tsipø:fy:zø:]
to lace (vt)	befűz	[bɛfy:z]
shoehorn	cipőkanál	[tsipø:kɒna:l]
shoe polish	cipőkrém	[tsipø:kre:m]

38. Textile. Fabrics

cotton (n)	pamut	[pɒmut]
cotton (as adj)	pamut	[pɒmut]
flax (n)	len	[lɛn]
flax (as adj)	len	[lɛn]

silk (n)	selyem	[ʃɛjɛm]
silk (as adj)	selyem	[ʃɛjɛm]
wool (n)	gyapjú	[ɟopju:]
wool (as adj)	gyapjú	[ɟopju:]

velvet	bársony	[ba:rʃoɲ]
suede	szarvasbőr	[sɒrvɒʃbø:r]
corduroy	kordbársony	[kordba:rʃoɲ]

nylon (n)	nejlon	[nɛjlon]
nylon (as adj)	nejlon	[nɛjlon]
polyester (n)	poliészter	[polie:stɛr]
polyester (as adj)	poliészter	[polie:stɛr]

leather (n)	bőr	[bø:r]
leather (as adj)	bőr	[bø:r]
fur (n)	szőrme	[sø:rmɛ]
fur (e.g., ~ coat)	szőrme	[sø:rmɛ]

39. Personal accessories

gloves	kesztyű	[kɛscy:]
mittens	egyujjas kesztyű	[ɛjujjoʃ kɛscy:]
scarf (muffler)	sál	[ʃa:l]

| glasses (eyeglasses) | szemüveg | [sɛmyvɛg] |
| frame (eyeglass ~) | keret | [kɛrɛt] |

umbrella	esernyő	[ɛʃɛrɲøː]
walking stick	sétabot	[ʃeːtɔbot]
hairbrush	hajkefe	[hɔjkɛfɛ]
fan	legyező	[lɛɟɛzøː]

tie (necktie)	nyakkendő	[ɲɒkkɛndøː]
bow tie	csokornyakkendő	[ʧokorɲɒkkɛndøː]
suspenders	nadrágtartó	[nɒdraːgtɔrtoː]
handkerchief	zsebkendő	[ʒɛbkɛndøː]

comb	fésű	[feːʃy]
barrette	hajcsat	[hɔjʧɔt]
hairpin	hajtű	[hɔjty]
buckle	csat	[ʧɔt]

| belt | öv | [øv] |
| shoulder strap | táskaszíj | [taːʃkɒsiːj] |

bag (handbag)	táska	[taːʃkɒ]
purse	kézitáska	[keːzitaːʃkɒ]
backpack	hátizsák	[haːtiʒaːk]

40. Clothing. Miscellaneous

fashion	divat	[divɒt]
in vogue (adj)	divatos	[divɒtoʃ]
fashion designer	divattervező	[divɒt tɛrvɛzøː]

collar	gallér	[gɒlleːr]
pocket	zseb	[ʒɛb]
pocket (as adj)	zseb	[ʒɛb]
sleeve	ruhaujj	[ruhɒujj]
hanging loop	akasztó	[ɒkɒstoː]
fly (on trousers)	slicc	[ʃlits]

zipper (fastener)	cipzár	[tsipzaːr]
fastener	kapocs	[kɒpoʧ]
button	gomb	[gomb]
buttonhole	gomblyuk	[gombjuk]
to come off (ab. button)	elszakad	[ɛlsɒkɒd]

to sew (vi, vt)	varr	[vɒrr]
to embroider (vi, vt)	hímez	[hiːmɛz]
embroidery	hímzés	[hiːmzeːʃ]
sewing needle	tű	[ty]
thread	cérna	[tseːrnɒ]
seam	varrás	[vɒrraːʃ]

| to get dirty (vi) | bepiszkolódik | [bɛpiskoloːdik] |
| stain (mark, spot) | folt | [folt] |

to crease, crumple (vi)	gyűrődik	[ɟy:rø:dik]
to tear, to rip (vt)	megszakad	[mɛgsɒkɒd]
clothes moth	molylepke	[mojlɛpkɛ]

41. Personal care. Cosmetics

toothpaste	fogkrém	[fogkre:m]
toothbrush	fogkefe	[fokkɛfɛ]
to brush one's teeth	fogat mos	[fogɒt moʃ]
razor	borotva	[borotvɒ]
shaving cream	borotvakrém	[borotvɒkre:m]
to shave (vi)	borotválkozik	[borotva:lkozik]
soap	szappan	[sɒppɒn]
shampoo	sampon	[ʃɒmpon]
scissors	olló	[ollo:]
nail file	körömreszelő	[kørømrɛsɛlø:]
nail clippers	körömvágó	[kørømva:go:]
tweezers	csipesz	[ʧipɛs]
cosmetics	kozmetika	[kozmɛtikɒ]
face mask	maszk	[mɒsk]
manicure	manikűr	[mɒniky:r]
to have a manicure	manikűrözik	[mɒniky:røzik]
pedicure	pedikűr	[pɛdiky:r]
make-up bag	piperetáska	[pipɛrɛta:ʃkɒ]
face powder	púder	[pu:dɛr]
powder compact	púderdoboz	[pu:dɛrdoboz]
blusher	arcpirosító	[ɒrtspiroʃi:to:]
perfume (bottled)	illatszer	[illɒtsɛr]
toilet water (lotion)	parfüm	[pɒrfym]
lotion	arcápoló	[ɒrtsa:polo:]
cologne	kölnivíz	[kølnivi:z]
eyeshadow	szemhéjfesték	[sɛmhe:jfɛʃte:k]
eyeliner	szemceruza	[sɛmtsɛruzɒ]
mascara	szempillafesték	[sɛmpillɒfɛʃte:k]
lipstick	rúzs	[ru:ʒ]
nail polish, enamel	körömlakk	[kørømlɒkk]
hair spray	hajrögzítő	[hɒjrøgzi:tø:]
deodorant	dezodor	[dɛzodor]
cream	krém	[kre:m]
face cream	arckrém	[ɒrtskre:m]
hand cream	kézkrém	[ke:skre:m]

anti-wrinkle cream	ránc elleni krém	[ra:nts ɛllɛni kre:m]
day (as adj)	nappali	[nɒppɒli]
night (as adj)	éjjeli	[e:jjɛli]

tampon	tampon	[tɒmpon]
toilet paper (toilet roll)	vécépapír	[ve:tse:pɒpi:r]
hair dryer	hajszárító	[hɒjsa:ri:to:]

42. Jewelry

jewelry, jewels	ékszerek	[e:ksɛrɛk]
precious (e.g., ~ stone)	drágakő	[dra:gakø:]
hallmark stamp	fémjelzés	[fe:mjɛlze:ʃ]

ring	gyűrű	[ɟy:ry:]
wedding ring	jegygyűrű	[jɛɟy:ry:]
bracelet	karkötő	[kɒrkøtø:]

earrings	fülbevaló	[fylbɛvɒlo:]
necklace (~ of pearls)	nyaklánc	[nɒkla:nts]
crown	korona	[koronɒ]
bead necklace	gyöngydíszítés	[ɟøɲɟdi:si:te:ʃ]

diamond	briliáns	[brilia:nʃ]
emerald	smaragd	[ʃmɒrɒgd]
ruby	rubin	[rubin]
sapphire	zafír	[zɒfir]
pearl	gyöngy	[ɟøɲɟ]
amber	borostyán	[boroʃca:n]

43. Watches. Clocks

watch (wristwatch)	karóra	[kɒro:rɒ]
dial	számlap	[sa:mlɒp]
hand (of clock, watch)	mutató	[mutɒto:]
metal watch band	karkötő	[kɒrkøtø:]
watch strap	óraszíj	[o:rɒsi:j]

battery	elem	[ɛlɛm]
to be dead (battery)	lemerül	[lɛmɛryl]
to change a battery	kicseréli az elemet	[kitʃɛre:li ɒz ɛlɛmɛt]
to run fast	siet	[ʃiɛt]
to run slow	késik	[ke:ʃik]

wall clock	fali óra	[fɒli o:rɒ]
hourglass	homokóra	[homoko:rɒ]
sundial	napóra	[nɒpo:rɒ]
alarm clock	ébresztőóra	[e:brɛstø:o:rɒ]

| watchmaker | **órás** | [oːraːʃ] |
| to repair (vt) | **javít** | [jɒviːt] |

Food. Nutricion

44. Food

meat	hús	[huːʃ]
chicken	csirke	[tʃirkɛ]
Rock Cornish hen (poussin)	csirke	[tʃirkɛ]
duck	kacsa	[kɒtʃɒ]
goose	liba	[libɒ]
game	vadhús	[vɒdhuːʃ]
turkey	pulyka	[pujkɒ]
pork	sertés	[ʃɛrteːʃ]
veal	borjúhús	[borjuːhuːʃ]
lamb	birkahús	[birkɒhuːʃ]
beef	marhahús	[mɒrhɒhuːʃ]
rabbit	nyúl	[ɲuːl]
sausage (bologna, etc.)	kolbász	[kolbaːs]
vienna sausage (frankfurter)	virsli	[virʃli]
bacon	húsos szalonna	[huːʃoʃ sɒlonnɒ]
ham	sonka	[ʃoŋkɒ]
gammon	sonka	[ʃoŋkɒ]
pâté	pástétom	[paːʃteːtom]
liver	máj	[maːj]
hamburger (ground beef)	darált hús	[dɒraːlt huːʃ]
tongue	nyelv	[ɲɛlv]
egg	tojás	[tojaːʃ]
eggs	tojások	[tojaːʃok]
egg white	tojásfehérje	[tojaːʃfɛheːrjɛ]
egg yolk	tojássárgája	[tojaːʃaːrgaːjɒ]
fish	hal	[hɒl]
seafood	tenger gyümölcsei	[tɛŋgɛr ɟymøltʃɛi]
caviar	halikra	[hɒlikrɒ]
crab	tarisznyarák	[tɒrisɲɒraːk]
shrimp	garnélarák	[gɒrneːlɒraːk]
oyster	osztriga	[ostrigɒ]
spiny lobster	languszta	[lɒŋgustɒ]
octopus	nyolckarú polip	[ɲoltskɒruː polip]
squid	kalmár	[kɒlmaːr]

sturgeon	tokhal	[tokhɒl]
salmon	lazac	[lɒzɒts]
halibut	óriás laposhal	[o:ria:ʃ lɒpoʃhɒl]

cod	tőkehal	[tø:kɛhɒl]
mackerel	makréla	[mɒkre:lɒ]
tuna	tonhal	[tonhɒl]
eel	angolna	[ɒŋgolnɒ]

| trout | pisztráng | [pistra:ŋg] |
| sardine | szardínia | [sɒrdi:niɒ] |

| pike | csuka | [tʃukɒ] |
| herring | hering | [hɛriŋg] |

| bread | kenyér | [kɛne:r] |
| cheese | sajt | [ʃɒjt] |

| sugar | cukor | [tsukor] |
| salt | só | [ʃo:] |

rice	rizs	[riʒ]
pasta (macaroni)	makaróni	[mɒkɒro:ni]
noodles	metélttészta	[mɛte:ltte:stɒ]

| butter | vaj | [vɒj] |
| vegetable oil | olaj | [olɒj] |

| sunflower oil | napraforgóolaj | [nɒprɒforgo:olɒj] |
| margarine | margarin | [mɒrgɒrin] |

| olives | olajbogyó | [olɒjboɟø:] |
| olive oil | olívaolaj | [oli:vɒ olɒj] |

milk	tej	[tɛj]
condensed milk	sűrített tej	[ʃy:ri:tɛtt tɛj]
yogurt	joghurt	[jogurt]

| sour cream | tejföl | [tɛjføl] |
| cream (of milk) | tejszín | [tɛjsi:n] |

| mayonnaise | majonéz | [mɒjone:z] |
| buttercream | krém | [kre:m] |

groats (barley ~, etc.)	dara	[dɒrɒ]
flour	liszt	[list]
canned food	konzerv	[konzɛrv]

cornflakes	kukoricapehely	[kukoritsɒpɛhɛj]
honey	méz	[me:z]
jam	dzsem	[dʒɛm]
chewing gum	rágógumi	[ra:go:gumi]

45. Drinks

water	víz	[vi:z]
drinking water	ivóvíz	[ivo:vi:z]
mineral water	ásványvíz	[a:ʃva:ɲvi:z]
still (adj)	szóda nélkül	[so:dɒ ne:lkyl]
carbonated (adj)	szóda	[so:dɒ]
sparkling (adj)	szóda	[so:dɒ]
ice	jég	[je:g]
with ice	jeges	[jɛgɛʃ]
non-alcoholic (adj)	alkoholmentes	[ɒlkoholmɛntɛʃ]
soft drink	alkoholmentes ital	[ɒlkoholmɛntɛʃ itɒl]
refreshing drink	üdítő	[y:di:tø:]
lemonade	limonádé	[limona:de:]
liquors	szeszesitalok	[sɛsɛʃ itɒlok]
wine	bor	[bor]
white wine	fehérbor	[fɛhe:rbor]
red wine	vörösbor	[vørøʃbor]
liqueur	likőr	[likø:r]
champagne	pezsgő	[pɛʒgø:]
vermouth	vermut	[vɛrmut]
whiskey	whisky	[viski]
vodka	vodka	[vodkɒ]
gin	gin	[dʒin]
cognac	konyak	[koɲɒk]
rum	rum	[rum]
coffee	kávé	[ka:ve:]
black coffee	feketekávé	[fɛkɛtɛ ka:ve:]
coffee with milk	tejeskávé	[tɛjɛʃka:ve:]
cappuccino	tejszínes kávé	[tɛjsi:nɛʃ ka:ve:]
instant coffee	neszkávé	[nɛska:ve:]
milk	tej	[tɛj]
cocktail	koktél	[kokte:l]
milkshake	tejkoktél	[tɛjkokte:l]
juice	lé	[le:]
tomato juice	paradicsomlé	[pɒrɒditʃomle:]
orange juice	narancslé	[nɒrɒntʃle:]
freshly squeezed juice	frissen kifacsart lé	[friʃɛn kifɒtʃɒrt le:]
beer	sör	[ʃør]
light beer	világos sör	[vila:goʃ ʃør]
dark beer	barna sör	[bɒrnɒ ʃør]
tea	tea	[tɛɒ]

| black tea | feketetea | [fɛkɛtɛ tɛɒ] |
| green tea | zöldtea | [zølt tɛɒ] |

46. Vegetables

| vegetables | zöldségek | [zøldʃe:gɛk] |
| greens | zöldség | [zøldʃe:g] |

tomato	paradicsom	[pɒrɒditʃom]
cucumber	uborka	[uborkɒ]
carrot	sárgarépa	[ʃa:rgɒre:pɒ]
potato	krumpli	[krumpli]
onion	hagyma	[hɒɟmɒ]
garlic	fokhagyma	[fokhɒɟmɒ]

cabbage	káposzta	[ka:postɒ]
cauliflower	karfiol	[kɒrfiol]
Brussels sprouts	kelbimbó	[kɛlbimbo:]
broccoli	brokkoli	[brokkoli]

beet	cékla	[tse:klɒ]
eggplant	padlizsán	[pɒdliʒa:n]
zucchini	cukkini	[tsukkini]
pumpkin	tök	[tøk]
turnip	répa	[re:pɒ]

parsley	petrezselyem	[pɛtrɛʒɛjɛm]
dill	kapor	[kɒpor]
lettuce	saláta	[ʃɒla:tɒ]
celery	zeller	[zɛllɛr]
asparagus	spárga	[ʃpa:rgɒ]
spinach	spenót	[ʃpɛno:t]

pea	borsó	[borʃo:]
beans	bab	[bɒb]
corn (maize)	kukorica	[kukoritsɒ]
kidney bean	bab	[bɒb]

bell pepper	paprika	[pɒprikɒ]
radish	hónapos retek	[ho:nɒpoʃ rɛtɛk]
artichoke	articsóka	[ɒrtitʃo:kɒ]

47. Fruits. Nuts

fruit	gyümölcs	[ɟymøltʃ]
apple	alma	[ɒlmɒ]
pear	körte	[kørtɛ]
lemon	citrom	[tsitrom]

| orange | narancs | [nɒrɒntʃ] |
| strawberry (garden ~) | eper | [ɛpɛr] |

mandarin	mandarin	[mɒndɒrin]
plum	szilva	[silvɒ]
peach	őszibarack	[øːsibɒrɒtsk]
apricot	sárgabarack	[ʃaːrgɒbɒrɒtsk]
raspberry	málna	[maːlnɒ]
pineapple	ananász	[ɒnɒnaːs]

banana	banán	[bɒnaːn]
watermelon	görögdinnye	[gørøgdinɲɛ]
grape	szőlő	[søːløː]
sour cherry	meggy	[mɛdɟ]
sweet cherry	cseresznye	[tʃɛrɛsnɛ]
melon	dinnye	[dinɲɛ]

grapefruit	citrancs	[tsitrɒntʃ]
avocado	avokádó	[ɒvokaːdoː]
papaya	papaya	[pɒpɒjɒ]
mango	mangó	[mɒŋgoː]
pomegranate	gránátalma	[graːnaːtɒlmɒ]

redcurrant	pirosribizli	[piroʃribizli]
blackcurrant	feketeribizli	[fɛkɛtɛ ribizli]
gooseberry	egres	[ɛgrɛʃ]
bilberry	fekete áfonya	[fɛkɛtɛ aːfoɲɒ]
blackberry	szeder	[sɛdɛr]

raisin	mazsola	[mɒʒolɒ]
fig	füge	[fygɛ]
date	datolya	[dɒtojɒ]

peanut	földimogyoró	[føldimoɟøroː]
almond	mandula	[mɒndulɒ]
walnut	dió	[dioː]
hazelnut	mogyoró	[moɟoroː]
coconut	kókuszdió	[koːkusdioː]
pistachios	pisztácia	[pistaːtsiɒ]

48. Bread. Candy

bakers' confectionery (pastry)	édesipari áruk	[eːdɛʃipɒri aːruk]
bread	kenyér	[kɛneːr]
cookies	sütemény	[ʃytɛmeːɲ]

chocolate (n)	csokoládé	[tʃokolaːdeː]
chocolate (as adj)	csokoládé	[tʃokolaːdeː]
candy (wrapped)	cukorka	[tsukorkɒ]

| cake (e.g., cupcake) | torta | [tortɒ] |
| cake (e.g., birthday ~) | torta | [tortɒ] |

| pie (e.g., apple ~) | töltött lepény | [tøltøtt lɛpe:ɲ] |
| filling (for cake, pie) | töltelék | [tøltɛle:k] |

jam (whole fruit jam)	lekvár	[lɛkva:r]
marmalade	gyümölcszselé	[ɟymølʧ ʒɛle:]
wafers	ostya	[oʃcɒ]
ice-cream	fagylalt	[fɒɟlɒlt]

49. Cooked dishes

course, dish	étel	[e:tɛl]
cuisine	konyha	[koɲhɒ]
recipe	recept	[rɛtsɛpt]
portion	adag	[ɒdɒg]

| salad | saláta | [ʃɒla:tɒ] |
| soup | leves | [lɛvɛʃ] |

clear soup (broth)	erőleves	[ɛrø:lɛvɛʃ]
sandwich (bread)	szendvics	[sɛndviʧ]
fried eggs	tojásrántotta	[toja:ʃra:ntottɒ]

| hamburger (beefburger) | hamburger | [hɒmburgɛr] |
| beefsteak | bifsztek | [bifstɛk] |

side dish	köret	[kørɛt]
spaghetti	spagetti	[ʃpɒgɛtti]
mashed potatoes	burgonyapüré	[burgoɲɒpyre:]
pizza	pizza	[pitsɒ]
porridge (oatmeal, etc.)	kása	[ka:ʃɒ]
omelet	tojáslepény	[toja:ʃlɛpe:ɲ]

boiled (e.g., ~ beef)	főtt	[fø:tt]
smoked (adj)	füstölt	[fyʃtølt]
fried (adj)	sült	[ʃylt]
dried (adj)	aszalt	[ɒsɒlt]
frozen (adj)	fagyasztott	[fɒɟɒstott]
pickled (adj)	ecetben eltett	[ɛtsɛtbɛn ɛltɛtt]

sweet (sugary)	édes	[e:dɛʃ]
salty (adj)	sós	[ʃo:ʃ]
cold (adj)	hideg	[hidɛg]
hot (adj)	meleg	[mɛlɛg]
bitter (adj)	keserű	[kɛʃɛry:]
tasty (adj)	finom	[finom]
to cook in boiling water	főz	[fø:z]
to cook (dinner)	készít	[ke:si:t]

| to fry (vt) | süt | [ʃyt] |
| to heat up (food) | melegít | [mɛlɛgiːt] |

to salt (vt)	sóz	[ʃoːz]
to pepper (vt)	borsoz	[borʃoz]
to grate (vt)	reszel	[rɛsɛl]
peel (n)	héj	[heːj]
to peel (vt)	hámoz	[haːmoz]

50. Spices

salt	só	[ʃoː]
salty (adj)	sós	[ʃoːʃ]
to salt (vt)	sóz	[ʃoːz]

black pepper	feketebors	[fɛkɛtɛ borʃ]
red pepper (milled ~)	pirospaprika	[piroʃpɒprikɒ]
mustard	mustár	[muʃtaːr]
horseradish	torma	[tormɒ]

condiment	fűszer	[fyːsɛr]
spice	fűszer	[fyːsɛr]
sauce	szósz	[soːs]
vinegar	ecet	[ɛtsɛt]

anise	ánizs	[aːnis]
basil	bazsalikom	[bɒʒɒlikom]
cloves	szegfű	[sɛgfyː]
ginger	gyömbér	[ɟømbeːr]
coriander	koriander	[koriɒndɛr]
cinnamon	fahéj	[fɒheːj]

sesame	szezámmag	[sɛzaːmmɒg]
bay leaf	babérlevél	[bɒbeːrlɛveːl]
paprika	paprika	[pɒprikɒ]
caraway	kömény	[kømeːɲ]
saffron	sáfrány	[ʃaːfraːɲ]

51. Meals

| food | étel | [eːtɛl] |
| to eat (vi, vt) | eszik | [ɛsik] |

breakfast	reggeli	[rɛggɛli]
to have breakfast	reggelizik	[rɛggɛlizik]
lunch	ebéd	[ɛbeːd]
to have lunch	ebédel	[ɛbeːdɛl]
dinner	vacsora	[vɒtʃorɒ]

to have dinner	vacsorázik	[vɒtʃora:zik]
appetite	étvágy	[e:tva:ɟ]
Enjoy your meal!	Jó étvágyat!	[jo: e:tva:ɟot]

to open (~ a bottle)	nyit	[ɲit]
to spill (liquid)	kiönt	[kiønt]
to spill out (vi)	kiömlik	[kiømlik]

to boil (vi)	forr	[forr]
to boil (vt)	forral	[forrɒl]
boiled (~ water)	forralt	[forrɒlt]
to chill, cool down (vt)	lehűt	[lɛhy:t]
to chill (vi)	lehűl	[lɛhy:l]

| taste, flavor | íz | [i:z] |
| aftertaste | utóíz | [uto:i:z] |

to slim down (lose weight)	lefogy	[lɛfoɟ]
diet	diéta	[die:tɒ]
vitamin	vitamin	[vitɒmin]
calorie	kalória	[kɒlo:riɒ]
vegetarian (n)	vegetáriánus	[vɛgɛta:ria:nuʃ]
vegetarian (adj)	vegetáriánus	[vɛgɛta:ria:nuʃ]

fats (nutrient)	zsír	[ʒi:r]
proteins	fehérje	[fɛhe:rjɛ]
carbohydrates	szénhidrát	[se:nhidra:t]
slice (of lemon, ham)	szelet	[sɛlɛt]
piece (of cake, pie)	szelet	[sɛlɛt]
crumb (of bread, cake, etc.)	morzsa	[morʒɒ]

52. Table setting

spoon	kanál	[kɒna:l]
knife	kés	[ke:ʃ]
fork	villa	[villɒ]

cup (e.g., coffee ~)	csésze	[tʃe:sɛ]
plate (dinner ~)	tányér	[ta:ne:r]
saucer	csészealj	[tʃe:sɛɒj]
napkin (on table)	szalvéta	[sɒlvɛ:tɒ]
toothpick	fogpiszkáló	[fokpiska:lo:]

53. Restaurant

| restaurant | étterem | [e:ttɛrɛm] |
| coffee house | kávézó | [ka:ve:zo:] |

pub, bar	bár	[ba:r]
tearoom	tea szalon	[tɛɒ sɒlon]
waiter	pincér	[pintse:r]
waitress	pincérnő	[pintse:rnø:]
bartender	bármixer	[ba:rmiksɛr]
menu	étlap	[e:tlɒp]
wine list	borlap	[borlɒp]
to book a table	asztalt foglal	[ɒstɒlt foglɒl]
course, dish	étel	[e:tɛl]
to order (meal)	rendel	[rɛndɛl]
to make an order	rendel	[rɛndɛl]
aperitif	aperitif	[ɒpɛritif]
appetizer	előétel	[ɛlø:e:tɛl]
dessert	desszert	[dɛssɛrt]
check	számla	[sa:mlɒ]
to pay the check	számlát fizet	[sa:mla:t fizɛt]
to give change	visszajáró pénzt ad	[vissɒja:ro: pe:nzt ɒd]
tip	borravaló	[borrɒvɒlo:]

Family, relatives and friends

54. Personal information. Forms

name (first name)	**név**	[neːv]
surname (last name)	**vezetéknév**	[vɛzɛteːk neːv]
date of birth	**születési dátum**	[sylɛteːʃi daːtum]
place of birth	**születési hely**	[sylɛteːʃi hɛj]
nationality	**nemzetiség**	[nɛmzɛtiʃeːg]
place of residence	**lakcím**	[lɒktsiːm]
country	**ország**	[orsaːg]
profession (occupation)	**foglalkozás**	[foglɒlkozaːʃ]
gender, sex	**nem**	[nɛm]
height	**magasság**	[mɒgɒʃaːg]
weight	**súly**	[ʃuːj]

55. Family members. Relatives

mother	**anya**	[ɒɲɒ]
father	**apa**	[ɒpɒ]
son	**fiú**	[fiuː]
daughter	**lány**	[laːɲ]
younger daughter	**fiatalabb lány**	[fiɒtɒlɒbb laːɲ]
younger son	**fiatalabb fiú**	[fiɒtɒlɒbb fiuː]
eldest daughter	**idősebb lány**	[idøːʃɛbb laːɲ]
eldest son	**idősebb fiú**	[idøːʃɛbb fiuː]
elder brother	**báty**	[baːc]
younger brother	**öcs**	[øtʃ]
elder sister	**nővér**	[nøːveːr]
younger sister	**húg**	[huːg]
cousin (masc.)	**unokabáty**	[unokɒ baːc]
cousin (fem.)	**unokanővér**	[unokɒ nøːveːr]
mom, mommy	**anya**	[ɒɲɒ]
dad, daddy	**apa**	[ɒpɒ]
parents	**szülők**	[syløːk]
child	**gyerek**	[ɟɛrɛk]
children	**gyerekek**	[ɟɛrɛkɛk]
grandmother	**nagyanya**	[nɒɟɒɲɒ]
grandfather	**nagyapa**	[nɒɟɒpɒ]

grandson	unoka	[unokɒ]
granddaughter	unoka	[unokɒ]
grandchildren	unokák	[unoka:k]

uncle	bácsi	[ba:ʧi]
aunt	néni	[ne:ni]
nephew	unokaöcs	[unokɒøʧ]
niece	unokahúg	[unokɒhu:g]

mother-in-law (wife's mother)	anyós	[ɒɲø:ʃ]
father-in-law (husband's father)	após	[ɒpo:ʃ]
son-in-law (daughter's husband)	vő	[vø:]
stepmother	mostohaanya	[moʃtohɒɒɲɒ]
stepfather	mostohaapa	[moʃtohɒɒpɒ]

infant	csecsemő	[ʧɛʧɛmø:]
baby (infant)	csecsemő	[ʧɛʧɛmø:]
little boy, kid	kisgyermek	[kiɟɛrmɛk]

wife	feleség	[fɛlɛʃe:g]
husband	férj	[fe:rj]
spouse (husband)	házastárs	[ha:zɒʃta:rʃ]
spouse (wife)	hitves	[hitvɛʃ]

married (masc.)	nős	[nø:ʃ]
married (fem.)	férjnél	[fe:rjne:l]
single (unmarried)	nőtlen	[nø:tlɛn]
bachelor	nőtlen ember	[nø:tlɛn ɛmbɛr]
divorced (masc.)	elvált	[ɛlva:lt]
widow	özvegy	[øzvɛɟ]
widower	özvegy	[øzvɛɟ]

relative	rokon	[rokon]
close relative	közeli rokon	[køzɛli rokon]
distant relative	távoli rokon	[ta:voli rokon]
relatives	rokonok	[rokonok]

orphan (boy or girl)	árva	[a:rvɒ]
guardian (of a minor)	gyám	[ɟa:m]
to adopt (a boy)	örökbe fogad	[ørøkbɛ fogɒd]
to adopt (a girl)	örökbe fogad	[ørøkbɛ fogɒd]

56. Friends. Coworkers

friend (masc.)	barát	[bɒra:t]
friend (fem.)	barátnő	[bɒra:tnø:]
friendship	barátság	[bɒra:ʧa:g]

to be friends	barátkozik	[bɒra:tkozik]
buddy (masc.)	barát	[bɒra:t]
buddy (fem.)	barátnő	[bɒra:tnø:]
partner	partner	[pɒrtnɛr]

chief (boss)	főnök	[fø:nøk]
superior (n)	főnök	[fø:nøk]
subordinate (n)	alárendelt	[ɒla:rɛndɛlt]
colleague	kolléga	[kolle:gɒ]

acquaintance (person)	ismerős	[iʃmɛrø:ʃ]
fellow traveler	útitárs	[u:tita:rʃ]
classmate	osztálytárs	[osta:jta:rʃ]

neighbor (masc.)	szomszéd	[somse:d]
neighbor (fem.)	szomszéd	[somse:d]
neighbors	szomszédok	[somse:dok]

57. Man. Woman

woman	nő	[nø:]
girl (young woman)	lány	[la:ɲ]
bride	mennyasszony	[mɛɲɒssoɲ]

beautiful (adj)	szép	[se:p]
tall (adj)	magas	[mɒgɒʃ]
slender (adj)	karcsú	[kɒrtʃu:]
short (adj)	alacsony	[ɒlɒtʃoɲ]

blonde (n)	szőke nő	[sø:kɛ nø:]
brunette (n)	barna nő	[bɒrnɒ nø:]

ladies' (adj)	női	[nø:i]
virgin (girl)	szűz	[sy:z]
pregnant (adj)	terhes	[tɛrhɛʃ]

man (adult male)	férfi	[fe:rfi]
blond (n)	szőke férfi	[sø:kɛ fe:rfi]
brunet (n)	barna férfi	[bɒrnɒ fe:rfi]
tall (adj)	magas	[mɒgɒʃ]
short (adj)	alacsony	[ɒlɒtʃoɲ]

rude (rough)	goromba	[gorombɒ]
stocky (adj)	zömök	[zømøk]
robust (adj)	erős	[ɛrø:ʃ]
strong (adj)	erős	[ɛrø:ʃ]
strength	erő	[ɛrø:]

stout, fat (adj)	kövér	[køve:r]
swarthy (adj)	barna	[bɒrnɒ]

63

| slender (well-built) | jó alakú | [jo: ɒlɒku:] |
| elegant (adj) | elegáns | [ɛlɛga:nʃ] |

58. Age

age	kor	[kor]
youth (young age)	ifjúság	[ifju:ʃa:g]
young (adj)	fiatal	[fiɒtɒl]

| younger (adj) | fiatalabb | [fiɒtɒlɒbb] |
| older (adj) | idősebb | [idø:ʃɛbb] |

young man	fiatalember	[fiɒtɒl ɛmbɛr]
teenager	kamasz	[kɒmɒs]
guy, fellow	fickó	[fitsko:]

| old man | öregember | [ørɛgɛmbɛr] |
| old woman | öregasszony | [ørɛgɒssoɲ] |

adult (adj)	felnőtt	[fɛlnø:tt]
middle-aged (adj)	középkorú	[køze:pkoru:]
elderly (adj)	idős	[idø:ʃ]
old (adj)	öreg	[ørɛg]

retirement	nyugdíj	[ɲugdi:j]
to retire (from job)	nyugdíjba megy	[ɲugdi:jbɒ mɛɟ]
retiree	nyugdíjas	[ɲugdi:jɒʃ]

59. Children

child	gyerek	[ɟɛrɛk]
children	gyerekek	[ɟɛrɛkɛk]
twins	ikrek	[ikrɛk]

cradle	bölcső	[bølʧø:]
rattle	csörgő	[ʧørgø:]
diaper	pelenka	[pɛlɛŋkɒ]

pacifier	cucli	[tsutsli]
baby carriage	gyerekkocsi	[ɟɛrɛkkoʧi]
kindergarten	óvoda	[o:vodɒ]
babysitter	dajka	[dɒjkɒ]

childhood	gyermekkor	[ɟɛrmɛkkor]
doll	baba	[bɒbɒ]
toy	játék	[ja:te:k]
construction set (toy)	építő játék	[e:pi:tø: ja:te:k]
well-bred (adj)	jól nevelt	[jol nɛvɛlt]

| ill-bred (adj) | neveletlen | [nɛvɛlɛtlɛn] |
| spoiled (adj) | elkényeztetett | [ɛlke:nɛztɛtɛtt] |

to be naughty	csintalankodik	[ʧintɒlɒŋkodik]
mischievous (adj)	csintalan	[ʧintɒlɒn]
mischievousness	csintalanság	[ʧintɒlɒnʃa:g]
mischievous child	kópé	[ko:pe:]

| obedient (adj) | engedelmes | [ɛŋgɛdɛlmɛʃ] |
| disobedient (adj) | engedetlen | [ɛŋgɛdɛtlɛn] |

docile (adj)	okos	[okoʃ]
clever (smart)	okos	[okoʃ]
child prodigy	csodagyerek	[ʧodɒɟɛrɛk]

60. Married couples. Family life

to kiss (vt)	csókol	[ʧo:kol]
to kiss (vi)	csókolózik	[ʧo:kolo:zik]
family (n)	család	[ʧɒla:d]
family (as adj)	családos	[ʧɒla:doʃ]
couple	pár	[pa:r]
marriage (state)	házasság	[ha:zɒʃa:g]
hearth (home)	otthon	[otthon]
dynasty	dinasztia	[dinɒstiɒ]

| date | randevú | [rɒndɛvu:] |
| kiss | csók | [ʧo:k] |

love (for sb)	szerelem	[sɛrɛlɛm]
to love (sb)	szeret	[sɛrɛt]
beloved	szerető	[sɛrɛtø:]

tenderness	gyengédség	[ɟɛŋge:dʃe:g]
tender (affectionate)	gyengéd	[ɟɛŋge:d]
faithfulness	hűség	[hy:ʃe:g]
faithful (adj)	hűséges	[hy:ʃe:gɛʃ]
care (attention)	gondoskodás	[gondoʃkoda:ʃ]
caring (~ father)	gondos	[gondoʃ]

newlyweds	fiatal házasok	[fiɒtɒl ha:zɒʃok]
honeymoon	mézeshetek	[me:zɛʃ hɛtɛk]
to get married (ab. woman)	férjhez megy	[fe:rjhɛz mɛɟ]
to get married (ab. man)	feleségül vesz	[fɛlɛʃe:gyl vɛs]

wedding	lakodalom	[lɒkodɒlom]
golden wedding	aranylakodalom	[ɒrɒɲlɒkodɒlom]
anniversary	évforduló	[e:vfordulo:]
lover (masc.)	szerető	[sɛrɛtø:]

mistress (lover)	szerető	[sɛrɛtø:]
adultery	megcsalás	[mɛgtʃɒlaːʃ]
to cheat on ...	megcsal	[mɛgtʃɒl]
(commit adultery)		
jealous (adj)	féltékeny	[feːlteːkɛɲ]
to be jealous	féltékenykedik	[feːlteːkɛɲkɛdik]
divorce	válás	[vaːlaːʃ]
to divorce (vi)	elválik	[ɛlvaːlik]

to quarrel (vi)	veszekedik	[vɛsɛkɛdik]
to be reconciled	békül	[beːkyl]
(after an argument)		
together (adv)	együtt	[ɛɟytt]
sex	szex	[sɛks]

happiness	boldogság	[boldogʃaːg]
happy (adj)	boldog	[boldog]
misfortune (accident)	boldogtalanság	[boldogtɒlɒnʃaːg]
unhappy (adj)	boldogtalan	[boldogtɒlɒn]

Character. Feelings. Emotions

61. Feelings. Emotions

feeling (emotion)	érzelem	[e:rzɛlɛm]
feelings	érzelmek	[e:rzɛlmɛk]
to feel (vt)	érez	[e:rɛz]
hunger	éhség	[e:hʃe:g]
to be hungry	éhes van	[e:hɛʃ vɒn]
thirst	szomjúság	[somju:ʃa:g]
to be thirsty	szomjas van	[somjɒʃ vɒn]
sleepiness	álmosság	[a:lmoʃa:g]
to feel sleepy	álmos van	[a:lmoʃ vɒn]
tiredness	fáradtság	[fa:rɒtt͡ʃa:g]
tired (adj)	fáradt	[fa:rɒtt]
to get tired	elfárad	[ɛlfa:rɒd]
mood (humor)	kedv	[kɛdv]
boredom	unalom	[unɒlom]
to be bored	unatkozik	[unɒtkozik]
seclusion	magány	[mɒga:ɲ]
to seclude oneself	magányba vonul	[mɒga:ɲbɒ vonul]
to worry (make anxious)	nyugtalanít	[ɲugtɒlɒni:t]
to be worried	nyugtalankodik	[ɲugtɒlɒŋkodik]
worrying (n)	nyugtalanság	[ɲugtɒlɒnʃa:g]
anxiety	aggodalom	[ɒggodɒlom]
preoccupied (adj)	nyugtalan	[ɲugtɒlɒn]
to be nervous	izgul	[izgul]
to panic (vi)	pánikba esik	[pa:nikbɒ ɛʃik]
hope	remény	[rɛme:ɲ]
to hope (vi, vt)	remél	[rɛme:l]
certainty	biztosság	[biztoʃa:g]
certain, sure (adj)	biztos	[biztoʃ]
uncertainty	bizonytalanság	[bizoɲtɒlɒnʃa:g]
uncertain (adj)	bizonytalan	[bizoɲtɒlɒn]
drunk (adj)	részeg	[re:sɛg]
sober (adj)	józan	[jo:zɒn]
weak (adj)	gyenge	[ɟɛŋgɛ]
happy (adj)	boldog	[boldog]
to scare (vt)	megijeszt	[mɛgijɛst]

fury (madness)	dühöngés	[dyhøŋge:ʃ]
rage (fury)	düh	[dy]

depression	depresszió	[dɛprɛssio:]
discomfort (unease)	kényelmetlenségérzet	[ke:nɛlmɛtlɛnʃe:g e:rzɛt]
comfort	kényelem	[ke:nɛlɛm]
to regret (be sorry)	sajnál	[ʃɒjna:l]
regret	sajnálom	[ʃɒjna:lom]
bad luck	balszerencse	[bɒlsɛrɛntʃɛ]
sadness	keserűség	[kɛʃɛry:ʃe:g]

shame (remorse)	szégyen	[se:ɟɛn]
gladness	vidámság	[vida:mʃa:g]
enthusiasm, zeal	lelkesedés	[lɛlkɛʃɛde:ʃ]
enthusiast	lelkesedő	[lɛlkɛʃɛdø:]
to show enthusiasm	lelkesedik	[lɛlkɛʃɛdik]

62. Character. Personality

character	jellem	[jɛllɛm]
character flaw	jellemhiba	[jɛllɛmhibɒ]
mind	értelem	[e:rtɛlɛm]
reason	ész	[e:s]

conscience	lelkiismeret	[lɛlki:ʃmɛrɛt]
habit (custom)	szokás	[soka:ʃ]
ability (talent)	képesség	[ke:pɛʃe:g]
can (e.g., ~ swim)	tud	[tud]

patient (adj)	türelmes	[tyrɛlɛm]
impatient (adj)	türelmetlen	[tyrɛlmɛtlɛn]
curious (inquisitive)	kíváncsi	[ki:va:ntʃi]
curiosity	kíváncsiság	[ki:vɒntʃiʃa:g]

modesty	szerénység	[sɛre:ɲʃe:g]
modest (adj)	szerény	[sɛre:ɲ]
immodest (adj)	szemérmetlen	[sɛme:rmɛtlɛn]

lazy (adj)	lusta	[luʃtɒ]
lazy person (masc.)	lusta	[luʃtɒ]

cunning (n)	ravaszság	[rɒvɒʃa:g]
cunning (as adj)	ravasz	[rɒvɒs]
distrust	bizalmatlanság	[bizɒlmɒtlɒnʃa:g]
distrustful (adj)	bizalmatlan	[bizɒlmɒtlɒn]

generosity	bőkezűség	[bø:kɛzy:ʃe:g]
generous (adj)	bőkezű	[bø:kɛzy:]
talented (adj)	tehetséges	[tɛhɛtʃe:gɛʃ]
talent	tehetség	[tɛhɛtʃe:g]

courageous (adj)	bátor	[ba:tor]
courage	bátorság	[ba:torʃa:g]
honest (adj)	becsületes	[bɛtʃylɛtɛʃ]
honesty	becsületesség	[bɛtʃylɛtɛʃe:g]
careful (cautious)	óvatos	[o:vɒtoʃ]
brave (courageous)	bátor	[ba:tor]
serious (adj)	komoly	[komoj]
strict (severe, stern)	szigorú	[sigoru:]
decisive (adj)	határozott	[hɒta:rozott]
indecisive (adj)	határozatlan	[hɒta:rozotlɒn]
shy, timid (adj)	félénk	[fe:le:ŋk]
shyness, timidity	félénkség	[fe:le:ŋkʃe:g]
confidence (trust)	bizalom	[bizɒlom]
to believe (trust)	bízik	[bi:zik]
trusting (credulous)	bizalomteljes	[bizɒlomtɛjɛʃ]
sincerely (adv)	őszintén	[ø:sinte:n]
sincere (adj)	őszinte	[ø:sintɛ]
sincerity	őszinteség	[ø:sintɛʃe:g]
open (person)	nyílt	[ɲi:lt]
calm (adj)	csendes	[tʃɛndɛʃ]
frank (sincere)	nyílt	[ɲi:lt]
naïve (adj)	naiv	[nɒiv]
absent-minded (adj)	szórakozott	[so:rɒkozott]
funny (odd)	nevetséges	[nɛvɛtʃe:gɛʃ]
greed, stinginess	kapzsiság	[kɒpʒiʃa:g]
greedy, stingy (adj)	kapzsi	[kɒpʒi]
stingy (adj)	zsugori	[ʒugori]
evil (adj)	gonosz	[gonos]
stubborn (adj)	makacs	[mɒkɒtʃ]
unpleasant (adj)	kellemetlen	[kɛllɛmɛtlɛn]
selfish person (masc.)	önző	[önzø:]
selfish (adj)	önző	[önzø:]
coward	gyáva	[ɟa:vɒ]
cowardly (adj)	gyáva	[ɟa:vɒ]

63. Sleep. Dreams

to sleep (vi)	alszik	[ɒlsik]
sleep, sleeping	alvás	[ɒlva:ʃ]
dream	álom	[a:lom]
to dream (in sleep)	álmodik	[a:lmodik]
sleepy (adj)	álmos	[a:lmoʃ]
bed	ágy	[a:ɟ]

mattress	matrac	[mɒtrɒts]
blanket (comforter)	takaró	[tɒkɒro:]
pillow	párna	[paːrnɒ]
sheet	lepedő	[lɛpɛdøː]

insomnia	álmatlanság	[aːlmɒtlɒnʃaːg]
sleepless (adj)	álmatlan	[aːlmɒtlɒn]
sleeping pill	altató	[ɒltɒto:]
to take a sleeping pill	altatót bevesz	[ɒltɒto:t bɛvɛs]

to feel sleepy	álmos van	[aːlmoʃ vɒn]
to yawn (vi)	ásít	[aːʃi:t]
to go to bed	ágyba megy	[aːɟbɒ mɛɟ]
to make up the bed	megágyaz	[mɛgaːɟoz]
to fall asleep	elalszik	[ɛlɒlsik]

nightmare	rémálom	[reːmaːlom]
snore, snoring	horkolás	[horkolaːʃ]
to snore (vi)	horkol	[horkol]

alarm clock	ébresztőóra	[eːbrɛstøːoːrɒ]
to wake (vt)	ébreszt	[eːbrɛst]
to wake up	ébred	[eːbrɛd]
to get up (vi)	felkel	[fɛlkɛl]
to wash up (wash face)	mosakodik	[moʃɒkodik]

64. Humour. Laughter. Gladness

humor (wit, fun)	humor	[humor]
sense of humor	humorérzék	[humoreːrzeːk]
to enjoy oneself	szórakozik	[soːrɒkozik]
cheerful (merry)	vidám	[vidaːm]
merriment (gaiety)	vidámság	[vidaːmʃaːg]

smile	mosoly	[moʃoj]
to smile (vi)	mosolyog	[moʃojog]
to start laughing	felnevet	[fɛlnɛvɛt]

to laugh (vi)	nevet	[nɛvɛt]
laugh, laughter	nevetés	[nɛvɛteːʃ]

anecdote	anekdota, vicc	[ɒnɛgdotɒ], [vits:]
funny (anecdote, etc.)	nevetséges	[nɛvɛtʃeːgɛʃ]
funny (odd)	nevetséges	[nɛvɛtʃeːgɛʃ]

to joke (vi)	viccel	[vitsɛl]
joke (verbal)	vicc	[vits]
joy (emotion)	öröm	[ørøm]
to rejoice (vi)	örül	[øryl]
joyful (adj)	örömteli	[ørømtɛli]

65. Discussion, conversation. Part 1

| communication | kommunikáció | [kommunika:tsjo:] |
| to communicate | kommunikál | [kommunika:l] |

conversation	beszélgetés	[bɛse:lgɛte:ʃ]
dialog	dialógus	[diɒlo:guʃ]
discussion (discourse)	megvitatás	[mɛgvitɒta:ʃ]
dispute (debate)	vita	[vitɒ]
to dispute	vitatkozik	[vitɒtkozik]

interlocutor	beszédpartner	[bɛse:d pɒrtnɛr]
topic (theme)	téma	[te:mɒ]
point of view	szempont	[sɛmpont]
opinion (point of view)	vélemény	[ve:lɛme:ɲ]
speech (talk)	beszéd	[bɛse:d]

discussion (of report, etc.)	megbeszélés	[mɛgbɛse:le:ʃ]
to discuss (vt)	megbeszél	[mɛgbɛse:l]
talk (conversation)	beszélgetés	[bɛse:lgɛte:ʃ]
to talk (to chat)	beszélget	[bɛse:lgɛt]
meeting (encounter)	találkozás	[tɒla:lkoza:ʃ]
to meet (vi, vt)	találkozik	[tɒla:lkozik]

proverb	közmondás	[køzmonda:ʃ]
saying	szólás	[so:la:ʃ]
riddle (poser)	rejtvény	[rɛjtve:ɲ]
to pose a riddle	rejtvényt felad	[rɛjtve:ɲt fɛlɒd]
password	jelszó	[jɛlso:]
secret	titok	[titok]

oath (vow)	eskü	[ɛʃky]
to swear (an oath)	esküszik	[ɛʃkysik]
promise	ígéret	[i:ge:rɛt]
to promise (vt)	ígér	[i:ge:r]

advice (counsel)	tanács	[tɒna:tʃ]
to advise (vt)	tanácsol	[tɒna:tʃol]
to listen to … (obey)	engedelmeskedik	[ɛŋgɛdɛlmɛʃkɛdik]

news	újság	[u:jʃa:g]
sensation (news)	szenzáció	[sɛnza:tsio:]
information (report)	tudnivalók	[tudnivɒlo:k]
conclusion (decision)	következtetés	[køvɛtkɛztɛte:ʃ]
voice	hang	[hɒŋg]
compliment	bók	[bo:k]
kind (nice)	kedves	[kɛdvɛʃ]

word	szó	[so:]
phrase	szólam	[so:lɒm]
answer	válasz	[va:lɒs]

| truth | igazság | [igɒʃaːg] |
| lie | hazugság | [hɒzugʃaːg] |

thought	gondolat	[gondolɒt]
idea (inspiration)	ötlet	[øtlɛt]
fantasy	ábránd	[aːbraːnd]

66. Discussion, conversation. Part 2

respected (adj)	tisztelt	[tistɛlt]
to respect (vt)	tisztel	[tistɛl]
respect	tisztelet	[tistɛlɛt]
Dear ... (letter)	Tisztelt ...	[tistɛlt]

to introduce (sb to sb)	megismertet	[mɛgiʃmɛrtɛt]
intention	szándék	[saːndeːk]
to intend (have in mind)	szándékozik	[saːndeːkozik]
wish	kívánság	[kiːvaːnʃaːg]
to wish (~ good luck)	kíván	[kiːvaːn]

surprise (astonishment)	csodálkozás	[tʃodaːlkozaːʃ]
to surprise (amaze)	meglep	[mɛglɛp]
to be surprised	csodálkozik	[tʃodaːlkozik]

to give (vt)	ad	[ɒd]
to take (get hold of)	vesz	[vɛs]
to give back	visszaad	[vissɒɒd]
to return (give back)	visszaad	[vissɒɒd]

to apologize (vi)	bocsánatot kér	[botʃaːnɒtot keːr]
apology	bocsánat	[botʃaːnɒt]
to forgive (vt)	bocsát	[botʃaːt]

to talk (speak)	beszélget	[bɛseːlgɛt]
to listen (vi)	hallgat	[hɒllgɒt]
to hear out	kihallgat	[kihɒllgɒt]
to understand (vt)	ért	[eːrt]

to show (to display)	mutat	[mutɒt]
to look at ...	néz	[neːz]
to call (yell for sb)	hív	[hiːv]
to disturb (vt)	zavar	[zɒvɒr]
to pass (to hand sth)	átad	[aːtɒd]

demand (request)	kérés	[keːreːʃ]
to request (ask)	kér	[keːr]
demand (firm request)	követelés	[køvɛtɛleːʃ]
to demand (request firmly)	követel	[køvɛtɛl]
to tease (call names)	csúfol	[tʃuːfol]
to mock (make fun of)	gúnyol	[guːnøl]

| mockery, derision | gúnyolódás | [gu:nølo:daʃ] |
| nickname | gúnynév | [gu:ɲe:v] |

insinuation	célzás	[tse:lza:ʃ]
to insinuate (imply)	céloz	[tse:loz]
to mean (vt)	ért	[e:rt]

description	leírás	[lɛi:ra:ʃ]
to describe (vt)	leír	[lɛi:r]
praise (compliments)	dicséret	[ditʃe:rɛt]
to praise (vt)	dicsér	[ditʃe:r]

disappointment	csalódás	[tʃɒlo:da:ʃ]
to disappoint (vt)	kiábrándít	[kia:bra:ndi:t]
to be disappointed	csalódik	[tʃɒlo:dik]

supposition	feltevés	[fɛltɛve:ʃ]
to suppose (assume)	feltesz	[fɛltɛs]
warning (caution)	figyelmeztetés	[fiɟɛlmɛztɛte:ʃ]
to warn (vt)	figyelmeztet	[fiɟɛlmɛztɛt]

67. Discussion, conversation. Part 3

| to talk into (convince) | rábeszél | [ra:bɛse:l] |
| to calm down (vt) | nyugtat | [ɲugtɒt] |

silence (~ is golden)	hallgatás	[hɒllgɒta:ʃ]
to be silent (not speaking)	hallgat	[hɒllgɒt]
to whisper (vi, vt)	suttog	[ʃuttog]
whisper	suttogás	[ʃuttoga:ʃ]

| frankly, sincerely (adv) | őszinte | [ø:sintɛ] |
| in my opinion … | a véleményem szerint … | [ɒ ve:lɛme:nɛm sɛrint] |

detail (of the story)	részlet	[re:slɛt]
detailed (adj)	részletes	[re:slɛtɛʃ]
in detail (adv)	részletesen	[re:slɛtɛʃɛn]

| hint, clue | súgás | [ʃu:ga:ʃ] |
| to give a hint | súg | [ʃu:g] |

look (glance)	tekintet	[tɛkintɛt]
to have a look	tekint	[tɛkint]
fixed (look)	merev	[mɛrɛv]
to blink (vi)	pislog	[piʃlog]
to wink (vi)	pislant	[piʃlɒnt]
to nod (in assent)	int	[int]

| sigh | sóhaj | [ʃo:hɒj] |
| to sigh (vi) | sóhajt | [ʃo:hɒjt] |

to shudder (vi)	megrezzen	[mɛɡrɛzzɛn]
gesture	gesztus	[ɡɛstuʃ]
to touch (one's arm, etc.)	érint	[eːrint]
to seize (e.g., ~ by the arm)	megfog	[mɛɡfoɡ]
to tap (on the shoulder)	megvereget	[mɛɡvɛrɛɡɛt]

Look out!	Vigyázat!	[viɟaːzɒt]
Really?	Tényleg?	[teːɲlɛɡ]
Are you sure?	Biztos vagy?	[biztoʃ vɒɟ]
Good luck!	Sikert kívánok!	[ʃikɛrt kiːvaːnok]
I see!	Világos!	[vilaːɡoʃ]
What a pity!	Kár!	[kaːr]

68. Agreement. Refusal

consent	beleegyezés	[bɛlɛɛɟɛzeːʃ]
to consent (vi)	beleegyezik	[bɛlɛɛɟɛzik]
approval	jóváhagyás	[joːvaːhoɟaːʃ]
to approve (vt)	jóváhagy	[joːvaːhoɟ]
refusal	megtagadás	[mɛɡtoɡɒdaːʃ]
to refuse (vi, vt)	lemond	[lɛmond]

Great!	Kitűnő!	[kityːnøː]
All right!	Jól van!	[joːl vɒn]
Okay! (I agree)	Jól van!	[joːl vɒn]

| forbidden (adj) | tilos | [tiloʃ] |
| it's forbidden | tilos | [tiloʃ] |

| it's impossible | lehetetlen | [lɛhɛtɛtlɛn] |
| incorrect (adj) | téves | [teːvɛʃ] |

to reject (~ a demand)	visszautasít	[vissɒutɒʃiːt]
to support (cause, idea)	támogat	[taːmoɡɒt]
to accept (~ an apology)	fogad	[foɡɒd]

to confirm (vt)	elismer	[ɛliʃmɛr]
confirmation	igazolás	[iɡɒzolaːʃ]
permission	engedély	[ɛnɡɛdeːj]
to permit (vt)	enged	[ɛnɡɛd]

| decision | döntés | [dønteːʃ] |
| to say nothing (hold one's tongue) | elhallgat | [ɛlhɒllɡɒt] |

condition (term)	feltétel	[fɛlteːtɛl]
excuse (pretext)	kifogás	[kifoɡaːʃ]
praise (compliments)	dicséret	[ditʃeːrɛt]
to praise (vt)	dicsér	[ditʃeːr]

69. Success. Good luck. Failure

success	siker	[ʃikɛr]
successfully (adv)	sikeresen	[ʃikɛrɛʃɛn]
successful (adj)	sikeres	[ʃikɛrɛʃ]

luck (good luck)	szerencse	[sɛrɛntʃɛ]
Good luck!	Sok szerencsét!	[ʃok sɛrɛntʃe:t]
lucky (e.g., ~ day)	szerencsés	[sɛrɛntʃe:ʃ]
lucky (fortunate)	szerencsés	[sɛrɛntʃe:ʃ]

failure	kudarc	[kudɒrts]
misfortune	balsiker	[bɒlʃikɛr]
bad luck	balszerencse	[bɒlsɛrɛntʃɛ]
unsuccessful (adj)	sikertelen	[ʃikɛrtɛlɛn]
catastrophe	katasztrófa	[kɒtɒstro:fɒ]

pride	büszkeség	[byskɛʃe:g]
proud (adj)	büszke	[byskɛ]
to be proud	büszkélkedik	[byske:lkɛdik]

winner	győztes	[ɟø:ztɛʃ]
to win (vi)	győz	[ɟø:z]
to lose (not win)	veszít	[vɛsi:t]
try	próba	[pro:bɒ]
to try (vi)	próbál	[pro:ba:l]
chance (opportunity)	esély	[ɛʃe:j]

70. Quarrels. Negative emotions

shout (scream)	kiáltás	[kia:lta:ʃ]
to shout (vi)	kiabál	[kiɒba:l]
to start to cry out	felkiált	[fɛlkia:lt]

quarrel	veszekedés	[vɛsɛkɛde:ʃ]
to quarrel (vi)	veszekedik	[vɛsɛkɛdik]
fight (squabble)	botrány	[botra:ɲ]
to make a scene	botrányt csinál	[botra:ɲt tʃina:l]
conflict	konfliktus	[konfliktuʃ]
misunderstanding	félreértés	[fe:lre:ɛrte:ʃ]

insult	sértés	[ʃe:rte:ʃ]
to insult (vt)	megsért	[mɛgʃe:rt]
insulted (adj)	megsértett	[mɛgʃe:rtɛtt]
resentment	sértés	[ʃe:rte:ʃ]
to offend (vt)	megsért	[mɛgʃe:rt]
to take offense	megsértődik	[mɛgʃe:rtø:dik]
indignation	felháborodás	[fɛlha:boroda:ʃ]
to be indignant	felháborodik	[fɛlha:borodik]

| complaint | panasz | [pɒnɒs] |
| to complain (vi, vt) | panaszkodik | [pɒnɒskodik] |

apology	bocsánat	[botʃɒ:nɒt]
to apologize (vi)	bocsánatot kér	[botʃɒ:nɒtot ke:r]
to beg pardon	elnézést kér	[ɛlne:ze:ʃt ke:r]

criticism	bírálat	[bi:rɒ:lɒt]
to criticize (vt)	bírál	[bi:rɒ:l]
accusation (charge)	vád	[vɒ:d]
to accuse (vt)	vádol	[vɒ:dol]

revenge	bosszú	[bossu:]
to avenge (get revenge)	megbosszul	[mɛgbossul]
to pay back	viszonoz	[visonoz]

disdain	lenézés	[lɛne:ze:ʃ]
to despise (vt)	lenéz	[lɛne:z]
hatred, hate	gyűlölet	[ɟy:lølɛt]
to hate (vt)	gyűlöl	[ɟy:løl]

nervous (adj)	ideges	[idɛgɛʃ]
to be nervous	izgul	[izgul]
angry (mad)	haragos	[hɒrogoʃ]
to make angry	megharagít	[mɛghɒrɒgi:t]

humiliation	megalázás	[mɛgɒlɒ:zɒ:ʃ]
to humiliate (vt)	megaláz	[mɛgɒlɒ:z]
to humiliate oneself	megalázkodik	[mɛgɒlɒ:skodik]

| shock | sokk | [ʃokk] |
| to shock (vt) | megbotránkoztat | [mɛgbotrɑ:ŋkoztɒt] |

| trouble (e.g., serious ~) | kellemetlenség | [kɛllɛmɛtlɛnʃe:g] |
| unpleasant (adj) | kellemetlen | [kɛllɛmɛtlɛn] |

fear (dread)	félelem	[fe:lɛlɛm]
terrible (storm, heat)	szörnyű	[sørɲy:]
scary (e.g., ~ story)	félelmetes	[fe:lɛlmɛtɛʃ]
horror	rémület	[re:mylɛt]
awful (crime, news)	rémes	[re:mɛʃ]

to cry (weep)	sír	[ʃi:r]
to start crying	sírva fakad	[ʃi:rvɒ fɒkɒd]
tear	könny	[køɲɲ]

fault	hiba	[hibɒ]
guilt (feeling)	bűnbánat	[by:nbɒ:nɒt]
dishonor (disgrace)	szégyen	[se:ɟɛn]
protest	tiltakozás	[tiltɒkozɒ:ʃ]
stress	stressz	[strɛss]
to disturb (vt)	zavar	[zɒvɒr]

to be furious	**haragszik**	[hɒrɒgsik]
mad, angry (adj)	**haragos**	[hɒrɒgoʃ]
to end (~ a relationship)	**abbahagy**	[ɒbbɒhɒɟ]
to swear (at sb)	**szid**	[sid]

to scare (become afraid)	**megijed**	[mɛgijɛd]
to hit (strike with hand)	**üt**	[yt]
to fight (street fight, etc.)	**verekedik**	[vɛrɛkɛdik]

to settle (a conflict)	**megold**	[mɛgold]
discontented (adj)	**elégedetlen**	[ɛleːgɛdɛtlɛn]
furious (adj)	**dühödt**	[dyhøtt]

It's not good!	**Ez nem jó!**	[ɛz nɛm joː]
It's bad!	**Ez rossz!**	[ɛz ross]

Medicine

71. Diseases

sickness	betegség	[bɛtɛgʃeːg]
to be sick	beteg van	[bɛtɛg vɒn]
health	egészség	[ɛgeːʃeːg]
runny nose (coryza)	nátha	[naːthɒ]
tonsillitis	torokgyulladás	[torokɟyllɒdaːʃ]
cold (illness)	megfázás	[mɛgfaːzaːʃ]
to catch a cold	megfázik	[mɛgfaːzik]
bronchitis	hörghurut	[hørgfurut]
pneumonia	tüdőgyulladás	[tydøːɟyllɒɟaːʃ]
flu, influenza	influenza	[influɛnzɒ]
nearsighted (adj)	rövidlátó	[røvidlaːtoː]
farsighted (adj)	távollátó	[taːvollaːtoː]
strabismus (crossed eyes)	kancsalság	[kɒntʃɒlʃaːg]
cross-eyed (adj)	kancsal	[kɒntʃɒl]
cataract	szürke hályog	[syrkɛ haːjog]
glaucoma	glaukóma	[glɒukoːmɒ]
stroke	inzultus	[inzultuʃ]
heart attack	infarktus	[inforktuʃ]
paralysis	bénaság	[beːnɒʃaːg]
to paralyze (vt)	megbénít	[mɛgbeːniːt]
allergy	allergia	[ɒllɛrgiɒ]
asthma	asztma	[ɒstmɒ]
diabetes	cukorbaj	[tsukorbɒj]
toothache	fogfájás	[fogfaːjaːʃ]
caries	fogszuvasodás	[fogsuvɒʃoda:ʃ]
diarrhea	hasmenés	[hɒʃmɛneːʃ]
constipation	szorulás	[sorulaːʃ]
stomach upset	gyomorrontás	[ɟomorrontaːʃ]
food poisoning	mérgezés	[meːrgɛzeːʃ]
to get food poisoning	mérgezést kap	[meːrgɛzeːʃt kɒp]
arthritis	ízületi gyulladás	[iːzylɛti ɟyllɒdaːʃ]
rickets	angolkór	[ɒŋgolkoːr]
rheumatism	reuma	[rɛumɒ]
atherosclerosis	érelmeszesedés	[eːrɛlmɛsɛʃɛdeːʃ]

gastritis	gyomorhurut	[ɟømorhurut]
appendicitis	vakbélgyulladás	[vɒkbeːʎʎɟyllɒdaːʃ]
cholecystitis	epehólyaggyulladás	[ɛpɛhoːjɒɟɟyllɒdaːʃ]
ulcer	fekély	[fɛkeːj]

measles	kanyaró	[kɒɲɒroː]
rubella (German measles)	rózsahimlő	[roːʒɒhimlø:]
jaundice	sárgaság	[ʃaːrgɒʃaːg]
hepatitis	hepatitisz	[hɛpɒtitis]

schizophrenia	szkizofrénia	[skizofreːniɒ]
rabies (hydrophobia)	veszettség	[vɛsɛttʃe:g]
neurosis	neurózis	[nɛuroːziʃ]
concussion	agyrázkódás	[ɒɟraːskodaːʃ]

cancer	rák	[raːk]
sclerosis	szklerózis	[sklɛroːziʃ]
multiple sclerosis	szklerózis multiplex	[sklɛroːziʃ multiplɛks]

alcoholism	alkoholizmus	[ɒlkoholizmuʃ]
alcoholic (n)	alkoholista	[ɒlkoholiʃtɒ]
syphilis	szifilisz	[sifiliʃ]
AIDS	AIDS	[ɛjds]

tumor	daganat	[dɒgɒnɒt]
fever	láz	[laːz]
malaria	malária	[mɒlaːriɒ]
gangrene	üszkösödés	[yskøʃøde:ʃ]
seasickness	tengeribetegség	[tɛŋgɛribɛtɛgʃe:g]
epilepsy	epilepszia	[ɛpilɛpsiɒ]

epidemic	járvány	[jaːrvaːɲ]
typhus	tífusz	[tiːfuʃ]
tuberculosis	tuberkulózis	[tubɛrkuloːziʃ]
cholera	kolera	[kolɛrɒ]
plague (bubonic ~)	pestis	[pɛʃtiʃ]

72. Symptoms. Treatments. Part 1

symptom	tünet	[tynɛt]
temperature	láz	[laːz]
high temperature (fever)	magas láz	[mɒgɒʃ laːz]
pulse (heartbeat)	pulzus	[pulzuʃ]

dizziness (vertigo)	szédülés	[se:dyle:ʃ]
hot (adj)	forró	[forroː]
shivering	hidegrázás	[hidɛgraːzaːʃ]
pale (e.g., ~ face)	sápadt	[ʃaːpɒtt]
cough	köhögés	[køhøge:ʃ]
to cough (vi)	köhög	[køhøg]

to sneeze (vi)	tüsszent	[tyssɛnt]
faint	ájulás	[a:jula:ʃ]
to faint (vi)	elájul	[ɛla:jul]

bruise (hématome)	kék folt	[ke:k folt]
bump (lump)	dudor	[dudor]
to bang (bump)	nekiütődik	[nɛkiytø:dik]
contusion (bruise)	ütés	[yte:ʃ]
to get a bruise	megüti magát	[mɛgyti mɒga:t]

to limp (vi)	sántít	[ʃa:nti:t]
dislocation	ficam	[fitsɒm]
to dislocate (vt)	kificamít	[kifitsɒmi:t]
fracture	törés	[tøre:ʃ]
to have a fracture	eltör	[ɛltør]

cut (e.g., paper ~)	vágás	[va:ga:ʃ]
to cut oneself	megvágja magát	[mɛgva:gjɒ mɒga:t]
bleeding	vérzés	[ve:rze:ʃ]

burn (injury)	égési seb	[e:ge:ʃi ʃɛb]
to get burned	megégeti magát	[mɛge:gɛti mɒga:t]

to prick (vt)	megszúr	[mɛgsu:r]
to prick oneself	megszúrja magát	[mɛgsu:rjo mɒga:t]
to injure (vt)	megsért	[mɛgʃe:rt]
injury	sérülés	[ʃe:ryle:ʃ]
wound	seb	[ʃɛb]
trauma	sérülés	[ʃe:ryle:ʃ]

to be delirious	félrebeszél	[fe:lrɛbɛse:l]
to stutter (vi)	dadog	[dɒdog]
sunstroke	napszúrás	[nɒpsu:ra:ʃ]

73. Symptoms. Treatments. Part 2

pain, ache	fájdalom	[fa:jdɒlom]
splinter (in foot, etc.)	szálka	[sa:lkɒ]

sweat (perspiration)	veríték	[vɛri:te:k]
to sweat (perspire)	izzad	[izzɒd]
vomiting	hányás	[ha:ɲa:ʃ]
convulsions	görcs	[gørʧ]

pregnant (adj)	terhes	[tɛrhɛʃ]
to be born	születik	[sylɛtik]
delivery, labor	szülés	[syle:ʃ]
to deliver (~ a baby)	szül	[syl]
abortion	magzatelhajtás	[mɒgzɒtɛlhɒjta:ʃ]
breathing, respiration	lélegzés	[le:lɛgze:ʃ]

in-breath (inhalation)	belégzés	[bɛle:gze:ʃ]
out-breath (exhalation)	kilégzés	[kile:gze:ʃ]
to exhale (breathe out)	kilélegzik	[kile:lɛgzik]
to inhale (vi)	belélegzik	[bɛle:lɛgzik]

disabled person	rokkant	[rokkɒnt]
cripple	nyomorék	[ɲomore:k]
drug addict	narkós	[nɒrko:ʃ]

deaf (adj)	süket	[ʃykɛt]
mute (adj)	néma	[ne:mɒ]
deaf mute (adj)	süketnéma	[ʃykɛtne:mɒ]

mad, insane (adj)	őrült	[ø:rylt]
madman	őrült férfi	[ø:rylt fe:rfi]
(demented person)		
madwoman	őrült nő	[ø:rylt nø:]
to go insane	megőrül	[mɛgø:ryl]

gene	gén	[ge:n]
immunity	immunitás	[immunita:ʃ]
hereditary (adj)	örökölt	[ørøkølt]
congenital (adj)	veleszületett	[vɛlɛʃylɛtɛtt]

virus	vírus	[vi:ruʃ]
microbe	mikroba	[mikrobɒ]
bacterium	baktérium	[bɒkte:rium]
infection	fertőzés	[fɛrtø:ze:ʃ]

74. Symptoms. Treatments. Part 3

| hospital | kórház | [ko:rha:z] |
| patient | beteg | [bɛtɛg] |

diagnosis	diagnózis	[diɒgno:ziʃ]
cure	gyógyítás	[ɟø:ɟi:ta:ʃ]
medical treatment	kezelés	[kɛzɛle:ʃ]
to get treatment	gyógyul	[ɟø:ɟyl]
to treat (~ a patient)	gyógyít	[ɟø:ɟi:t]
to nurse (look after)	ápol	[a:pol]
care (nursing ~)	ápolás	[a:pola:ʃ]

operation, surgery	műtét	[my:te:t]
to bandage (head, limb)	beköt	[bɛkøt]
bandaging	bekötés	[bɛkøte:ʃ]

vaccination	oltás	[olta:ʃ]
to vaccinate (vt)	beolt	[bɛolt]
injection, shot	injekció	[iɲɛktsio:]
to give an injection	injekciót ad	[iɲɛktsio:t ɒd]

attack	roham	[rohɒm]
amputation	amputálás	[ɒmputa:la:ʃ]
to amputate (vt)	csonkol	[ʧoŋkol]
coma	kóma	[ko:mɒ]
to be in a coma	kómában van	[ko:ma:bɒn vɒn]
intensive care	reanimáció	[rɛɒnima:tsio:]

to recover (~ from flu)	felgyógyul	[fɛlɟø:ɟyl]
condition (patient's ~)	állapot	[a:llɒpot]
consciousness	eszmélet	[ɛsme:lɛt]
memory (faculty)	emlékezet	[ɛmle:kɛzɛt]

to pull out (tooth)	húz	[hu:z]
filling	fogtömés	[fogtøme:ʃ]
to fill (a tooth)	fogat betöm	[fogɒt bɛtøm]

hypnosis	hipnózis	[hipno:ziʃ]
to hypnotize (vt)	hipnotizál	[hipnotiza:l]

75. Doctors

doctor	orvos	[orvoʃ]
nurse	nővér	[nø:ve:r]
personal doctor	személyes orvos	[sɛme:jɛʃ orvoʃ]

dentist	fogász	[foga:s]
eye doctor	szemész	[sɛme:s]
internist	belgyógyász	[bɛlɟø:ɟa:s]
surgeon	sebész	[ʃɛbe:s]

psychiatrist	elmeorvos	[ɛlmɛorvoʃ]
pediatrician	gyermekorvos	[ɟɛrmɛk orvoʃ]
psychologist	pszichológus	[psiholo:guʃ]
gynecologist	nőgyógyász	[nø:ɟø:ɟa:s]
cardiologist	kardiológus	[kɒrdjolo:guʃ]

76. Medicine. Drugs. Accessories

medicine, drug	gyógyszer	[ɟø:ɟsɛr]
remedy	orvosság	[orvoʃa:g]
to prescribe (vt)	felír	[fɛli:r]
prescription	recept	[rɛtsɛpt]

tablet, pill	tabletta	[tɒblɛttɒ]
ointment	kenőcs	[kɛnø:ʧ]
ampule	ampulla	[ɒmpullɒ]
mixture, solution	gyógyszerkeverék	[ɟø:ɟsɛr kɛvɛre:k]
syrup	szirup	[sirup]

| capsule | pirula | [pirulɒ] |
| powder | por | [por] |

gauze bandage	kötés	[køteːʃ]
cotton wool	vatta	[vɒttɒ]
iodine	jódtinktúra	[joːttiŋktuːrɒ]

Band-Aid	ragtapasz	[rɒgtɒpɒs]
eyedropper	pipetta	[pipɛttɒ]
thermometer	hőmérő	[høːmeːrøː]
syringe	fecskendő	[fɛtʃkɛndøː]

| wheelchair | tolószék | [toloːseːk] |
| crutches | mankók | [mɒŋkoːk] |

painkiller	fájdalomcsillapító	[faːjdɒlomtʃillɒpiːtoː]
laxative	hashajtó	[hɒʃhɒjtoː]
spirits (ethanol)	szesz	[sɛs]
medicinal herbs	fű	[fyː]
herbal (~ tea)	fű	[fyː]

77. Smoking. Tobacco products

tobacco	dohány	[dohaːɲ]
cigarette	cigaretta	[tsigɒrɛttɒ]
cigar	szivar	[sivɒr]
pipe	pipa	[pipɒ]
pack (of cigarettes)	doboz	[doboz]

matches	gyufa	[ɟyfɒ]
matchbox	gyufadoboz	[ɟyfɒ ɟoboz]
lighter	gyújtó	[ɟuːjtoː]
ashtray	hamutartó	[homutɒrtoː]
cigarette case	szivartárca	[sivɒr taːrtsɒ]

| cigarette holder | szopóka | [sopoːkɒ] |
| filter (cigarette tip) | filter | [filtɛr] |

to smoke (vi, vt)	dohányzik	[dohaːɲzik]
to light a cigarette	rágyújt	[raːɟuːjt]
smoking	dohányzás	[dohaːɲzaːʃ]
smoker	dohányos	[dohaːnøʃ]

stub, butt (of cigarette)	csikk	[tʃikk]
smoke, fumes	füst	[fyʃt]
ash	hamu	[hɒmu]

HUMAN HABITAT

City

78. City. Life in the city

city, town	város	[va:roʃ]
capital city	főváros	[fø:va:roʃ]
village	falu	[fɒlu]
city map	város térképe	[va:roʃ te:rke:pɛ]
downtown	városközpont	[va:roʃkøspont]
suburb	külváros	[kylva:roʃ]
suburban (adj)	külvárosi	[kylva:roʃi]
outskirts	külváros	[kylva:roʃ]
environs (suburbs)	környék	[kørne:k]
city block	városnegyed	[va:roʃnɛɟɛd]
residential block (area)	lakótelep	[lɒko:tɛlɛp]
traffic	közlekedés	[køzlɛkɛde:ʃ]
traffic lights	lámpa	[la:mpɒ]
public transportation	városi közlekedés	[va:roʃi køzlɛkɛde:ʃ]
intersection	útkereszteződés	[u:tkɛrɛstɛzø:de:ʃ]
crosswalk	átkelőhely	[a:tkɛlø:hɛj]
pedestrian underpass	aluljáró	[ɒluljɒ:ro:]
to cross (~ the street)	átmegy	[a:tmɛɟ]
pedestrian	gyalogos	[ɟɒlogoʃ]
sidewalk	járda	[ja:rdɒ]
bridge	híd	[hi:d]
embankment (river walk)	rakpart	[rɒkpɒrt]
fountain	szökőkút	[søkø:ku:t]
allée (garden walkway)	fasor	[fɒʃor]
park	park	[pɒrk]
boulevard	sétány	[ʃe:ta:ɲ]
square	tér	[te:r]
avenue (wide street)	sugárút	[ʃuga:ru:t]
street	utca	[uttsɒ]
side street	mellékutca	[mɛlle:kutsɒ]
dead end	zsákutca	[ʒa:kuttsɒ]
house	ház	[ha:z]
building	épület	[e:pylɛt]

skyscraper	felhőkarcoló	[fɛlhøːkɒrtsolo:]
facade	homlokzat	[homlogzɒt]
roof	tető	[tɛtøː]
window	ablak	[ɒblɒk]
arch	boltív	[bolti:v]
column	oszlop	[oslop]
corner	sarok	[ʃɒrok]

store window	kirakat	[kirɒkɒt]
signboard (store sign, etc.)	cégtábla	[tseːgtaːblɒ]
poster (e.g., playbill)	poszter	[postɛr]
advertising poster	reklámplakát	[rɛklaːm plɒkaːt]
billboard	hirdetőtábla	[hirdɛtøːtaːblɒ]

garbage, trash	szemét	[sɛmeːt]
trash can (public ~)	kuka	[kukɒ]
to litter (vi)	szemetel	[sɛmɛtɛl]
garbage dump	szemétlerakó hely	[sɛmeːtlɛrɒkoː hɛj]

phone booth	telefonfülke	[tɛlɛfonfylkɛ]
lamppost	lámpaoszlop	[laːmpɒoslop]
bench (park ~)	pad	[pɒd]

police officer	rendőr	[rɛndøːr]
police	rendőrség	[rɛndøːrʃeːg]
beggar	koldus	[kolduʃ]
homeless (n)	hajléktalan	[hɒjleːktɒlɒn]

79. Urban institutions

store	bolt	[bolt]
drugstore, pharmacy	gyógyszertár	[ɟøːɟsɛrtaːr]
eyeglass store	optika	[optikɒ]
shopping mall	vásárlóközpont	[vaːʃaːrloː køspont]
supermarket	szupermarket	[supɛrmɒrkɛt]

bakery	péküzlet	[peːkyzlɛt]
baker	pék	[peːk]
pastry shop	cukrászda	[tsukraːsdɒ]
grocery store	élelmiszerbolt	[eːlɛlmisɛrbolt]
butcher shop	húsbolt	[huːʃbolt]

produce store	zöldségbolt	[zøldʃeːgbolt]
market	piac	[piɒts]

coffee house	kávézó	[kaːveːzoː]
restaurant	étterem	[eːttɛrɛm]
pub, bar	söröző	[ʃørøzøː]
pizzeria	pizzéria	[pitseːriɒ]
hair salon	fodrászat	[fodraːsɒt]

post office	**posta**	[poʃtɒ]
dry cleaners	**vegytisztítás**	[vɛ̩tisti:ta:ʃ]
photo studio	**fényképészet**	[fe:ɲke:pe:sɛt]
shoe store	**cipőbolt**	[tsipø:bolt]
bookstore	**könyvesbolt**	[køɲvɛʃbolt]
sporting goods store	**sportbolt**	[ʃportbolt]
clothes repair shop	**ruhajavítás**	[ruhɒ jɒvi:ta:ʃ]
formal wear rental	**ruhakölcsönzés**	[ruhɒ køltʃønze:ʃ]
video rental store	**filmkölcsönzés**	[film køltʃønze:ʃ]
circus	**cirkusz**	[tsirkus]
zoo	**állatkert**	[a:llɒt kɛrt]
movie theater	**mozi**	[mozi]
museum	**múzeum**	[mu:zɛum]
library	**könyvtár**	[køɲvta:r]
theater	**színház**	[si:nha:z]
opera (opera house)	**opera**	[opɛrɒ]
nightclub	**éjjeli klub**	[e:jjɛli klub]
casino	**kaszinó**	[kɒsino:]
mosque	**mecset**	[mɛtʃɛt]
synagogue	**zsinagóga**	[ʒinɒgo:gɒ]
cathedral	**székesegyház**	[se:kɛʃɛ̩ha:z]
temple	**templom**	[tɛmplom]
church	**templom**	[tɛmplom]
college	**intézet**	[inte:zɛt]
university	**egyetem**	[ɛ̩ɛtɛm]
school	**iskola**	[iʃkolɒ]
prefecture	**polgármesteri hivatal**	[polga:rmɛʃtɛri hivɒtɒl]
city hall	**városháza**	[va:roʃha:zɒ]
hotel	**szálloda**	[sa:llodɒ]
bank	**bank**	[bɒŋk]
embassy	**nagykövetség**	[nɒckøvɛtʃ:e:g]
travel agency	**utazási iroda**	[utɒza:ʃi irodɒ]
information office	**tudakozóiroda**	[tudɒkozo: irodɒ]
currency exchange	**pénzváltó**	[pe:nzva:lto:]
subway	**metró**	[mɛtro:]
hospital	**kórház**	[ko:rha:z]
gas station	**benzinkút**	[bɛnziŋku:t]
parking lot	**parkolóhely**	[porkolo:hɛj]

80. Signs

signboard (store sign, etc.)	cégtábla	[tse:gta:blɒ]
notice (door sign, etc.)	felirat	[fɛlirɒt]
poster	plakát	[plɒka:t]
direction sign	útjelző	[u:tjɛlzø:]
arrow (sign)	nyíl	[ɲi:l]

caution	figyelmeztetés	[fiɟɛlmɛztɛte:ʃ]
warning sign	figyelmeztetés	[fiɟɛlmɛztɛte:ʃ]
to warn (vt)	figyelmeztet	[fiɟɛlmɛztɛt]

rest day (weekly ~)	szabadnap	[sɒbɒdnɒp]
timetable (schedule)	órarend	[o:rɒrɛnd]
opening hours	nyitvatartási idő	[ɲitvɒtɒrta:ʃi idø:]

WELCOME!	ISTEN HOZTA!	[iʃtɛn hoztɒ]
ENTRANCE	BEJÁRAT	[bɛja:rɒt]
EXIT	KIJÁRAT	[kija:rɒt]

PUSH	TOLNI	[tolni]
PULL	HÚZNI	[hu:zni]
OPEN	NYITVA	[ɲitvɒ]
CLOSED	ZÁRVA	[za:rvɒ]

WOMEN	NŐI	[nø:i]
MEN	FÉRFI	[fe:rfi]

DISCOUNTS	KIÁRUSÍTÁS	[kia:ruʃi:ta:ʃ]
SALE	KEDVEZMÉNY	[kɛdvɛzme:ɲ]
NEW!	ÚJDONSÁG!	[u:jdonʃa:g]
FREE	INGYEN	[iɲɟɛn]

ATTENTION!	FIGYELEM!	[fiɟɛlɛm]
NO VACANCIES	NINCS HELY	[nintʃ hɛj]
RESERVED	FOGLALT	[foglɒlt]

ADMINISTRATION	IGAZGATÁS	[igɒzgɒta:ʃ]
STAFF ONLY	SZEMÉLYZETI BEJÁRAT	[sɛme:jzɛti bɛja:rɒt]

BEWARE OF THE DOG!	HARAPOS KUTYA	[hɒrɒpoʃ kucɒ]
NO SMOKING	DOHÁNYOZNI TILOS!	[doha:nøzni tiloʃ]
DO NOT TOUCH!	NYÚJTANI TILOS!	[ɲu:jtɒni tiloʃ]

DANGEROUS	VESZÉLYES	[vɛse:jɛʃ]
DANGER	VESZÉLY	[vɛse:j]
HIGH VOLTAGE	MAGAS FESZÜLTSÉG	[mɒgɒʃ fɛsyltʃe:g]
NO SWIMMING!	FÜRDENI TILOS	[fyrdɛni tiloʃ]
OUT OF ORDER	NEM MŰKÖDIK	[nɛm my:kødik]
FLAMMABLE	TŰZVESZÉLYES	[ty:zvɛse:jɛʃ]
FORBIDDEN	TILOS	[tiloʃ]

| NO TRESPASSING! | TILOS AZ ÁTJÁRÁS | [tiloʃ ɒz aːtjaːraːʃ] |
| WET PAINT | FESTETT | [fɛʃtɛtt] |

81. Urban transportation

bus	busz	[bus]
streetcar	villamos	[villɒmoʃ]
trolley bus	trolibusz	[trolibus]
route (of bus, etc.)	járat	[jaːrɒt]
number (e.g., bus ~)	szám	[saːm]

to go by ...	megy ...vel	[mɛɟ ...vɛl]
to get on (~ the bus)	felszáll	[fɛlsaːll]
to get off ...	leszáll	[lɛsaːll]

stop (e.g., bus ~)	állomás	[aːllomaːʃ]
next stop	következő állomás	[køvɛtkɛzøː aːllomaːʃ]
terminus	végállomás	[veːgaːllomaːʃ]
schedule	menetrend	[mɛnɛtrɛnd]
to wait (vt)	vár	[vaːr]

ticket	jegy	[jɛɟ]
fare	jegyár	[jɛɟaːr]
cashier (ticket seller)	pénztáros	[peːnstaːroʃ]
ticket inspection	ellenőrzés	[ɛllɛnøːrzeːʃ]
ticket inspector	ellenőr	[ɛllɛnøːr]

to be late (for ...)	késik	[keːʃik]
to miss (~ the train, etc.)	elkésik ...re	[ɛlkeːʃik ...rɛ]
to be in a hurry	siet	[ʃiɛt]

taxi, cab	taxi	[tɒksi]
taxi driver	taxis	[tɒksiʃ]
by taxi	taxival	[tɒksivɒl]
taxi stand	taxiállomás	[tɒksiaːllomaːʃ]
to call a taxi	taxit hív	[tɒksit hiːv]
to take a taxi	taxival megy	[tɒksivɒl mɛɟ]

traffic	közlekedés	[køzlɛkɛdeːʃ]
traffic jam	dugó	[dugoː]
rush hour	csúcsforgalom	[tʃuːtʃforgɒlom]
to park (vi)	parkol	[pɒrkol]
to park (vt)	parkol	[pɒrkol]
parking lot	parkolóhely	[pɒrkoloːhɛj]

subway	metró	[mɛtroː]
station	állomás	[aːllomaːʃ]
to take the subway	metróval megy	[mɛtroːvɒl mɛɟ]
train	vonat	[vonɒt]
train station	pályaudvar	[paːjoudvɒr]

82. Sightseeing

monument	műemlék	[my:ɛmle:k]
fortress	erőd	[ɛrø:d]
palace	palota	[pɒlotɒ]
castle	kastély	[kɒʃte:j]
tower	torony	[toroɲ]
mausoleum	mauzóleum	[mɒuzo:lɛum]

architecture	építészet	[e:pi:te:sɛt]
medieval (adj)	középkori	[køze:pkori]
ancient (adj)	ősi	[ø:ʃi]
national (adj)	nemzeti	[nɛmzɛti]
famous (monument, etc.)	híres	[hi:rɛʃ]

tourist	turista	[turiʃtɒ]
guide (person)	idegenvezető	[idɛgɛn vɛzɛtø:]
excursion, sightseeing tour	kirándulás	[kira:ndula:ʃ]
to show (vt)	mutat	[mutɒt]
to tell (vt)	mesél	[mɛʃe:l]

to find (vt)	talál	[tɒla:l]
to get lost (lose one's way)	elvész	[ɛlve:s]
map (e.g., subway ~)	térkép	[te:rke:p]
map (e.g., city ~)	térkép	[te:rke:p]

souvenir, gift	emléktárgy	[ɛmle:kta:rɟ]
gift shop	ajándékbolt	[ɒja:nde:kbolt]
to take pictures	fényképez	[fe:ɲke:pɛz]
to have one's picture taken	lefényképezteti magát	[lɛfe:ɲke:pɛztɛti mɒga:t]

83. Shopping

to buy (purchase)	vásárol	[va:ʃa:rol]
purchase	vásárolt holmi	[va:ʃa:rolt holmi]
to go shopping	vásárol	[va:ʃa:rol]
shopping	vásárlás	[va:ʃa:rla:ʃ]

to be open (ab. store)	dolgozik	[dolgozik]
to be closed	bezáródik	[bɛza:ro:dik]

footwear, shoes	cipő	[tsipø:]
clothes, clothing	ruha	[ruhɒ]
cosmetics	kozmetika	[kozmɛtikɒ]
food products	élelmiszer	[e:lɛlmisɛr]
gift, present	ajándék	[ɒja:nde:k]

salesman	eladó	[ɛlɒdo:]
saleswoman	eladónő	[ɛlɒdo:nø:]

check out, cash desk	pénztár	[pe:nsta:r]
mirror	tükör	[tykør]
counter (store ~)	pult	[pult]
fitting room	próbafülke	[pro:bɒfylkɛ]

to try on	felpróbál	[fɛlpro:ba:l]
to fit (ab. dress, etc.)	megfelel	[mɛgfɛlɛl]
to like (I like ...)	tetszik	[tɛtsik]

price	ár	[a:r]
price tag	árcédula	[a:rtse:dulɒ]
to cost (vt)	kerül	[kɛryl]
How much?	Mennyibe kerül?	[mɛnɲibɛ kɛryl]
discount	kedvezmény	[kɛdvɛzme:ɲ]

inexpensive (adj)	olcsó	[oltʃo:]
cheap (adj)	olcsó	[oltʃo:]
expensive (adj)	drága	[dra:gɒ]
It's expensive	Ez drága.	[ɛz dra:gɒ]

rental (n)	kölcsönzés	[køltʃønze:ʃ]
to rent (~ a tuxedo)	kölcsönöz	[køltʃønøz]
credit (trade credit)	hitel	[hitɛl]
on credit (adv)	hitelbe	[hitɛlbɛ]

84. Money

money	pénz	[pe:nz]
currency exchange	váltás	[va:lta:ʃ]
exchange rate	árfolyam	[a:rfojɒm]
ATM	bankautomata	[bɒŋk ɒutomɒtɒ]
coin	érme	[e:rmɛ]

| dollar | dollár | [dolla:r] |
| euro | euró | [ɛuro:] |

lira	líra	[li:rɒ]
Deutschmark	márka	[ma:rkɒ]
franc	frank	[frɒŋk]
pound sterling	font sterling	[font stɛrliŋg]
yen	jen	[jɛn]

debt	adósság	[ɒdo:ʃa:g]
debtor	adós	[ɒdo:ʃ]
to lend (money)	kölcsönad	[køltʃønɒd]
to borrow (vi, vt)	kölcsönvesz	[køltʃønvɛs]

bank	bank	[bɒŋk]
account	számla	[sa:mlɒ]
to deposit into the account	számlára tesz	[sa:mla:rɒ tɛs]

to withdraw (vt)	számláról lehív	[sa:mla:ro:l lɛhi:v]
credit card	hitelkártya	[hitɛlka:rcɒ]
cash	készpénz	[ke:spe:nz]
check	csekk	[ʧɛkk]
to write a check	kiállít egy csekket	[kia:lli:t ɛɟ: ʧɛkkɛt]
checkbook	csekkkönyv	[ʧɛkkkøɲv]

wallet	pénztárca	[pe:nsta:rtsɒ]
change purse	pénztárca	[pe:nsta:rtsɒ]
safe	páncélszekrény	[pa:ntse:lsɛkre:ɲ]

heir	örökös	[ørøkøʃ]
inheritance	örökség	[ørøkʃe:g]
fortune (wealth)	vagyon	[vɒɟøn]

lease	bérlet	[be:rlɛt]
rent (money)	lakbér	[lɒkbe:r]
to rent (sth from sb)	bérel	[be:rɛl]

price	ár	[a:r]
cost	költség	[køltʃe:g]
sum	összeg	[øssɛg]

to spend (vt)	költ	[kølt]
expenses	kiadások	[kiɒda:ʃok]
to economize (vi, vt)	takarékoskodik	[tɒkɒre:koʃkodik]
economical	takarékos	[tɒkɒre:koʃ]

to pay (vi, vt)	fizet	[fizɛt]
payment	fizetés	[fizɛte:ʃ]
change (give the ~)	visszajáró pénz	[vissɒja:ro: pe:nz]

tax	adó	[ɒdo:]
fine	büntetés	[byntɛte:ʃ]
to fine (vt)	büntet	[byntɛt]

85. Post. Postal service

post office	posta	[poʃtɒ]
mail (letters, etc.)	posta	[poʃtɒ]
mailman	postás	[poʃta:ʃ]
opening hours	nyitvatartási idő	[ɲitvɒtɒrta:ʃi idø:]

letter	levél	[lɛve:l]
registered letter	ajánlott levél	[ɒja:nlott lɛve:l]
postcard	képeslap	[ke:pɛʃlɒp]
telegram	távirat	[ta:virɒt]
package (parcel)	csomag	[ʧomɒg]
money transfer	pénzátutalás	[pe:nza:tutɒla:ʃ]
to receive (vt)	kap	[kɒp]

to send (vt)	felad	[fɛlɒd]
sending	feladás	[fɛlɒdaːʃ]
address	cím	[tsiːm]
ZIP code	irányítószám	[iraːɲiːtoːsaːm]
sender	feladó	[fɛlɒdoː]
receiver	címzett	[tsiːmzɛtt]
name (first name)	név	[neːv]
surname (last name)	vezetéknév	[vɛzɛteːk neːv]
postage rate	tarifa	[tarifa]
standard (adj)	normál	[normaːl]
economical (adj)	kedvezményes	[kɛdvɛzmeːɲɛʃ]
weight	súly	[ʃuːj]
to weigh (~ letters)	megmér	[mɛgmeːr]
envelope	boríték	[boriːteːk]
postage stamp	márka	[maːrkɒ]

Dwelling. House. Home

86. House. Dwelling

house	ház	[ha:z]
at home (adv)	itthon	[itthon]
yard	udvar	[udvɒr]
fence (iron ~)	kerítés	[kɛri:te:ʃ]
brick (n)	tégla	[te:glɒ]
brick (as adj)	tégla	[te:glɒ]
stone (n)	kő	[kø:]
stone (as adj)	kő	[kø:]
concrete (n)	beton	[bɛton]
concrete (as adj)	beton	[bɛton]
new (new-built)	új	[u:j]
old (adj)	régi	[re:gi]
decrepit (house)	omladozó	[omladozo:]
modern (adj)	modern	[modɛrn]
multistory (adj)	többemeletes	[tøbbɛmɛlɛtɛʃ]
tall (~ building)	magas	[mɒgɒʃ]
floor, story	emelet	[ɛmɛlɛt]
single-story (adj)	földszintes	[føldsintɛʃ]
1st floor	földszint	[føldsint]
top floor	felső emelet	[fɛlʃø: ɛmɛlɛt]
roof	tető	[tɛtø:]
chimney	kémény	[ke:me:ɲ]
roof tiles	cserép	[ʧɛre:p]
tiled (adj)	cserép	[ʧɛre:p]
attic (storage place)	padlás	[pɒdla:ʃ]
window	ablak	[ɒblɒk]
glass	üveg	[yvɛg]
window ledge	ablakdeszka	[ɒblɒg dɛskɒ]
shutters	zsalugáter	[ʒɒluga:tɛr]
wall	fal	[fɒl]
balcony	erkély	[ɛrke:j]
downspout	vízlevezető cső	[vi:zlɛvɛzɛtø: ʧø:]
upstairs (to be ~)	fent	[fɛnt]
to go upstairs	felmegy	[fɛlmɛɟ]

to come down (the stairs)	lemegy	[lɛmɛj]
to move (to new premises)	átköltözik	[a:tkøltøzik]

87. House. Entrance. Lift

entrance	bejárat	[bɛja:rɒt]
stairs (stairway)	lépcső	[le:pʧø:]
steps	lépcsőfok	[le:pʧø:fok]
banister	korlát	[korla:t]
lobby (hotel ~)	előcsarnok	[ɛlø:ʧɒrnok]

mailbox	postaláda	[poʃtola:dɒ]
garbage can	kuka	[kukɒ]
trash chute	szemétledobó	[sɛme:t lɛdobo:]

elevator	lift	[lift]
freight elevator	teherfelvonó	[tɛhɛr fɛlvono:]
elevator cage	fülke	[fylkɛ]
to take the elevator	lifttel megy	[lifttɛl mɛj]

apartment	lakás	[lɒka:ʃ]
residents (~ of a building)	lakók	[lɒko:k]
neighbor (masc.)	szomszéd	[somse:d]
neighbor (fem.)	szomszéd	[somse:d]
neighbors	szomszédok	[somse:dok]

88. House. Electricity

electricity	villany	[villɒɲ]
light bulb	körte	[kørtɛ]
switch	bekapcsoló	[bɛkɒpʧolo:]
fuse (plug fuse)	biztosíték	[bistoʃi:te:k]

cable, wire (electric ~)	vezeték	[vɛzɛte:k]
wiring	vezetés	[vɛzɛte:ʃ]
electricity meter	villanyóra	[villɒɲ o:rɒ]
readings	állás	[a:lla:ʃ]

89. House. Doors. Locks

door	ajtó	[ɒjto:]
gate (vehicle ~)	kapu	[kɒpu]
handle, doorknob	kilincs	[kilinʧ]
to unlock (unbolt)	kinyit	[kiɲit]
to open (vt)	kinyit	[kiɲit]
to close (vt)	bezár	[bɛza:r]

key	kulcs	[kultʃ]
bunch (of keys)	kulcscsomó	[kultʃ tʃomo:]
to creak (door, etc.)	nyikorog	[ɲikorog]
creak	nyikorgás	[ɲikorga:ʃ]
hinge (door ~)	zsanér	[ʒane:r]
doormat	lábtörlő	[la:ptørlø:]

door lock	zár	[za:r]
keyhole	zárlyuk	[za:rjuk]
crossbar (sliding bar)	retesz	[rɛtɛs]
door latch	tolózár	[tolo:za:r]
padlock	lakat	[lɒkɒt]

to ring (~ the door bell)	csenget	[tʃɛngɛt]
ringing (sound)	csengetés	[tʃɛngɛte:ʃ]
doorbell	csengő	[tʃɛngø:]
doorbell button	gomb	[gomb]
knock (at the door)	kopogás	[kopoga:ʃ]
to knock (vi)	kopog	[kopog]

code	kód	[ko:d]
combination lock	kódzár	[ko:dza:r]
intercom	kaputelefon	[koputɛlɛfon]
number (on the door)	szám	[sa:m]
doorplate	felirat	[fɛlirɒt]
peephole	kukucskáló	[kukutʃka:lo:]

90. Country house

village	falu	[fɒlu]
vegetable garden	konyhakert	[koɲhɒkɛrt]
fence	kerítés	[kɛri:te:ʃ]
picket fence	kerítés	[kɛri:te:ʃ]
wicket gate	kiskapu	[kiʃkɒpu]

granary	magtár	[mɒgta:r]
root cellar	pince	[pintsɛ]
shed (garden ~)	pajta	[pɒjtɒ]
water well	kút	[ku:t]

| stove (wood-fired ~) | kemence | [kɛmɛntsɛ] |
| to stoke the stove | begyújt | [bɛɟu:jt] |

| firewood | tűzifa | [ty:zifɒ] |
| log (firewood) | fahasáb | [fɒhɒʃa:b] |

veranda	veranda	[vɛrɒndɒ]
deck (terrace)	terasz	[tɛrɒs]
stoop (front steps)	feljárat	[fɛlja:rɒt]
swing (hanging seat)	hinta	[hintɒ]

91. Villa. Mansion

country house	hétvégi ház	[he:tve:gi ha:z]
villa (seaside ~)	villa	[villɒ]
wing (~ of a building)	szárny	[sa:rɲ]
garden	kert	[kɛrt]
park	park	[pɒrk]
conservatory (greenhouse)	melegház	[mɛlɛkha:z]
to look after (garden, etc.)	ápol	[a:pol]
swimming pool	medence	[mɛdɛntsɛ]
gym (home gym)	tornacsarnok	[tornɒtʃornok]
tennis court	teniszpálya	[tɛnispa:jɒ]
home theater (room)	házimozi	[ha:zimozi]
garage	garázs	[gɒra:ʒ]
private property	magánterület	[mɒga:n tɛrylɛt]
private land	magánterület	[mɒga:n tɛrylɛt]
warning (caution)	figyelmeztetés	[fiɟɛlmɛztɛte:ʃ]
warning sign	figyelmeztető felirat	[fiɟɛlmɛztɛtø: fɛlirɒt]
security	őrség	[ø:rʃe:g]
security guard	biztonsági őr	[bistonʃa:gi ø:r]
burglar alarm	riasztó	[riɒsto:]

92. Castle. Palace

castle	kastély	[kɒʃte:j]
palace	palota	[pɒlotɒ]
fortress	erőd	[ɛrø:d]
wall (round castle)	fal	[fɒl]
tower	torony	[toroɲ]
keep, donjon	főtorony	[fø:toroɲ]
portcullis	felvonókapu	[fɛlvono: kɒpu]
underground passage	föld alatti járat	[føld ɒlɒtti ja:rɒt]
moat	árok	[a:rok]
chain	lánc	[la:nts]
arrow loop	lőrés	[lø:re:ʃ]
magnificent (adj)	nagyszerű	[nɒɟsɛry:]
majestic (adj)	magasztos	[mɒgɒstoʃ]
impregnable (adj)	bevehetetlen	[bɛvɛhɛtɛtlɛn]
medieval (adj)	középkori	[køze:pkori]

93. Apartment

apartment	**lakás**	[lɒkɑ:ʃ]
room	**szoba**	[sobɒ]
bedroom	**hálószoba**	[hɑ:lo:sobɒ]
dining room	**ebédlő**	[ɛbe:dlø:]
living room	**nappali**	[nɒppɒli]
study (home office)	**dolgozószoba**	[dolgozo:sobɒ]
entry room	**előszoba**	[ɛlø:sobɒ]
bathroom (room with a bath or shower)	**fürdőszoba**	[fyrdø:sobɒ]
half bath	**vécé**	[ve:tse:]
ceiling	**mennyezet**	[mɛɲɲɛzɛt]
floor	**padló**	[pɒdlo:]
corner	**sarok**	[ʃɒrok]

94. Apartment. Cleaning

to clean (vi, vt)	**takarít**	[tɒkɒri:t]
to put away (to stow)	**eltesz**	[ɛltɛs]
dust	**por**	[por]
dusty (adj)	**poros**	[poroʃ]
to dust (vt)	**port töröl**	[port tørøl]
vacuum cleaner	**porszívó**	[porsi:vo:]
to vacuum (vt)	**porszívózik**	[porsi:vo:zik]
to sweep (vi, vt)	**söpör**	[ʃøpør]
sweepings	**szemét**	[sɛme:t]
order	**rend**	[rɛnd]
disorder, mess	**rendetlenség**	[rɛndɛtlɛnʃe:g]
mop	**seprő**	[ʃɛprø:]
dust cloth	**rongy**	[roɲɟ]
short broom	**söprű**	[ʃøpry:]
dustpan	**lapát**	[lɒpɑ:t]

95. Furniture. Interior

furniture	**bútor**	[bu:tor]
table	**asztal**	[ɒstɒl]
chair	**szék**	[se:k]
bed	**ágy**	[ɑ:ɟ]
couch, sofa	**dívány**	[di:vɑ:ɲ]
armchair	**fotel**	[fotɛl]
bookcase	**könyvszekrény**	[køɲvsɛkre:ɲ]

shelf	könyvpolc	[kønvpolts]
wardrobe	ruhaszekrény	[ruhɒ sɛkre:ɲ]
coat rack (wall-mounted ~)	ruhatartó	[ruhɒtɒrto:]
coat stand	fogas	[fogɒʃ]

| bureau, dresser | komód | [komo:d] |
| coffee table | dohányzóasztal | [doha:ɲzo:ɒstɒl] |

mirror	tükör	[tykør]
carpet	szőnyeg	[sø:nɛg]
rug, small carpet	kis szőnyeg	[kiʃ sø:nɛg]

fireplace	kandalló	[kɒndɒllo:]
candle	gyertya	[ɟɛrcɒ]
candlestick	gyertyatartó	[ɟɛrcɒtɒrto:]

drapes	függöny	[fyggøɲ]
wallpaper	tapéta	[tɒpe:tɒ]
blinds (jalousie)	redőny	[rɛdø:ɲ]

table lamp	asztali lámpa	[ɒstɒli la:mpɒ]
wall lamp (sconce)	lámpa	[la:mpɒ]
floor lamp	állólámpa	[a:llo:la:mpɒ]
chandelier	csillár	[ʧilla:r]

leg (of chair, table)	láb	[la:b]
armrest	kartámla	[kɒrta:mlɒ]
back (backrest)	támla	[ta:mlɒ]
drawer	fiók	[fio:k]

96. Bedding

bedclothes	ágynemű	[a:ɟnɛmy:]
pillow	párna	[pa:rnɒ]
pillowcase	párnahuzat	[pa:rnɒhuzɒt]
duvet, comforter	takaró	[tɒkɒro:]
sheet	lepedő	[lɛpɛdø:]
bedspread	takaró	[tɒkɒro:]

97. Kitchen

kitchen	konyha	[koɲhɒ]
gas	gáz	[ga:z]
gas stove (range)	gáztűzhely	[ga:zty:zhɛj]
electric stove	elektromos tűzhely	[ɛlɛktromoʃ ty:shɛj]
oven	sütő	[ʃytø:]
microwave oven	mikrohullámú sütő	[mikrohulla:mu: ʃytø:]
refrigerator	hűtőszekrény	[hy:tø:sɛkre:ɲ]

freezer	**fagyasztóláda**	[fɒɟɒsto:la:dɒ]
dishwasher	**mosogatógép**	[moʃogɒto:ge:p]
meat grinder	**húsdaráló**	[hu:ʃdɒra:lo:]
juicer	**gyümölcscentrifuga**	[ɟymølʧ tsɛntrifugɒ]
toaster	**kenyérpirító**	[kɛne:rpiri:to:]
mixer	**turmixgép**	[turmiksge:p]
coffee machine	**kávéfőző**	[ka:ve:fø:zø:]
coffee pot	**kávéskanna**	[ka:ve:ʃkɒnnɒ]
coffee grinder	**kávéőrlő**	[ka:ve:ø:rlø:]
kettle	**kanna**	[kɒnnɒ]
teapot	**teáskanna**	[tɛa:ʃkɒnnɒ]
lid	**fedél**	[fɛde:l]
tea strainer	**szűrő**	[sy:rø:]
spoon	**kanál**	[kɒna:l]
teaspoon	**teáskanál**	[tɛa:ʃkɒna:l]
soup spoon	**evőkanál**	[ɛvø:kɒna:l]
fork	**villa**	[villɒ]
knife	**kés**	[ke:ʃ]
tableware (dishes)	**edény**	[ɛde:ɲ]
plate (dinner ~)	**tányér**	[ta:ne:r]
saucer	**csészealj**	[ʧe:sɛɒj]
shot glass	**kupica**	[kupitsɒ]
glass (tumbler)	**pohár**	[poha:r]
cup	**csésze**	[ʧe:sɛ]
sugar bowl	**cukortartó**	[tsukortɒrto:]
salt shaker	**sótartó**	[ʃo:tɒrto:]
pepper shaker	**borstartó**	[borʃtɒrto:]
butter dish	**vajtartó**	[vɒj tɒrto:]
stock pot (soup pot)	**lábas**	[la:bɒʃ]
frying pan (skillet)	**serpenyő**	[ʃɛrpɛɲø:]
ladle	**merőkanál**	[mɛrø:kɒna:l]
colander	**tésztaszűrő**	[te:stɒsy:rø:]
tray (serving ~)	**tálca**	[ta:ltsɒ]
bottle	**palack, üveg**	[pɒlɒsk], [yvɛg]
jar (glass)	**befőttes üveg**	[bɛfø:tɛs yvɛg]
can	**bádogdoboz**	[ba:dogdoboz]
bottle opener	**üvegnyitó**	[yvɛg ɲito:]
can opener	**konzervnyitó**	[konzɛrv ɲito:]
corkscrew	**dugóhúzó**	[dugo:hu:zo:]
filter	**filter**	[filtɛr]
to filter (vt)	**szűr**	[sy:r]
trash, garbage (food waste, etc.)	**szemét**	[sɛme:t]
trash can (kitchen ~)	**kuka**	[kukɒ]

98. Bathroom

bathroom	fürdőszoba	[fyrdø:sobɒ]
water	víz	[vi:z]
faucet	csap	[tʃɒp]
hot water	meleg víz	[mɛlɛg vi:z]
cold water	hideg víz	[hidɛg vi:z]

| toothpaste | fogkrém | [fogkre:m] |
| to brush one's teeth | fogat mos | [fogɒt moʃ] |

to shave (vi)	borotválkozik	[borotva:lkozik]
shaving foam	borotvahab	[borotvɒhɒb]
razor	borotva	[borotvɒ]

to wash (one's hands, etc.)	mos	[moʃ]
to take a bath	mosakodik	[moʃɒkodik]
shower	zuhany	[zuhɒɲ]
to take a shower	zuhanyozik	[zuhɒɲozik]

bathtub	fürdőkád	[fyrdø:ka:d]
toilet (toilet bowl)	vécékagyló	[ve:tse: kɒɟlo:]
sink (washbasin)	mosdókagyló	[moʒdo:kɒɟlo:]

| soap | szappan | [sɒppɒn] |
| soap dish | szappantartó | [sɒppɒntɒrto:] |

sponge	szivacs	[sivɒtʃ]
shampoo	sampon	[ʃɒmpon]
towel	törülköző	[tørylkøzø:]
bathrobe	köntös	[køntøʃ]

laundry (laundering)	mosás	[moʃa:ʃ]
washing machine	mosógép	[moʃo:ge:p]
to do the laundry	ruhát mos	[ruha:t moʃ]
laundry detergent	mosópor	[moʃo:por]

99. Household appliances

TV set	televízió	[tɛlɛvi:zio:]
tape recorder	magnó	[mɒgno:]
VCR (video recorder)	videomagnó	[vidɛomɒgno:]
radio	vevőkészülék	[vɛvø:ke:syle:k]
player (CD, MP3, etc.)	sétálómagnó	[ʃe:ta:lo: mɒgno:]

video projector	videovetítő	[vidɛovɛti:tø:]
home movie theater	házimozi	[ha:zimozi]
DVD player	DVDlejátszó	[dɛvɛdɛlɛja:tso:]
amplifier	erősítő	[ɛrø:ʃi:tø:]

video game console	videojáték	[vidɛoja:te:k]
video camera	videokamera	[vidɛokɒmɛrɒ]
camera (photo)	fényképezőgép	[fe:ɲke:pɛzø:ge:p]
digital camera	digitális fényképezőgép	[digita:liʃ fe:ɲke:pɛzø:ge:p]

vacuum cleaner	porszívó	[porsi:vo:]
iron (e.g., steam ~)	vasaló	[vɒʃɒlo:]
ironing board	vasalódeszka	[vɒʃɒlo:dɛskɒ]

telephone	telefon	[tɛlɛfon]
cell phone	mobiltelefon	[mobiltɛlɛfon]
typewriter	írógép	[i:ro:ge:p]
sewing machine	varrógép	[vɒrro:ge:p]

microphone	mikrofon	[mikrofon]
headphones	fejhallgató	[fɛlhɒllgɒto:]
remote control (TV)	távkapcsoló	[ta:v kɒptʃolo:]

CD, compact disc	CDlemez	[tsɛdɛlɛmɛz]
cassette, tape	kazetta	[kɒzɛttɒ]
vinyl record	lemez	[lɛmɛz]

100. Repairs. Renovation

renovations	felújítás	[fɛlu:ji:ta:ʃ]
to renovate (vt)	renovál	[rɛnova:l]
to repair, to fix (vt)	javít	[jɒvi:t]
to put in order	rendbe hoz	[rɛndbɛ hoz]
to redo (do again)	újra csinál	[u:jrɒ tʃina:l]

paint	festék	[fɛʃte:k]
to paint (~ a wall)	fest	[fɛʃt]
house painter	festő	[fɛʃtø:]
paintbrush	ecset	[ɛtʃɛt]

| whitewash | mészfesték | [me:sfɛʃte:k] |
| to whitewash (vt) | meszel | [mɛsɛl] |

wallpaper	tapéta	[tɒpe:tɒ]
to wallpaper (vt)	tapétáz	[tɒpe:ta:z]
varnish	lakk	[lɒkk]
to varnish (vt)	lakkoz	[lɒkkoz]

101. Plumbing

water	víz	[vi:z]
hot water	meleg víz	[mɛlɛg vi:z]
cold water	hideg víz	[hidɛg vi:z]

faucet	csap	[tʃɒp]
drop (of water)	csepp	[tʃɛpp]
to drip (vi)	csepeg	[tʃɛpɛg]
to leak (ab. pipe)	szivárog	[siva:rog]
leak (pipe ~)	szivárgás	[siva:rga:s]
puddle	tócsa	[to:tʃɒ]

pipe	cső	[tʃø:]
valve (e.g., ball ~)	szelep	[sɛlɛp]
to be clogged up	eldugul	[ɛldugul]

tools	szerszámok	[sɛrsa:mok]
adjustable wrench	állítható csavarkulcs	[a:lli:thɒto: tʃɒvɒrkultʃ]
to unscrew (lid, filter, etc.)	kicsavar	[kitʃɒvɒr]
to screw (tighten)	becsavar	[bɛtʃɒvɒr]

to unclog (vt)	kitisztít	[kitisti:t]
plumber	vízvezetékszerelő	[vi:zvɛzɛte:ksɛrɛlø:]
basement	pince	[pintsɛ]
sewerage (system)	csatornázás	[tʃɒtorna:za:ʃ]

102. Fire. Conflagration

fire (accident)	tűz	[ty:z]
flame	láng	[la:ng]
spark	szikra	[sikrɒ]
smoke (from fire)	füst	[fyʃt]
torch (flaming stick)	fáklya	[fa:kjɒ]
campfire	tábortűz	[ta:borty:z]

gas, gasoline	benzin	[bɛnzin]
kerosene (type of fuel)	kerozin	[kɛrozin]
flammable (adj)	gyúlékony	[ɟu:le:koɲ]
explosive (adj)	robbanásveszélyes	[robbɒna:ʃ vɛse:jɛʃ]
NO SMOKING	DOHÁNYOZNI TILOS!	[doha:nøzni tiloʃ]

safety	biztonság	[bistonʃa:g]
danger	veszély	[vɛse:j]
dangerous (adj)	veszélyes	[vɛse:jɛʃ]

to catch fire	meggyullad	[mɛgɟyllɒd]
explosion	robbanás	[robbɒna:ʃ]
to set fire	felgyújt	[fɛlɟu:jt]
arsonist	gyújtogató	[ɟu:jtogɒto:]
arson	gyújtogatás	[ɟu:jtogɒta:ʃ]

to blaze (vi)	lángol	[la:ngol]
to burn (be on fire)	ég	[e:g]
to burn down	leég	[lɛːg]
firefighter, fireman	tűzoltó	[ty:zolto:]

| fire truck | tűzoltóautó | [ty:zolto:ɒuto:] |
| fire department | tűzoltócsapat | [ty:zolto: ʧɒpɒt] |

fire hose	tűzoltótömlő	[ty:zolto:tømlø:]
fire extinguisher	tűzoltó készülék	[ty:zolto: ke:syle:k]
helmet	sisak	[ʃiʃɒk]
siren	riadó	[riɒdo:]

to cry (for help)	kiabál	[kiɒba:l]
to call for help	segítségre hív	[ʃɛgi:ʧe:grɛ hi:v]
rescuer	mentő	[mɛntø:]
to rescue (vt)	megment	[mɛgmɛnt]

to arrive (vi)	érkezik	[e:rkɛzik]
to extinguish (vt)	olt	[olt]
water	víz	[vi:z]
sand	homok	[homok]

ruins (destruction)	romok	[romok]
to collapse (building, etc.)	beomlik	[bɛomlik]
to fall down (vi)	leomlik	[lɛomlik]
to cave in (ceiling, floor)	összedől	[øssɛdø:l]

| piece of debris | töredék | [tørɛde:k] |
| ash | hamu | [hɒmu] |

| to suffocate (die) | megfullad | [mɛgfullɒd] |
| to be killed (perish) | elpusztul | [ɛlpustul] |

HUMAN ACTIVITIES

Job. Business. Part 1

103. Office. Working in the office

office (company ~)	iroda	[irodɒ]
office (of director, etc.)	iroda	[irodɒ]
reception desk	recepció	[rɛtsɛptsio:]
secretary	titkár	[titka:r]
director	igazgató	[igɒzgɒto:]
manager	menedzser	[mɛnɛdʒɛr]
accountant	könyvelő	[køɲvɛlø:]
employee	munkatárs	[muŋkɒta:rʃ]
furniture	bútor	[bu:tor]
desk	asztal	[ɒstɒl]
desk chair	munkaszék	[muŋkɒse:k]
drawer unit	fiókos elem	[fjo:kos ɛlɛm]
coat stand	fogas	[fogɒʃ]
computer	számítógép	[sa:mi:to:ge:p]
printer	nyomtató	[ɲomtɒto:]
fax machine	fax	[fɒks]
photocopier	másoló	[ma:ʃolo:]
paper	papír	[pɒpi:r]
office supplies	irodaszerek	[irodɒsɛrɛk]
mouse pad	egérpad	[ɛge:rpɒd]
sheet (of paper)	lap	[lɒp]
binder	irattartó	[irɒttɒrto:]
catalog	katalógus	[kɒtɒlo:guʃ]
phone directory	címkönyv	[tsi:mkøɲv]
documentation	dokumentáció	[dokumɛnta:tsjo:]
brochure	brosúra	[broʃu:rɒ]
(e.g., 12 pages ~)		
leaflet (promotional ~)	röplap	[røplɒp]
sample	mintadarab	[mintɒdɒrɒb]
training meeting	tréning	[tre:niŋg]
meeting (of managers)	értekezlet	[e:rtɛkɛzlɛt]
lunch time	ebédszünet	[ɛbe:dsynɛt]
to make a copy	lemásol	[lɛma:ʃol]

to make multiple copies	sokszoroz	[ʃoksoroz]
to receive a fax	faxot kap	[fɒksot kɒp]
to send a fax	faxot küld	[fɒksot kyld]
to call (by phone)	felhív	[fɛlhi:v]
to answer (vt)	válaszol	[va:lɒsol]
to put through	összekapcsol	[øssɛkɒptʃol]
to arrange, to set up	megszervez	[mɛksɛrvɛz]
to demonstrate (vt)	bemutat	[bɛmutɒt]
to be absent	hiányzik	[hia:ɲzik]
absence	távolmaradás	[ta:volmɒrɒda:ʃ]

104. Business processes. Part 1

occupation	üzlet	[yzlɛt]
firm	cég	[tse:g]
company	társaság	[ta:rʃɒʃa:g]
corporation	vállalat	[va:llɒlɒt]
enterprise	vállalat	[va:llɒlɒt]
agency	ügynökség	[yɲnøkʃe:g]
agreement (contract)	egyezmény	[ɛɟ:ɛzme:ɲ]
contract	szerződés	[sɛrzø:de:ʃ]
deal	ügylet	[yɟlɛt]
order (to place an ~)	megrendelés	[mɛgrɛndɛle:ʃ]
terms (of the contract)	feltétel	[fɛlte:tɛl]
wholesale (adv)	nagyban	[nɒɟbɒn]
wholesale (adj)	nagykereskedelmi	[nɒckɛrɛʃkɛdɛlmi]
wholesale (n)	nagykereskedelem	[nɒckɛrɛʃkɛdɛlɛm]
retail (adj)	kiskereskedelmi	[kiʃkɛrɛʃkɛdɛlmi]
retail (n)	kiskereskedelem	[kiʃkɛrɛʃkɛdɛlɛm]
competitor	versenytárs	[vɛrʃɛɲta:rʃ]
competition	verseny	[vɛrʃɛɲ]
to compete (vi)	versenyez	[vɛrʃɛnɛz]
partner (associate)	társ	[ta:rʃ]
partnership	partnerség	[pɒrtnɛrʃe:g]
crisis	válság	[va:lʃa:g]
bankruptcy	csőd	[tʃø:d]
to go bankrupt	tönkremegy	[tønkrɛmɛɟ]
difficulty	nehézség	[nɛhe:zʃe:g]
problem	probléma	[proble:mɒ]
catastrophe	katasztrófa	[kɒtɒstro:fɒ]
economy	gazdaság	[gɒzdɒʃa:g]
economic (~ growth)	gazdasági	[gɒzdɒʃa:gi]

economic recession	gazdasági hanyatlás	[gɒzdɒʃaːgi hɒɲɒtlaːʃ]
goal (aim)	cél	[tseːl]
task	feladat	[fɛlɒdɒt]

to trade (vi)	kereskedik	[kɛrɛʃkɛdik]
network (distribution ~)	háló	[haːloː]
inventory (stock)	raktár	[rɒktaːr]
range (assortment)	választék	[vaːlɒsteːk]

leader (leading company)	vezető	[vɛzɛtøː]
large (~ company)	nagy	[nɒɟ]
monopoly	monopólium	[monopoːlium]

theory	elmélet	[ɛlmeːlɛt]
practice	gyakorlat	[ɟokorlɒt]
experience (in my ~)	tapasztalat	[tɒpɒstɒlɒt]
trend (tendency)	tendencia	[tɛndɛntsiɒ]
development	fejlődés	[fɛjløːdeːʃ]

105. Business processes. Part 2

| profit (foregone ~) | előny | [ɛløːɲ] |
| profitable (~ deal) | előnyös | [ɛløːnøʃ] |

delegation (group)	küldöttség	[kyldøtʧeːg]
salary	fizetés	[fizɛteːʃ]
to correct (an error)	javít	[jɒviːt]
business trip	szolgálati utazás	[solgaːlɒti utɒzaːʃ]
commission	bizottság	[bizotʧaːg]

to control (vt)	ellenőriz	[ɛllɛnøːriz]
conference	konferencia	[konfɛrɛntsiɒ]
license	licencia	[litsɛntsiɒ]
reliable (~ partner)	megbízható	[mɛgbiːshɒtoː]

initiative (undertaking)	kezdeményezés	[kɛzdɛmeːnɛzeːʃ]
norm (standard)	szabvány	[sɒbvaːɲ]
circumstance	körülmény	[kørylmeːɲ]
duty (of employee)	kötelesség	[køtɛlɛʃeːg]

organization (company)	szervezet	[sɛrvɛzɛt]
organization (process)	szervezet	[sɛrvɛzɛt]
organized (adj)	szervezett	[sɛrvɛzɛtt]
cancellation	törlés	[tørleːʃ]
to cancel (call off)	eltöröl	[ɛltørøl]
report (official ~)	beszámoló	[bɛsaːmoloː]

patent	szabadalom	[sɒbɒdɒlom]
to patent (obtain patent)	szabadalmaztat	[sɒbɒdɒlmɒztɒt]
to plan (vt)	tervez	[tɛrvɛz]

bonus (money)	prémium	[pre:mjum]
professional (adj)	szakmai	[sɒkmɒi]
procedure	eljárás	[ɛlja:ra:ʃ]

to examine (contract, etc.)	vizsgál	[viʒga:l]
calculation	számítás	[sa:mi:ta:ʃ]
reputation	hírnév	[hi:rne:v]
risk	kockázat	[kotska:zɒt]

to manage, to run	irányít	[ira:ni:t]
information (report)	tudnivalók	[tudnivɒlo:k]
property	tulajdon	[tulɒjdon]
union	szövetség	[søvɛtʃe:g]

life insurance	életbiztosítás	[e:lɛt bistoʃi:ta:ʃ]
to insure (vt)	biztosít	[bistoʃi:t]
insurance	biztosíték	[bistoʃi:te:k]

auction (~ sale)	árverés	[a:rvɛre:ʃ]
to notify (inform)	értesít	[e:rtɛʃi:t]
management (process)	igazgatás	[igɒzgɒta:ʃ]
service (~ industry)	szolgálat	[solga:lɒt]

forum	fórum	[fo:rum]
to function (vi)	működik	[my:kødik]
stage (phase)	szakasz	[sɒkɒs]
legal (~ services)	jogi	[jogi]
lawyer (legal advisor)	jogász	[joga:s]

106. Production. Works

plant	gyár	[ɟa:r]
factory	üzem	[yzɛm]
workshop	műhely	[my:hɛj]
works, production site	üzem	[yzɛm]

industry (manufacturing)	ipar	[ipɒr]
industrial (adj)	ipari	[ipɒri]
heavy industry	nehézipar	[nɛhe:zipɒr]
light industry	könnyűipar	[kønɲy:ipɒr]

products	termék	[tɛrme:k]
to produce (vt)	termel	[tɛrmɛl]
raw materials	nyersanyag	[ɲɛrʃɒɲɒg]

foreman (construction ~)	előmunkás	[ɛlø:muɳka:s]
workers team (crew)	brigád	[briga:d]
worker	munkás	[muɳka:ʃ]
working day	munkanap	[muɳkɒnɒp]
pause (rest break)	szünet	[synɛt]

meeting	gyűlés	[ɟy:le:ʃ]
to discuss (vt)	megbeszél	[mɛgbɛse:l]
plan	terv	[tɛrv]
to fulfill the plan	tervet teljesít	[tɛrvɛt tɛjɛʃi:t]
rate of output	norma	[normɒ]
quality	minőség	[minø:ʃe:g]
control (checking)	ellenőrzés	[ɛllɛnø:rze:ʃ]
quality control	minőség ellenőrzése	[minø:ʃe:g ɛllɛnø:rze:ʃɛ]
workplace safety	munkabiztonság	[muŋkɒbistonʃa:g]
discipline	fegyelem	[fɛɟɛlɛm]
violation	megsértés	[mɛgʃe:rte:ʃ]
(of safety rules, etc.)		
to violate (rules)	megsért	[mɛgʃe:rt]
strike	sztrájk	[stra:jk]
striker	sztrájkoló	[stra:jkolo:]
to be on strike	sztrájkol	[stra:jkol]
labor union	szakszervezet	[sɒksɛrvɛzɛt]
to invent (machine, etc.)	feltalál	[fɛltɒla:l]
invention	feltalálás	[fɛltɒla:la:ʃ]
research	kutatás	[kutɒta:ʃ]
to improve (make better)	megjavít	[mɛgjɒvi:t]
technology	technológia	[tɛhnolo:giɒ]
technical drawing	tervrajz	[tɛrvrɒjz]
load, cargo	teher	[tɛhɛr]
loader (person)	rakodómunkás	[rɒkodo:muŋka:ʃ]
to load (vehicle, etc.)	megrak	[mɛgrɒk]
loading (process)	berakás	[bɛrɒka:ʃ]
to unload (vi, vt)	kirak	[kirɒk]
unloading	kirakás	[kirɒka:ʃ]
transportation	közlekedés	[køzlɛkɛde:ʃ]
transportation company	szállítócég	[sa:lli:to:tse:g]
to transport (vt)	szállít	[sa:lli:t]
freight car	tehervagon	[tɛhɛrvɒgon]
tank (e.g., oil ~)	ciszterna	[tsistɛrnɒ]
truck	kamion	[kɒmion]
machine tool	szerszámgép	[sɛrsa:mge:p]
mechanism	szerkezet	[sɛrkɛzɛt]
industrial waste	hulladék	[hullɒde:k]
packing (process)	csomagolás	[ʧomɒgola:ʃ]
to pack (vt)	csomagol	[ʧomɒgol]

107. Contract. Agreement

contract	szerződés	[sɛrzø:de:ʃ]
agreement	megállapodás	[mɛga:llɒpoda:ʃ]
addendum	melléklet	[mɛlle:klɛt]

to sign a contract	szerződést köt	[sɛrzø:de:ʃt køt]
signature	aláírás	[ɒla:i:ra:ʃ]
to sign (vt)	aláír	[ɒla:i:r]
seal (stamp)	pecsét	[pɛtʃe:t]

subject of the contract	szerződés tárgya	[sɛrzø:de:ʃ ta:rjo]
clause	tétel	[te:tɛl]
parties (in contract)	felek	[fɛlɛk]
legal address	bejegyzett cím	[bɛjɛɟɛzɛtt tsi:m]

to violate the contract	szerződést szeg	[sɛrzø:de:ʃt sɛg]
commitment (obligation)	kötelezettség	[køtɛlɛzɛttʃe:g]
responsibility	felelősség	[fɛlɛlø:ʃe:g]

force majeure	vis maior	[vis mɒjor]
dispute	vita	[vitɒ]
penalties	büntető szankciók	[byntɛtø: sɒŋktsio:k]

108. Import & Export

import	import	[import]
importer	importőr	[importø:r]
to import (vt)	importál	[importa:l]
import (as adj.)	import	[import]

| exporter | exportőr | [ɛskportø:r] |
| to export (vi, vt) | exportál | [ɛksporta:l] |

| goods (merchandise) | áru | [a:ru] |
| consignment, lot | szállítmány | [sa:lli:tma:ɲ] |

weight	súly	[ʃu:j]
volume	űrtartalom	[y:rtɒrtɒlom]
cubic meter	köbméter	[købme:tɛr]

manufacturer	gyártó	[ɟa:rto:]
transportation company	szállítócég	[sa:lli:to:tse:g]
container	konténer	[konte:nɛr]

border	határ	[hɒta:r]
customs	vám	[va:m]
customs duty	vám	[va:m]
customs officer	vámos	[va:moʃ]

smuggling	csempészés	[tʃɛmpe:se:ʃ]
contraband	csempészáru	[tʃɛmpe:sa:ru]
(smuggled goods)		

109. Finances

stock (share)	részvény	[re:sve:ɲ]
bond (certificate)	adóslevél	[ɒdo:ʃlɛve:l]
promissory note	váltó	[va:lto:]

| stock exchange | tőzsde | [tø:ʒdɛ] |
| stock price | tőzsdei árfolyam | [tø:ʒdɛi a:rfojɒm] |

to go down	olcsóbb lesz	[oltʃo:bb lɛs]
(become cheaper)		
to go up (become	drágul	[dra:gul]
more expensive)		

controlling interest	többségi részesedést	[tøpʃe:gi re:sɛʃɛde:ʃt]
investment	beruházás	[bɛruha:za:ʃ]
to invest (vt)	beruház	[bɛruha:z]
percent	százalék	[sa:zɒlɛ:k]
interest (on investment)	kamat	[kɒmɒt]

profit	nyereség	[ɲɛrɛʃe:g]
profitable (adj)	hasznot hozó	[hɒsnot hozo:]
tax	adó	[ɒdo:]

currency (foreign ~)	valuta	[vɒlutɒ]
national (adj)	nemzeti	[nɛmzɛti]
exchange (currency ~)	váltás	[va:lta:ʃ]

| accountant | könyvelő | [køɲvɛlø:] |
| accounting | könyvelés | [køɲvɛle:ʃ] |

bankruptcy	csőd	[tʃø:d]
collapse, crash	csőd	[tʃø:d]
ruin	tönkremenés	[tøŋkrɛmɛne:ʃ]
to be ruined (financially)	tönkremegy	[tøŋkrɛmɛɟ]

| inflation | infláció | [infla:tsio:] |
| devaluation | értékcsökkentés | [e:rte:ktʃøkkɛnte:ʃ] |

| capital | tőke | [tø:kɛ] |
| income | bevétel | [bɛve:tɛl] |

turnover	forgalom	[forgɒlom]
resources	tartalékok	[tɒrtɒle:kok]
monetary resources	pénzeszközök	[pe:ns ɛskøzøk]
to reduce (expenses)	csökkent	[tʃøkkɛnt]

110. Marketing

marketing	marketing	[mɒrkɛtiŋg]
market	piac	[piɒts]
market segment	piacrész	[piɒtsre:s]
product	termék	[tɛrme:k]
goods (merchandise)	áru	[a:ru]
brand	márkanév	[ma:rkɒne:v]
logotype	logó	[logo:]
logo	logó	[logo:]
demand	kereslet	[kɛrɛʃlɛt]
supply	kínálat	[ki:na:lɒt]
need	igény	[ige:ɲ]
consumer	fogyasztó	[foɟosto:]
analysis	elemzés	[ɛlɛmze:ʃ]
to analyze (vt)	elemez	[ɛlɛmɛz]
positioning	pozicionálás	[pozitsiona:la:ʃ]
to position (vt)	pozicionál	[pozitsiona:l]
price	ár	[a:r]
pricing policy	árpolitika	[a:rpolitikɒ]
price formation	árképzés	[a:rke:pze:ʃ]

111. Advertising

advertising	reklám	[rɛkla:m]
to advertise (vt)	reklámoz	[rɛkla:moz]
budget	költségvetés	[køltʃe:gvɛte:ʃ]
ad, advertisement	reklám	[rɛkla:m]
TV advertising	tévéreklám	[te:ve: rɛkla:m]
radio advertising	rádióreklám	[ra:dio:rɛkla:m]
outdoor advertising	külső reklám	[kylʃø: rɛkla:m]
mass media	tömegtájékoztatási eszközök	[tømɛgta:je:koztɒta:ʃi ɛskøzøk]
periodical (n)	folyóirat	[fojo:jrɒt]
image (public appearance)	imázs	[ima:ʒ]
slogan	jelszó	[jɛlso:]
motto (maxim)	jelmondat	[jɛlmondɒt]
campaign	kampány	[kɒmpa:ɲ]
advertising campaign	reklámkampány	[rɛkla:m kɒmpa:ɲ]
target group	célcsoport	[tse:ltʃoport]
business card	névjegy	[ne:vjɛɟ]

leaflet (promotional ~)	röplap	[røplɒp]
brochure	brosúra	[broʃu:rɒ]
(e.g., 12 pages ~)		
pamphlet	brosúra	[broʃu:rɒ]
newsletter	közlöny	[køzløɲ]

signboard (store sign, etc.)	cégtábla	[tse:gta:blɒ]
poster	plakát	[plɒka:t]
billboard	hirdetőtábla	[hirdɛtø:ta:blɒ]

112. Banking

bank	bank	[bɒŋk]
branch (of bank, etc.)	fiók	[fio:k]

bank clerk, consultant	tanácsadó	[tɒna:tʃɒdo:]
manager (director)	vezető	[vɛzɛtø:]

bank account	számla	[sa:mlɒ]
account number	számlaszám	[sa:mlɒsa:m]
checking account	folyószámla	[fojo:sa:mlɒ]
savings account	megtakarítási számla	[mɛgtɒkɒrita:ʃi sa:mlɒ]

to open an account	számlát nyit	[sa:mla:t nit]
to close the account	zárolja a számlát	[za:rojɒ ɒ sa:mla:t]
to deposit into the account	számlára tesz	[sa:mla:rɒ tɛs]
to withdraw (vt)	számláról lehív	[sa:mla:ro:l lɛhi:v]

deposit	betét	[bɛte:t]
to make a deposit	pénzt betesz	[pe:nst bɛtɛs]
wire transfer	átutalás	[a:tutɒla:ʃ]
to wire, to transfer	pénzt átutal	[pe:nst a:tutɒl]

sum	összeg	[øssɛg]
How much?	Mennyi?	[mɛɲɲi]

signature	aláírás	[ɒla:i:ra:ʃ]
to sign (vt)	aláír	[ɒla:i:r]

credit card	hitelkártya	[hitɛlka:rcɒ]
code (PIN code)	kód	[ko:d]
credit card number	hitelkártya száma	[hitɛlka:rcɒ sa:mɒ]
ATM	bankautomata	[bɒŋk ɒutomɒtɒ]

check	csekk	[tʃɛkk]
to write a check	kiállítja a csekket	[kia:lli:cɒ ɒ tʃɛkkɛt]
checkbook	csekkkönyv	[tʃɛkkkøɲv]

loan (bank ~)	hitel	[hitɛl]
to apply for a loan	hitelért fordul	[hitɛle:rt fordul]

to get a loan	hitelt felvesz	[hitɛlt fɛlvɛs]
to give a loan	hitelt nyújt	[hitɛlt nju:jt]
guarantee	biztosíték	[bistoʃi:te:k]

113. Telephone. Phone conversation

telephone	telefon	[tɛlɛfon]
cell phone	mobiltelefon	[mobiltɛlɛfon]
answering machine	üzenetrögzítő	[yzɛnɛt røgzi:tø:]

| to call (by phone) | felhív | [fɛlhi:v] |
| phone call | felhívás | [fɛlhi:va:ʃ] |

to dial a number	telefonszámot tárcsáz	[tɛlɛfonsa:mot ta:rtʃa:z]
Hello!	Halló!	[hɒllo:]
to ask (vt)	kérdez	[ke:rdɛz]
to answer (vi, vt)	válaszol	[va:lɒsol]

to hear (vt)	hall	[hɒll]
well (adv)	jól	[jo:l]
not well (adv)	rosszul	[rossul]
noises (interference)	zavar	[zɒvɒr]

receiver	kagyló	[kɒɟlo:]
to pick up (~ the phone)	kagylót felvesz	[kɒɟlo:t fɛlvɛs]
to hang up (~ the phone)	kagylót letesz	[kɒɟlo:t lɛtɛs]

busy (engaged)	foglalt	[foglɒlt]
to ring (ab. phone)	csörög	[tʃørøg]
telephone book	telefonkönyv	[tɛlɛfoŋkøɲv]

local (adj)	helyi	[hɛji]
long distance (~ call)	interurbán	[intɛrurba:n]
international (adj)	nemzetközi	[nɛmzɛtkøzi]

114. Cell phone

cell phone	mobiltelefon	[mobiltɛlɛfon]
display	kijelző	[kijɛlzø:]
button	gomb	[gomb]
SIM card	SIM kártya	[sim ka:rcɒ]

battery	akkumulátor	[ɒkkumula:tor]
to be dead (battery)	kisül	[kiʃyl]
charger	telefontöltő	[tɛlɛfon tøltø:]

| menu | menü | [mɛny] |
| settings | beállítások | [bɛa:lli:ta:ʃok] |

| tune (melody) | dallam | [dɒllɒm] |
| to select (vt) | választ | [vaːlɒst] |

calculator	kalkulátor	[kɒlkulaːtor]
voice mail	üzenetrögzítő	[yzɛnɛt røgziːtø:]
alarm clock	ébresztőóra	[eːbrɛstø:o:rɒ]
contacts	telefonkönyv	[tɛlɛfoŋkøɲv]

| SMS (text message) | SMS | [ɛʃɛmɛʃ] |
| subscriber | előfizető | [ɛlø:fizɛtø:] |

115. Stationery

| ballpoint pen | golyóstoll | [gojoːʃtoll] |
| fountain pen | töltőtoll | [tøltøːtoll] |

pencil	ceruza	[tsɛruzɒ]
highlighter	filctoll	[filtstoll]
felt-tip pen	filctoll	[filtstoll]

| notepad | notesz | [notɛs] |
| agenda (diary) | határidőnapló | [hɒtaːridøːnɒplo:] |

ruler	vonalzó	[vonɒlzo:]
calculator	kalkulátor	[kɒlkulaːtor]
eraser	radír	[rɒdiːr]
thumbtack	rajzszeg	[rɒjzsɛg]
paper clip	gémkapocs	[geːmkɒpotʃ]

glue	ragasztó	[rɒgɒsto:]
stapler	tűzőgép	[tyːzøːgeːp]
hole punch	lyukasztó	[jukɒsto:]
pencil sharpener	ceruzahegyező	[tsɛruzɒhɛɟɛzø:]

116. Various kinds of documents

account (report)	beszámoló	[bɛsaːmolo:]
agreement	állapodás	[aːllɒpodaːʃ]
application form	bejelentés	[bɛjɛlɛnteːʃ]
authentic (adj)	eredeti	[ɛrɛdɛti]
badge (identity tag)	jelvény	[jɛlveːɲ]
business card	névjegykártya	[neːvjɛckaːrtɒ]

certificate (~ of quality)	bizonyítvány	[bizoniːtvaːɲ]
check (e.g., draw a ~)	csekk	[tʃɛkk]
check (in restaurant)	számla	[saːmlɒ]
constitution	alkotmány	[ɒlkotmaːɲ]
contract (agreement)	szerződés	[sɛrzø:deːʃ]

| copy | másolat | [maːʃolɒt] |
| copy (of contract, etc.) | példány | [peːldaːɲ] |

customs declaration	vámnyilatkozat	[vaːmɲilɒtkozɒt]
document	irat	[irɒt]
driver's license	jogosítvány	[jogoʃiːtvaːɲ]
addendum	melléklet	[mɛlleːklɛt]
form	kérdőív	[keːrdøːiːv]

ID card (e.g., FBI ~)	igazolvány	[igɒzolvaːɲ]
inquiry (request)	megkeresés	[mɛgkɛrɛʃeːʃ]
invitation card	meghívó	[mɛghiːvoː]
invoice	számla	[saːmlɒ]

law	törvény	[tørveːɲ]
letter (mail)	levél	[lɛveːl]
letterhead	űrlap	[yːrlɒp]
list (of names, etc.)	lista	[liʃtɒ]
manuscript	kézirat	[keːzirɒt]
newsletter	közlöny	[køzløɲ]
note (short letter)	cédula	[tseːdulɒ]

pass (for worker, visitor)	belépési engedély	[bɛleːpeːʃi ɛŋgɛdeːj]
passport	útlevél	[uːtlɛveːl]
permit	engedély	[ɛŋgɛdeːj]
résumé	rezümé	[rɛzymeː]
debt note, IOU	elismervény	[ɛliʃmɛrveːɲ]
receipt (for purchase)	vevény	[vɛveːɲ]
sales slip, receipt	nyugta	[ɲugtɒ]
report (mil.)	beszámoló	[bɛsaːmoloː]

to show (ID, etc.)	felmutat	[fɛlmutɒt]
to sign (vt)	aláír	[ɒlaːiːr]
signature	aláírás	[ɒlaːiːraːʃ]
seal (stamp)	pecsét	[pɛtʃeːt]
text	szöveg	[søvɛg]
ticket (for entry)	jegy	[jɛɟ]

| to cross out | kihúz | [kihuːz] |
| to fill out (~ a form) | kitölt | [kitølt] |

| waybill (shipping invoice) | fuvarlevél | [fuvɒrlɛveːl] |
| will (testament) | végrendelet | [veːgrɛrɛndɛlɛt] |

117. Kinds of business

accounting services	könyvelési szolgáltatások	[køɲvɛleːʃi solgaːltɒtaːʃok]
advertising	reklám	[rɛklaːm]
advertising agency	reklámiroda	[rɛklaːm irodɒ]

air-conditioners	légkondicionálók	[le:gkonditsiona:lo:k]
airline	légitársaság	[le:gi ta:rʃoʃa:g]
alcoholic beverages	szeszesitalok	[sɛsɛʃ itɒlok]
antiques (antique dealers)	régiségkereskedés	[re:giʃe:gkɛrɛʃkɛde:ʃ]
art gallery	galéria	[gɒle:riɒ]
(contemporary ~)		
audit services	számlaellenőrzés	[sa:mlɒɛllɛnø:rze:ʃ]
banking industry	banküzlet	[bɒŋkyzlɛt]
bar	bár	[ba:r]
beauty parlor	szépségszalon	[se:pʃe:gsɒlon]
bookstore	könyvesbolt	[kønvɛʃbolt]
brewery	sörfőzde	[ʃørfø:zdɛ]
business center	üzletközpont	[yzlɛtkøspont]
business school	üzleti iskola	[yzlɛti iʃkolɒ]
casino	kaszinó	[kɒsino:]
construction	építés	[e:pi:te:ʃ]
consulting	tanácsadás	[tɒna:tʃɒda:ʃ]
dental clinic	fogászat	[foga:sɒt]
design	dizájn	[diza:jn]
drugstore, pharmacy	gyógyszertár	[ɟø:ɟsɛrta:r]
dry cleaners	vegytisztítás	[vɛɟtisti:ta:ʃ]
employment agency	munkaközvetítő	[muŋkɒkøzvɛti:tø:]
financial services	pénzügyi szolgáltatások	[pe:nzyɟi solga:ltɒta:ʃok]
food products	élelmiszer	[e:lɛlmisɛr]
funeral home	temetkezési vállalat	[tɛmɛtkɛze:ʃi va:llɒlɒt]
furniture (e.g., house ~)	bútor	[bu:tor]
clothing, garment	ruha	[ruhɒ]
hotel	szálloda	[sa:llodɒ]
ice-cream	fagylalt	[fɒɟlɒlt]
industry (manufacturing)	ipar	[ipɒr]
insurance	biztosítás	[biztoʃi:ta:ʃ]
Internet	internet	[intɛrnɛt]
investments (finance)	beruházás	[bɛruha:za:ʃ]
jeweler	ékszerész	[e:ksɛre:s]
jewelry	ékszerek	[e:ksɛrɛk]
laundry (shop)	mosoda	[moʃodɒ]
legal advisor	jogi tanácsadás	[jogi tɒna:tʃɒda:ʃ]
light industry	könnyűipar	[kønɲyipɒr]
magazine	folyóirat	[fojo:jrɒt]
mail order selling	csomagküldő kereskedelem	[tʃomɒgkyldø: kɛrɛʃkɛdɛlɛm]
medicine	orvostudomány	[orvoʃtudoma:ɲ]
movie theater	mozi	[mozi]
museum	múzeum	[mu:zɛum]

news agency	tájékoztató iroda	[taːjeːkoztoto: irodɒ]
newspaper	újság	[uːjʃaːg]
nightclub	éjjeli klub	[eːjjɛli klub]
oil (petroleum)	nyersolaj	[ɲɛrʃolɒj]
courier services	futárszolgálatok	[futaːr solgaːlɒtok]
pharmaceutics	gyógyszerészet	[ɟøːɟsɛreːsɛt]
printing (industry)	nyomdaipar	[ɲomdɒ ipɒr]
publishing house	kiadó	[kiɒdoː]

radio (~ station)	rádió	[raːdioː]
real estate	ingatlan	[iŋgɒtlɒn]
restaurant	étterem	[eːttɛrɛm]

security company	őrszolgálat	[øːrsolgaːlɒt]
sports	sport	[ʃport]
stock exchange	tőzsde	[tøːʒdɛ]
store	bolt	[bolt]
supermarket	szupermarket	[supɛrmɒrkɛt]
swimming pool (public ~)	uszoda	[usodɒ]

tailor shop	szalon	[sɒlon]
television	televízió	[tɛlɛviːzio:]
theater	színház	[siːnhaːz]
trade (commerce)	kereskedelem	[kɛrɛʃkɛdɛlɛm]
transportation	fuvarozás	[fuvɒroza:ʃ]
travel	turizmus	[turizmuʃ]

veterinarian	állatorvos	[aːllɒt orvoʃ]
warehouse	raktár	[rɒktaːr]
waste collèction	szemét elszállítása	[sɛmeːt ɛlsaːlliːtaːʃɒ]

Job. Business. Part 2

118. Show. Exhibition

exhibition, show	kiállítás	[kiaːlliːtaːʃ]
trade show	kereskedelmi kiállítás	[kɛrɛʃkɛdɛlmi kiaːlliːtaːʃ]
participation	részvétel	[reːsveːtɛl]
to participate (vi)	részt vesz	[reːst vɛs]
participant (exhibitor)	résztvevő	[reːstvɛvøː]
director	igazgató	[igɒzgɒtoː]
organizers' office	igazgatóság	[igɒzgɒtoːʃaːg]
organizer	szervező	[sɛrvɛzøː]
to organize (vt)	szervez	[sɛrvɛz]
participation form	részvételi jelentkezés	[reːsveːtɛli jɛlɛntkɛzeːʃ]
to fill out (vt)	kitölt	[kitølt]
details	részletek	[reːslɛtɛk]
information	információ	[informaːtsioː]
price (cost, rate)	ár	[aːr]
including	beleértve	[bɛlɛeːrtvɛ]
to include (vt)	magába foglal	[mɒgaːbɒ foglɒl]
to pay (vi, vt)	fizet	[fizɛt]
registration fee	regisztrációs díj	[rɛgistraːtsioːʃ diːj]
entrance	bejárat	[bɛjaːrɒt]
pavilion, hall	csarnok	[ʧɒrnok]
to register (vt)	regisztrál	[rɛgistraːl]
badge (identity tag)	jelvény	[jɛlveːɲ]
booth, stand	kiállítási állvány	[kiaːlliːtaːʃi aːllvaːɲ]
to reserve, to book	foglal	[foglɒl]
display case	kirakat	[kirɒkɒt]
spotlight	fényvető	[feːɲvɛtøː]
design	dizájn	[dizaːjn]
to place (put, set)	elhelyez	[ɛlhɛjɛz]
distributor	terjesztő	[tɛrjɛstøː]
supplier	szállító	[saːlliːtoː]
country	ország	[orsaːg]
foreign (adj)	idegen	[idɛgɛn]
product	termék	[tɛrmeːk]

association	egyesület	[ɛɟɛʃylɛt]
conference hall	ülésterem	[yle:ʃ tɛrɛm]
congress	kongresszus	[kongrɛssuʃ]
contest (competition)	pályázat	[pa:ja:zɒt]

visitor (attendee)	látogató	[la:togɒto:]
to visit (attend)	látogat	[la:togɒt]
customer	megrendelő	[mɛgrɛndɛlø:]

119. Mass Media

newspaper	újság	[u:jʃa:g]
magazine	folyóirat	[fojo:jrɒt]
press (printed media)	sajtó	[ʃɒjto:]
radio	rádió	[ra:dio:]
radio station	rádióállomás	[ra:dio:a:lloma:ʃ]
television	televízió	[tɛlɛvi:zio:]

presenter, host	műsorvezető	[my:ʃor vɛzɛtø:]
newscaster	műsorközlő	[my:ʃorkøzlø:]
commentator	kommentátor	[kommɛnta:tor]

journalist	újságíró	[u:jʃa:gi:ro:]
correspondent (reporter)	tudósító	[tudo:ʃi:to:]
press photographer	fotóriporter	[foto:riportɛr]
reporter	riporter	[riportɛr]

| editor | szerkesztő | [sɛrkɛstø:] |
| editor-in-chief | főszerkesztő | [fø:sɛrkɛstø:] |

to subscribe (to ...)	előfizet	[ɛlø:fizɛt]
subscription	előfizetés	[ɛlø:fizɛte:ʃ]
subscriber	előfizető	[ɛlø:fizɛtø:]
to read (vi, vt)	olvas	[olvɒʃ]
reader	olvasó	[olvɒʃo:]

circulation (of newspaper)	példányszám	[pe:lda:ɲsa:m]
monthly (adj)	havi	[hɒvi]
weekly (adj)	heti	[hɛti]
issue (edition)	szám	[sa:m]
new (~ issue)	új	[u:j]

headline	cím	[tsi:m]
short article	jegyzet	[jɛɟɛzɛt]
column (regular article)	állandó rovat	[a:llɒndo: rovɒt]
article	cikk	[tsikk]
page	oldal	[oldɒl]

| reportage, report | riport | [riport] |
| event (happening) | esemény | [ɛʃɛme:ɲ] |

sensation (news)	szenzáció	[sɛnzaːtsioː]
scandal	botrány	[botraːɲ]
scandalous (adj)	botrányos	[botraːnøʃ]
great (~ scandal)	hírhedt	[hiːrhɛtt]

show (e.g., cooking ~)	tévéadás	[teːveːɒdaːʃ]
interview	interjú	[intɛrjuː]
live broadcast	élő közvetítés	[eːløː køzvɛtiːteːʃ]
channel	csatorna	[tʃɒtornɒ]

120. Agriculture

agriculture	mezőgazdaság	[mɛzøːgɒzdɒʃaːg]
peasant (masc.)	paraszt	[pɒrɒst]
peasant (fem.)	parasztnő	[pɒrɒstnøː]
farmer	gazda	[gɒzdɒ]

| tractor (farm ~) | traktor | [trɒktor] |
| combine, harvester | kombájn | [kombaːjn] |

plow	eke	[ɛkɛ]
to plow (vi, vt)	szánt	[saːnt]
plowland	szántóföld	[saːntoːføld]
furrow (in field)	barázda	[bɒraːzdɒ]

to sow (vi, vt)	elvet	[ɛlvɛt]
seeder	vetőgép	[vɛtøːgeːp]
sowing (process)	vetés	[vɛteːʃ]

| scythe | kasza | [kɒsɒ] |
| to mow, to scythe | kaszál | [kɒsaːl] |

| spade (tool) | lapát | [lɒpaːt] |
| to till (vt) | ás | [aːʃ] |

hoe	kapa	[kɒpɒ]
to hoe, to weed	gyomlál	[ɟømlaːl]
weed (plant)	gyom	[ɟøm]

watering can	öntözőkanna	[øntøzøːkɒnnɒ]
to water (plants)	öntöz	[øntøz]
watering (act)	öntözés	[øntøzeːʃ]

| pitchfork | vasvilla | [vɒʃvillɒ] |
| rake | gereblye | [gɛrɛbjɛ] |

fertilizer	trágya	[traːɟo]
to fertilize (vt)	trágyáz	[traːɟaːz]
manure (fertilizer)	trágya	[traːɟo]
field	mező	[mɛzøː]

meadow	rét	[re:t]
vegetable garden	konyhakert	[koɲhɒkɛrt]
orchard (e.g., apple ~)	gyümölcsöskert	[ɟymøltʃøʃkɛrt]

to graze (vt)	legeltet	[lɛgɛltɛt]
herder (herdsman)	pásztor	[pa:stor]
pasture	legelő	[lɛgɛlø:]

| cattle breeding | állattenyésztés | [a:llɒt tɛne:ste:ʃ] |
| sheep farming | juhtenyésztés | [juhtɛne:ste:ʃ] |

plantation	ültetvény	[yltɛtve:ɲ]
row (garden bed ~s)	veteményes ágy	[vɛtɛme:nɛʃ a:ɟ]
hothouse	melegház	[mɛlɛkha:z]

| drought (lack of rain) | aszály | [ɒsa:j] |
| dry (~ summer) | aszályos | [ɒsa:joʃ] |

| cereal crops | gabonafélék | [gɒbonɒfe:le:k] |
| to harvest, to gather | betakarít | [bɛtɒkɒri:t] |

miller (person)	molnár	[molna:r]
mill (e.g., gristmill)	malom	[mɒlom]
to grind (grain)	őröl	[ø:røl]
flour	liszt	[list]
straw	szalma	[sɒlmɒ]

121. Building. Building process

construction site	építkezés	[e:pi:tkɛze:ʃ]
to build (vt)	épít	[e:pi:t]
construction worker	építő	[e:pi:tø:]

project	terv	[tɛrv]
architect	építész	[e:pi:te:s]
worker	munkás	[muɲka:ʃ]

foundation (of a building)	alapzat	[ɒlɒpzɒt]
roof	tető	[tɛtø:]
foundation pile	cölöp	[tsøløp]
wall	fal	[fɒl]

| reinforcing bars | betétvas | [bɛte:tvɒʃ] |
| scaffolding | állványzat | [a:llva:ɲzɒt] |

concrete	beton	[bɛton]
granite	gránit	[gra:nit]
stone	kő	[kø:]
brick	tégla	[te:glɒ]
sand	homok	[homok]

cement	cement	[tsɛmɛnt]
plaster (for walls)	vakolat	[vɒkolɒt]
to plaster (vt)	vakol	[vɒkol]

paint	festék	[fɛʃteːk]
to paint (~ a wall)	fest	[fɛʃt]
barrel	hordó	[hordoː]

crane	daru	[dɒru]
to lift, to hoist (vt)	felemel	[fɛlɛmɛl]
to lower (vt)	leenged	[lɛɛŋgɛd]

bulldozer	buldózer	[buldoːzɛr]
excavator	kotrógép	[kotroːgeːp]
scoop, bucket	kotróserleg	[kotroːʃɛrlɛg]
to dig (excavate)	ás	[aːʃ]
hard hat	sisak	[ʃiʃɒk]

122. Science. Research. Scientists

science	tudomány	[tudomaːɲ]
scientific (adj)	tudományos	[tudomaːnøʃ]
scientist	tudós	[tudoːʃ]
theory	elmélet	[ɛlmeːlɛt]

axiom	axióma	[ɒksioːmɒ]
analysis	elemzés	[ɛlɛmzeːʃ]
to analyze (vt)	elemez	[ɛlɛmɛz]
argument (strong ~)	érv	[eːrv]
substance (matter)	anyag	[ɒɲɒg]

hypothesis	hipotézis	[hipoteːziʃ]
dilemma	dilemma	[dilɛmmɒ]
dissertation	disszertáció	[dissɛrtaːtsioː]
dogma	dogma	[dogmɒ]

doctrine	tan	[tɒn]
research	kutatás	[kutɒtaːʃ]
to research (vt)	kutat	[kutɒt]
tests (laboratory ~)	ellenőrzés	[ɛllɛnøːrzeːʃ]
laboratory	laboratórium	[lɒborɒtoːrium]

method	módszer	[moːdsɛr]
molecule	molekula	[molɛkulɒ]
monitoring	ellenőrzés	[ɛllɛnøːrzeːʃ]
discovery (act, event)	felfedezés	[fɛlfɛdɛzeːʃ]

postulate	posztulátum	[postulaːtum]
principle	elv	[ɛlv]
forecast	prognózis	[prognoːziʃ]

to forecast (vt)	prognózist készít	[progno:ziʃt ke:si:t]
synthesis	szintézis	[sinte:ziʃ]
trend (tendency)	tendencia	[tɛndɛntsiɒ]
theorem	tétel	[te:tɛl]

teachings	tanítás	[tɒni:ta:ʃ]
fact	tény	[te:ɲ]
expedition	kutatóút	[kutɒto:u:t]
experiment	kísérlet	[ki:ʃe:rlɛt]

academician	akadémikus	[ɒkɒde:mikuʃ]
bachelor (e.g., ~ of Arts)	baccalaureatus	[bɒkkɒlɒurɛa:tuʃ]
doctor (PhD)	doktor	[doktor]
Associate Professor	docens	[dotsɛnʃ]
Master (e.g., ~ of Arts)	magiszter	[magistɛr]
professor	professzor	[profɛssor]

Professions and occupations

123. Job search. Dismissal

job	munkahely	[muŋkɒhɛj]
staff (work force)	személyzet	[sɛmeːjzɛt]
career	karrier	[kɒrriɛr]
prospects (chances)	távlat	[taːvlɒt]
skills (mastery)	képesség	[keːpɛʃeːg]
selection (screening)	kiválasztás	[kivaːlɒstaːʃ]
employment agency	munkaközvetítő	[muŋkɒkøzvɛtiːtøː]
résumé	rezümé	[rɛzymeː]
job interview	felvételi interjú	[fɛlveːtɛli intɛrjuː]
vacancy, opening	betöltetlen állás	[bɛtøltɛtlɛn aːllaːʃ]
salary, pay	fizetés	[fizɛteːʃ]
fixed salary	bér	[beːr]
pay, compensation	fizetés	[fizɛteːʃ]
position (job)	állás	[aːllaːʃ]
duty (of employee)	kötelezettség	[køtɛlɛzɛttʃeːg]
range of duties	munkakör	[muŋkɒkør]
busy (I'm ~)	foglalt	[foglɒlt]
to fire (dismiss)	elbocsát	[ɛlbotʃaːt]
dismissal	elbocsátás	[ɛlbotʃaːtaːʃ]
unemployment	munkanélküliség	[muŋkɒneːlkyliʃeːg]
unemployed (n)	munkanélküli	[muŋkɒneːlkyli]
retirement	nyugdíj	[ɲugdiːj]
to retire (from job)	nyugdíjba megy	[ɲugdiːjbɒ mɛɟ]

124. Business people

director	igazgató	[igɒzgɒtoː]
manager (director)	vezető	[vɛzɛtøː]
boss	főnök	[føːnøk]
superior	főnök	[føːnøk]
superiors	vezetőség	[vɛzɛtøːʃeːg]
president	elnök	[ɛlnøk]
chairman	elnök	[ɛlnøk]

deputy (substitute)	helyettes	[hɛjɛttɛʃ]
assistant	segéd	[ʃɛgeːd]
secretary	titkár	[titkaːr]
personal assistant	személyes titkár	[sɛmeːjɛʃ titkaːr]

businessman	üzletember	[yzlɛtɛmbɛr]
entrepreneur	vállakozó	[vaːllɒlkozoː]
founder	alapító	[ɒlɒpiːtoː]
to found (vt)	alapít	[ɒlɒpiːt]

incorporator	alapító	[ɒlɒpiːtoː]
partner	partner	[pɒrtnɛr]
stockholder	részvényes	[reːsveːnɛʃ]

millionaire	milliomos	[milliomoʃ]
billionaire	milliárdos	[milliaːrdoʃ]
owner, proprietor	tulajdonos	[tulɒjdonoʃ]
landowner	földbirtokos	[føldbirtokoʃ]

client	ügyfél	[yɟfeːl]
regular client	törzsügyfél	[tørʒ yɟfeːl]
buyer (customer)	vevő	[vɛvøː]
visitor	látogató	[laːtogɒtoː]

professional (n)	szakember	[sɒkɛmbɛr]
expert	szakértő	[sɒkeːrtøː]
specialist	specialista	[spɛtsialista]

| banker | bankár | [bɒŋkaːr] |
| broker | ügynök | [yɟnøk] |

cashier, teller	pénztáros	[peːnstaːroʃ]
accountant	könyvelő	[køɲvɛløː]
security guard	biztonsági őr	[bistonʃaːgi øːr]

| investor | befektető | [bɛfɛktɛtøː] |
| debtor | adós | [ɒdoːʃ] |

| creditor | hitelező | [hitɛlɛzøː] |
| borrower | kölcsönvevő | [køltʃønvɛvøː] |

| importer | importőr | [importøːr] |
| exporter | exportőr | [ɛsportøːr] |

manufacturer	gyártó	[ɟaːrtoː]
distributor	terjesztő	[tɛrjɛstøː]
middleman	közvetítő	[køzvɛtiːtøː]

consultant	tanácsadó	[tɒnaːtʃɒdoː]
sales representative	képviselő	[keːpviʃɛløː]
agent	ügynök	[yɟnøk]
insurance agent	biztosítási ügynök	[bistoʃiːtaːʃi yɟnøk]

125. Service professions

cook	szakács	[sɒkaːtʃ]
chef (kitchen chef)	főszakács	[føːsɒkaːtʃ]
baker	pék	[peːk]

bartender	bármixer	[baːrmiksɛr]
waiter	pincér	[pintseːr]
waitress	pincérnő	[pintseːrnøː]

lawyer, attorney	ügyvéd	[yɟveːd]
lawyer (legal expert)	jogász	[jogaːs]
notary public	közjegyző	[køzjɛɟzøː]

electrician	villanyszerelő	[villɒɲsɛrɛløː]
plumber	vízvezetékszerelő	[viːzvɛzɛteːksɛrɛløː]
carpenter	ács	[aːtʃ]

masseur	masszírozó	[mɒssiːrozoː]
masseuse	masszírozónő	[mɒssiːrozoːnøː]
doctor	orvos	[orvoʃ]

taxi driver	taxis	[tɒksiʃ]
driver	sofőr	[ʃoføːr]
delivery man	küldönc	[kyldønts]

chambermaid	szobalány	[sobɒlaːɲ]
security guard	biztonsági őr	[bistonʃaːgi øːr]
flight attendant (fem.)	légikisasszony	[leːgikiʃɒssoɲ]

schoolteacher	tanár	[tɒnaːr]
librarian	könyvtáros	[køɲvtaːroʃ]
translator	fordító	[fordiːtoː]
interpreter	tolmács	[tolmaːtʃ]
guide	idegenvezető	[idɛgɛn vɛzɛtøː]

hairdresser	fodrász	[fodraːs]
mailman	postás	[poʃtaːʃ]
salesman (store staff)	eladó	[ɛlɒdoː]

gardener	kertész	[kɛrteːs]
domestic servant	szolga	[solgɒ]
maid (female servant)	szolgálóleány	[solgaːloː lɛaːɲ]
cleaner (cleaning lady)	takarítónő	[tɒkɒriːtoːnøː]

126. Military professions and ranks

private	közlegény	[køzlɛgeːɲ]
sergeant	szakaszvezető	[sɒkɒsvɛzɛtøː]

lieutenant	**hadnagy**	[hɒdnɒɟ]
captain	**százados**	[sa:zɒdoʃ]

major	**őrnagy**	[ø:rnɒɟ]
colonel	**ezredes**	[ɛzrɛdɛʃ]
general	**tábornok**	[ta:bornok]
marshal	**tábornagy**	[ta:bornɒɟ]
admiral	**tengernagy**	[tɛŋgɛrnɒɟ]

military (n)	**katona**	[kɒtonɒ]
soldier	**katona**	[kɒtonɒ]
officer	**tiszt**	[tist]
commander	**parancsnok**	[pɒrɒntʃnok]

border guard	**határőr**	[hɒta:rø:r]
radio operator	**rádiós**	[ra:dio:ʃ]
scout (searcher)	**felderítő**	[fɛldɛri:tø:]
pioneer (sapper)	**árkász**	[a:rka:s]
marksman	**lövész**	[løve:s]
navigator	**kormányos**	[korma:nøʃ]

127. Officials. Priests

king	**király**	[kira:j]
queen	**királynő**	[kira:jnø:]

prince	**herceg**	[hɛrtsɛg]
princess	**hercegnő**	[hɛrtsɛgnø:]

czar	**cár**	[tsa:r]
czarina	**cárné**	[tsa:rne:]

president	**elnök**	[ɛlnøk]
Secretary (minister)	**miniszter**	[ministɛr]
prime minister	**miniszterelnök**	[ministɛrɛlnøk]
senator	**szenátor**	[sɛna:tor]

diplomat	**diplomata**	[diplomɒtɒ]
consul	**konzul**	[konzul]
ambassador	**nagykövet**	[nɒckøvɛt]
counselor (diplomatic officer)	**tanácsadó**	[tɒna:tʃodo:]

official, functionary (civil servant)	**hivatalnok**	[hivɒtɒlnok]
prefect	**polgármester**	[polga:rmɛʃtɛr]
mayor	**polgármester**	[polga:rmɛʃtɛr]
judge	**bíró**	[bi:ro:]
prosecutor (e.g., district attorney)	**államügyész**	[a:llɒmyɟe:s]

missionary	hittérítő	[hitte:ri:tø:]
monk	barát	[bɒra:t]
abbot	apát	[ɒpa:t]
rabbi	rabbi	[rɒbbi]

vizier	vezír	[vɛzi:r]
shah	sah	[ʃɒh]
sheikh	sejk	[ʃɛjk]

128. Agricultural professions

beekeeper	méhész	[me:he:s]
herder, shepherd	pásztor	[pa:stor]
agronomist	agronómus	[ɒgrono:muʃ]
cattle breeder	állattenyésztő	[a:llɒt tɛne:stø:]
veterinarian	állatorvos	[a:llɒt orvoʃ]

farmer	gazda	[gɒzdɒ]
winemaker	bortermelő	[bortɛrmɛlø:]
zoologist	zoológus	[zoolo:guʃ]
cowboy	cowboy	[kovboj]

129. Art professions

| actor | színész | [si:ne:s] |
| actress | színésznő | [si:ne:snø:] |

| singer (masc.) | énekes | [e:nɛkɛʃ] |
| singer (fem.) | énekesnő | [e:nɛkɛʃnø:] |

| dancer (masc.) | táncos | [ta:ntsoʃ] |
| dancer (fem.) | táncos nő | [ta:ntsoʃ nø:] |

| performer (masc.) | művész | [my:ve:s] |
| performer (fem.) | művésznő | [my:ve:snø:] |

musician	zenész	[zɛne:s]
pianist	zongoraművész	[zoŋgorɒmy:ve:s]
guitar player	gitáros	[gita:roʃ]

conductor (orchestra ~)	karmester	[kɒrmɛʃtɛr]
composer	zeneszerző	[zɛnɛsɛrzø:]
impresario	impresszárió	[imprɛssa:rio:]

film director	rendező	[rɛndɛzø:]
producer	producer	[produsɛr]
scriptwriter	forgatókönyvíró	[forgɒto:køɲvi:ro:]
critic	kritikus	[kritikuʃ]

writer	író	[i:ro:]
poet	költő	[køltø:]
sculptor	szobrász	[sobra:s]
artist (painter)	festő	[fɛʃtø:]

juggler	zsonglőr	[ʒoŋglø:r]
clown	bohóc	[boho:ts]
acrobat	akrobata	[ɒkrobɒtɒ]
magician	bűvész	[by:ve:s]

130. Various professions

doctor	orvos	[orvoʃ]
nurse	nővér	[nø:ve:r]
psychiatrist	elmeorvos	[ɛlmɛorvoʃ]
dentist	fogorvos	[fogorvoʃ]
surgeon	sebész	[ʃɛbe:s]

astronaut	űrhajós	[y:rhɒjo:ʃ]
astronomer	csillagász	[tʃillɒga:s]
pilot	pilóta	[pilo:tɒ]

driver (of taxi, etc.)	sofőr	[ʃofø:r]
engineer (train driver)	vezető	[vɛzɛtø:]
mechanic	gépész	[ge:pe:s]

miner	bányász	[ba:nja:s]
worker	munkás	[muŋka:ʃ]
locksmith	lakatos	[lɒkɒtoʃ]
joiner (carpenter)	asztalos	[ɒstɒloʃ]
turner (lathe operator)	esztergályos	[ɛstɛrga:joʃ]
construction worker	építő	[e:pi:tø:]
welder	hegesztő	[hɛgɛstø:]

professor (title)	professzor	[profɛssor]
architect	építész	[e:pi:te:s]
historian	történész	[tørte:ne:s]
scientist	tudós	[tudo:ʃ]
physicist	fizikus	[fizikuʃ]
chemist (scientist)	vegyész	[vɛɟe:s]

archeologist	régész	[re:ge:s]
geologist	geológus	[gɛolo:guʃ]
researcher (scientist)	kutató	[kutɒto:]

| babysitter | dajka | [dɒjkɒ] |
| teacher, educator | tanár | [tɒna:r] |

| editor | szerkesztő | [sɛrkɛstø:] |
| editor-in-chief | főszerkesztő | [fø:sɛrkɛstø:] |

correspondent	tudósító	[tudo:ʃi:to:]
typist (fem.)	gépírónő	[ge:pi:ro:nø:]

designer	formatervező	[formɒtɛrvɛzø:]
computer expert	számítógép speciálista	[sa:mi:to:ge:p ʃpɛtsia:liʃtɒ]
programmer	programozó	[progrɒmozo:]
engineer (designer)	mérnök	[me:rnøk]

sailor	tengerész	[tɛŋgɛre:s]
seaman	tengerész	[tɛŋgɛre:s]
rescuer	mentő	[mɛntø:]

fireman	tűzoltó	[ty:zolto:]
police officer	rendőr	[rɛndø:r]
watchman	éjjeliőr	[e:jjɛliø:r]
detective	nyomozó	[ɲomozo:]

customs officer	vámos	[va:moʃ]
bodyguard	testőr	[tɛʃtø:r]
prison guard	börtönőr	[børtønø:r]
inspector	felügyelő	[fɛlyɟɛlø:]

sportsman	sportoló	[ʃportolo:]
trainer, coach	edző	[ɛdzø:]
butcher	hentes	[hɛntɛʃ]
cobbler (shoe repairer)	cipész	[tsipe:s]
merchant	kereskedő	[kɛrɛʃkɛdø:]
loader (person)	rakodómunkás	[rɒkodo:muŋka:ʃ]

fashion designer	divattervező	[divɒt tɛrvɛzø:]
model (fem.)	modell	[modɛll]

131. Occupations. Social status

schoolboy	diák	[dia:k]
student (college ~)	hallgató	[hɒllgɒto:]

philosopher	filozófus	[filozo:fuʃ]
economist	közgazdász	[køzgɒzda:ʃ]
inventor	feltaláló	[fɛltɒla:lo:]

unemployed (n)	munkanélküli	[muŋkɒne:lkyli]
retiree	nyugdíjas	[ɲugdi:jɒʃ]
spy, secret agent	kém	[ke:m]

prisoner	fogoly	[fogoj]
striker	sztrájkoló	[stra:jkolo:]
bureaucrat	bürokrata	[byrokrɒtɒ]
traveler (globetrotter)	utazó	[utɒzo:]
gay, homosexual (n)	homoszexuális	[homosɛksua:liʃ]

hacker	hacker	[hɒkɛr]
bandit	bandita	[bɒnditɒ]
hit man, killer	bérgyilkos	[beːrɟilkoʃ]
drug addict	narkós	[nɒrkoːʃ]
drug dealer	kábítószerkereskedő	[kaːbiːtoːsɛrkɛrɛʃkɛdø]
prostitute (fem.)	prostituált	[proʃtituaːlt]
pimp	strici	[ʃtritsi]

sorcerer	varázsló	[vɒraːʒloː]
sorceress (evil ~)	boszorkány	[bosorkaːɲ]
pirate	kalóz	[kɒloːz]
slave	rab	[rɒb]
samurai	szamuráj	[sɒmuraːj]
savage (primitive)	vadember	[vɒdɛmbɛr]

Sports

132. Kinds of sports. Sportspersons

sportsman	sportoló	[ʃportolo:]
kind of sports	sportág	[sporta:g]
basketball	kosárlabda	[koʃa:rlɒbdɒ]
basketball player	kosárlabdázó	[koʃa:rlɒbda:zo:]
baseball	baseball	[bɛjsbɒll]
baseball player	baseballjátékos	[bɛjsbɒll ja:te:koʃ]
soccer	futball, foci	[futbɒll], [fotsi]
soccer player	futballista	[futbɒlliʃtɒ]
goalkeeper	kapus	[kɒpuʃ]
hockey	jégkorong	[je:gkoroŋg]
hockey player	jégkorongjátékos	[je:gkoroŋg ja:te:koʃ]
volleyball	röplabda	[røplɒbdɒ]
volleyball player	röplabdázó	[røplɒbda:zo:]
boxing	boksz	[boks]
boxer	bokszoló	[boksolo:]
wrestling	birkózás	[birko:za:ʃ]
wrestler	birkózó	[birko:zo:]
karate	karate	[kɒrɒtɛ]
karate fighter	karatés	[kɒrɒte:ʃ]
judo	cselgáncs	[tʃɛlga:ntʃ]
judo athlete	cselgáncsozó	[tʃɛlga:ntʃozo:]
tennis	tenisz	[tɛnis]
tennis player	teniszjátékos	[tɛnis ja:te:koʃ]
swimming	úszás	[u:sa:ʃ]
swimmer	úszó	[u:so:]
fencing	vívás	[vi:va:ʃ]
fencer	vívó	[vi:vo:]
chess	sakk	[ʃɒkk]
chess player	sakkozó	[ʃɒkkozo:]

alpinism	**alpinizmus**	[ɒlpinizmuʃ]
alpinist	**alpinista**	[ɒlpiniʃtɒ]
running	**futás**	[futaːʃ]
runner	**futó**	[futoː]
athletics	**atlétika**	[ɒtleːtikɒ]
athlete	**atléta**	[ɒtleːtɒ]
horseback riding	**lovassport**	[lovɒʃport]
horse rider	**lovas**	[lovɒʃ]
figure skating	**műkorcsolyázás**	[myːkortʃoja:zaːʃ]
figure skater (masc.)	**műkorcsolyázó**	[myːkortʃoja:zoː]
figure skater (fem.)	**műkorcsolyázó nő**	[myːkortʃoja:zoː nøː]
powerlifting	**súlyemelés**	[ʃuːjɛmɛleːʃ]
car racing	**autóverseny**	[ɒutoːvɛrʃɛɲ]
racer (driver)	**autóversenyző**	[ɒutoːvɛrʃɛɲzøː]
cycling	**kerékpározás**	[kɛreːkpa:rozaːʃ]
cyclist	**kerékpáros**	[kɛreːkpa:roʃ]
broad jump	**távolugrás**	[taːvolugraːʃ]
pole vault	**rúdugrás**	[ruːdugraːʃ]
jumper	**ugró**	[ugroː]

133. Kinds of sports. Miscellaneous

football	**amerikai futball**	[ɒmɛrikɒi futbɒll]
badminton	**tollaslabda**	[tollɒʃlɒbdɒ]
biathlon	**biatlon**	[biɒtlon]
billiards	**biliárd**	[biliaːrd]
bobsled	**bob**	[bob]
bodybuilding	**testépítés**	[tɛʃteːpiːteːʃ]
water polo	**vízilabda**	[viːzilɒbdɒ]
handball	**kézilabda**	[keːzilɒbdɒ]
golf	**golf**	[golf]
rowing, crew	**evezés**	[ɛvɛzeːʃ]
scuba diving	**búvárkodás**	[buːvaːrkodaːʃ]
cross-country skiing	**síverseny**	[ʃiːvɛrʃɛɲ]
table tennis (ping-pong)	**asztali tenisz**	[ɒstɒli tɛniʃ]
sailing	**vitorlázás**	[vitorla:zaːʃ]
rally racing	**rali**	[rɒli]
rugby	**rögbi**	[røgbi]
snowboarding	**hódeszka**	[hoːdɛskɒ]
archery	**íjászat**	[iːjaːsɒt]

134. Gym

barbell	súlyzó	[ʃu:jzo:]
dumbbells	súlyozók	[ʃu:jozo:k]
training machine	gyakorló berendezés	[ɟokorlo: bɛrɛnɛze:ʃ]
exercise bicycle	szobakerékpár	[sobɒkɛre:kpa:r]
treadmill	futószalag	[futo:sɒlɒg]
horizontal bar	nyújtó	[ɲu:jto:]
parallel bars	korlát	[korla:t]
vault (vaulting horse)	ló	[lo:]
mat (exercise ~)	ugrószőnyeg	[ugro: sø:nɛg]
aerobics	aerobik	[ɒɛrobik]
yoga	jóga	[jo:gɒ]

135. Hockey

hockey	jégkorong	[je:gkoroŋg]
hockey player	jégkorongjátékos	[je:gkoroŋg ja:te:koʃ]
to play hockey	jégkorongozik	[je:gkoroŋgozik]
ice	jég	[je:g]
puck	korong	[koroŋg]
hockey stick	ütő	[ytø:]
ice skates	korcsolya	[kortʃojɒ]
board (ice hockey rink ~)	palánk	[pɒla:ŋk]
shot	dobás	[doba:ʃ]
goaltender	kapus	[kɒpuʃ]
goal (score)	gól	[go:l]
to score a goal	gólt rúg	[go:lt ru:g]
period	harmad	[hɒrmɒd]
substitutes bench	kispad	[kiʃpɒd]

136. Soccer

soccer	futball, foci	[futbɒll], [fotsi]
soccer player	futballista	[futbɒlliʃtɒ]
to play soccer	futballozik	[futbɒllozik]
major league	bajnokok ligája	[bɒjnokok liga:jɒ]
soccer club	futballklub	[futbɒllklub]
coach	edző	[ɛdzø:]

owner, proprietor	tulajdonos	[tulɒjdonoʃ]
team	csapat	[ʧɒpɒt]
team captain	csapatkapitány	[ʧɒpɒtkɒpitaːɲ]
player	játékos	[jaːteːkoʃ]
substitute	tartalék játékos	[tɒrtɒleːk jaːteːkoʃ]

forward	csatár	[ʧɒtaːr]
center forward	középcsatár	[køzeːp+U4527ʧɒtaːr]
scorer	csatár	[ʧɒtaːr]
defender, back	védőjátékos	[veːdøː jaːteːkoʃ]
midfielder, halfback	fedezetjátékos	[fɛdɛzɛtjaːteːkoʃ]

match	meccs	[mɛʧː]
to meet (vi, vt)	találkozik	[tɒlaːlkozik]
final	döntő	[døntøː]
semi-final	elődöntő	[ɛløːdøntøː]
championship	bajnokság	[bɒjnokʃaːg]

period, half	félidő	[feːlidøː]
first period	az első félidő	[ɒz ɛlʃø feːlidøː]
half-time	szünet	[synɛt]

goal	kapu	[kɒpu]
goalkeeper	kapus	[kɒpuʃ]
goalpost	kapufa	[kɒpufɒ]
crossbar	keresztgerenda	[kɛrɛstgɛrɛndɒ]
net	háló	[haːloː]
to concede a goal	beengedi a gólt	[bɛɛŋgɛdi ɒ goːlt]

ball	labda	[lɒbdɒ]
pass	átadás	[aːtɒdaːʃ]
kick	rúgás	[ruːgaːʃ]
to kick (~ the ball)	ütést mér	[yteːʃt meːr]
free kick (direct ~)	büntető rúgás	[byntɛtøː ruːgaːʃ]
corner kick	szögletrúgás	[søglɛtruːgaːʃ]

attack	támadás	[taːmɒdaːʃ]
counterattack	ellentámadás	[ɛllɛntaːmɒdaːʃ]
combination	kombináció	[kombinaːtsioː]

referee	bíró	[biːroː]
to blow the whistle	fütyül	[fycyl]
whistle (sound)	fütty	[fycː]
foul, misconduct	megsértés	[mɛgʃeːrteːʃ]
to commit a foul	megsért	[mɛgʃeːrt]
to send off	kiállít a pályáról	[kiɒlliːt ɒ paːjaːroːl]

yellow card	sárga lap	[ʃaːrgɒ lɒp]
red card	piros lap	[piroʃ lɒp]
disqualification	diszkvalifikálás	[diskvɒlifikaːlaːʃ]
to disqualify (vt)	diszkvalifikál	[diskvɒlifikaːl]
penalty kick	tizenegyes	[tizɛnɟɛʃ]

wall	fal	[fɒl]
to score (vi, vt)	berúg	[bɛruːg]
goal (score)	gól	[goːl]
to score a goal	gólt rúg	[goːlt ruːg]

substitution	helyettesítés	[hɛjɛttɛʃiːteːʃ]
to replace (a player)	helyettesít	[hɛjɛttɛʃiːt]
rules	szabályok	[sɒbaːjok]
tactics	taktika	[tɒktikɒ]

stadium	stadion	[ʃtɒdion]
stand (bleachers)	lelátó	[lɛlaːtoː]
fan, supporter	szurkoló	[surkoloː]
to shout (vi)	kiabál	[kiɒbaːl]

| scoreboard | tabló | [tɒbloː] |
| score | eredmény | [ɛrɛdmeːɲ] |

defeat	vereség	[vɛrɛʃeːg]
to lose (not win)	elveszít	[ɛlvɛsiːt]
tie	döntetlen	[døntɛtlɛn]
to tie (vi)	döntetlenre játszik	[døntɛtlɛnrɛ jaːtsik]

victory	győzelem	[ɟøːzɛlɛm]
to win (vi, vt)	győz	[ɟøːz]
champion	bajnok	[bɒjnok]
best (adj)	legjobb	[lɛgjobb]
to congratulate (vt)	gratulál	[grɒtulaːl]

commentator	kommentátor	[kommɛntaːtor]
to commentate (vt)	kommentál	[kommɛntaːl]
broadcast	közvetítés	[køzvɛtiːteːʃ]

137. Alpine skiing

skis	sí	[ʃiː]
to ski (vi)	síel	[ʃiːɛl]
mountain-ski resort	alpesi lesikló hely	[ɒlpɛʃi lɛʃiklo: hɛj]
ski lift	felvonó	[fɛlvono:]

ski poles	síbot	[ʃiːbot]
slope	lejtő	[lɛjtø:]
slalom	műesiklás	[myːlɛʃiːklaːʃ]

138. Tennis. Golf

| golf | golf | [golf] |
| golf club | golf klub | [golf klub] |

golfer	golfjátékos	[golfja:te:koʃ]
hole	lyuk	[juk]
club	ütő	[ytø:]
golf trolley	golf táska	[golf ta:ʃkɒ]

tennis	tenisz	[tɛnis]
tennis court	teniszpálya	[tɛnispa:jɒ]
serve	adogatás	[ɒdogɒta:ʃ]
to serve (vt)	adogat	[ɒdogɒt]
racket	teniszütő	[tɛnisytø:]
net	háló	[ha:lo:]
ball	labda	[lɒbdɒ]

139. Chess

chess	sakk	[ʃɒkk]
chessmen	sakkfigurák	[ʃɒkfigura:k]
chess player	sakkozó	[ʃɒkkozo:]
chessboard	sakktábla	[ʃɒkkta:blɒ]
chessman	bábu	[ba:bu]

White (white pieces)	világos	[vila:goʃ]
Black (black pieces)	sötét	[ʃøte:t]

pawn	gyalog	[ɟolog]
bishop	futó	[futo:]
knight	huszár	[husa:r]
rook	bástya	[ba:ʃcɒ]
queen	vezér	[vɛze:r]
king	király	[kira:j]

move	lépés	[le:pe:ʃ]
to move (vi, vt)	lép	[le:p]
to sacrifice (vt)	feláldoz	[fɛla:ldoz]
castling	rosálás	[roʃa:la:ʃ]
check	sakk	[ʃɒkk]
checkmate	matt	[mɒtt]

chess tournament	sakktorna	[ʃɒkktornɒ]
Grand Master	nagymester	[nɒɟmɛʃtɛr]
combination	kombináció	[kombina:tsio:]
game (in chess)	sakkparti	[ʃɒkkpɒrti]
checkers	dámajáték	[da:mɒja:te:k]

140. Boxing

boxing	boksz	[boks]
fight (bout)	ökölvívó mérkőzés	[økølvi:vo: me:rkø:ze:ʃ]

| boxing match | párbaj | [pa:rbɒj] |
| round (in boxing) | menet | [mɛnɛt] |

| ring | szorító | [sori:to:] |
| gong | gong | [goŋg] |

punch	ütés	[yte:ʃ]
knockdown	leütés	[lɛyte:ʃ]
knockout	kiütés	[kiyte:ʃ]
to knock out	kiüt	[kiyt]

| boxing glove | bokszkesztyű | [boks kɛscy:] |
| referee | versenybíró | [vɛrʃɛɲbi:ro:] |

lightweight	könnyűsúly	[kønɲy:ʃu:j]
middleweight	középsúly	[køze:pʃu:j]
heavyweight	nehézsúly	[nɛhe:zʃu:j]

141. Sports. Miscellaneous

Olympic Games	Olimpiai játékok	[olimpiɒi ja:te:kok]
winner	győztes	[ɟø:ztɛʃ]
to be winning	győz	[ɟø:z]
to win (vi)	legyőz	[lɛɟø:z]

| leader | vezető | [vɛzɛtø:] |
| to lead (vi) | vezet | [vɛzɛt] |

first place	első helyezés	[ɛlʃø: hɛjɛze:ʃ]
second place	második helyezés	[ma:ʃodik hɛjɛze:ʃ]
third place	harmadik helyezés	[hɒrmɒdik hɛjɛze:ʃ]

medal	érem	[e:rɛm]
trophy	trófea	[tro:fɛɒ]
prize cup (trophy)	kupa	[kupɒ]
prize (in game)	díj	[di:j]
main prize	első díj	[ɛlʃø: di:j]

| record | csúcseredmény | [ʧu:ʧɛrɛdme:ɲ] |
| to set a record | csúcsot állít fel | [ʧu:ʧot a:lli:t fɛl] |

| final | döntő | [døntø:] |
| final (adj) | döntő | [døntø:] |

| champion | bajnok | [bɒjnok] |
| championship | bajnokság | [bɒjnokʃa:g] |

stadium	stadion	[ʃtɒdion]
stand (bleachers)	lelátó	[lɛla:to:]
fan, supporter	szurkoló	[surkolo:]

opponent, rival	ellenség	[ɛllɛnʃeːg]
start (start line)	rajt	[rɒjt]
finish line	finis	[finiʃ]

| defeat | vereség | [vɛrɛʃeːg] |
| to lose (not win) | elveszít | [ɛlvɛsiːt] |

referee	bíró	[biːroː]
jury (judges)	zsűri	[ʒyːri]
score	eredmény	[ɛrɛdmeːɲ]
tie	döntetlen	[døntɛtlɛn]
to tie (vi)	döntetlenre játszik	[døntɛtlɛnrɛ jaːtsik]
point	pont	[pont]
result (final score)	eredmény	[ɛrɛdmeːɲ]

half-time	szünet	[synɛt]
doping	dopping	[dopiŋg]
to penalize (vt)	megbüntet	[mɛgbyntɛt]
to disqualify (vt)	diszkvalifikál	[diskvɒlifikaːl]

apparatus	tornaszer	[tornɒsɛr]
javelin	gerely	[gɛrɛj]
shot (metal ball)	súly	[ʃuːj]
ball (snooker, etc.)	golyó	[gojoː]

aim (target)	cél	[tseːl]
target	célpont	[tseːlpont]
to shoot (vi)	lő	[løː]
accurate (~ shot)	pontos	[pontoʃ]

trainer, coach	edző	[ɛdzøː]
to train (sb)	edz	[ɛdz]
to train (vi)	edzeni magát	[ɛdzi mɒgaːt]
training	edzés	[ɛdzeːʃ]

gym	tornaterem	[tornɒtɛrɛm]
exercise (physical)	gyakorlat	[ɟokorlɒt]
warm-up (athlete ~)	bemelegítés	[bɛmɛlɛgiːteːʃ]

Education

142. School

school	iskola	[iʃkolɒ]
principal (headmaster)	iskolaigazgató	[iʃkolɒ igɒzgɒtoː]
pupil (boy)	diák	[diaːk]
pupil (girl)	diáklány	[diaːklaːɲ]
schoolboy	diák	[diaːk]
schoolgirl	diáklány	[diaːklaːɲ]
to teach (sb)	tanít	[tɒniːt]
to learn (language, etc.)	tanul	[tɒnul]
to learn by heart	kívülről tanul	[kiːvylrøːl tɒnul]
to learn (~ to count, etc.)	tanul	[tɒnul]
to be in school	tanul	[tɒnul]
to go to school	iskolába jár	[iʃkolaːbɒ jaːr]
alphabet	ábécé	[aːbeːtseː]
subject (at school)	tantárgy	[tɒntaːrɟ]
classroom	tanterem	[tɒntɛrɛm]
lesson	tanóra	[tɒnoːrɒ]
recess	szünet	[synɛt]
school bell	csengő	[ʧɛŋgøː]
school desk	pad	[pɒd]
chalkboard	tábla	[taːblɒ]
grade	jegy	[jɛɟ]
good grade	jó jegy	[joː jɛɟ]
bad grade	rossz jegy	[ross jɛɟ]
to give a grade	jegyet ad	[jɛɟɛt ɒd]
mistake, error	hiba	[hibɒ]
to make mistakes	hibázik	[hibaːzik]
to correct (an error)	javít	[jɒviːt]
cheat sheet	puska	[puʃkɒ]
homework	házi feladat	[haːzi fɛlɒdɒt]
exercise (in education)	gyakorlat	[ɟokorlɒt]
to be present	jelen van	[jɛlɛn vɒn]
to be absent	hiányzik	[hiaːɲzik]
to punish (vt)	büntet	[byntɛt]

| punishment | büntetés | [byntɛte:ʃ] |
| conduct (behavior) | magatartás | [mɒgɒtɒrta:ʃ] |

report card	iskolai bizonyítvány	[iʃkolɒi+U3738 bizoɲi:tva:ɲ]
pencil	ceruza	[tsɛruzɒ]
eraser	radír	[rɒdi:r]
chalk	kréta	[kre:tɒ]
pencil case	tolltartó	[tolltɒrto:]

schoolbag	iskolatáska	[iʃkolɒta:ʃkɒ]
pen	toll	[toll]
school notebook	füzet	[fyzɛt]
textbook	tankönyv	[tɒŋkøɲv]
drafting compass	körző	[kørzø:]

| to make technical drawings | rajzol | [rɒjzol] |
| technical drawing | tervrajz | [tɛrvrɒjz] |

poem	vers	[vɛrʃ]
by heart (adv)	kívülről	[ki:vylrø:l]
to learn by heart	kívülről tanul	[ki:vylrø:l tɒnul]

| school vacation | szünet | [synɛt] |
| to be on vacation | szünidőt tölti | [synidø:t tølti] |

test (written math ~)	dolgozat	[dolgozɒt]
essay (composition)	fogalmazás	[fogɒlmɒza:ʃ]
dictation	diktandó	[diktɒndo:]
exam (examination)	vizsga	[viʒgɒ]
to take an exam	vizsgázik	[viʒga:zik]
experiment (e.g., chemistry ~)	kísérlet	[ki:ʃe:rlɛt]

143. College. University

academy	akadémia	[ɒkɒde:miɒ]
university	egyetem	[ɛɟɛtɛm]
faculty (e.g., ~ of Medicine)	kar	[kɒr]

student (masc.)	diák	[dia:k]
student (fem.)	diáklány	[dia:kla:ɲ]
lecturer (teacher)	tanár	[tɒna:r]

lecture hall, room	tanterem	[tɒntɛrɛm]
graduate	végzős	[ve:gzø:ʃ]
diploma	szakdolgozat	[sɒgdolgozɒt]
dissertation	disszertáció	[dissɛrta:tsio:]
study (report)	kutatás	[kutɒta:ʃ]

laboratory	laboratórium	[lɒborɒto:rium]
lecture	előadás	[ɛlø:oda:ʃ]
coursemate	évfolyamtárs	[e:vfojɒm ta:rʃ]
scholarship	ösztöndíj	[østøndi:j]
academic degree	tudományos fokozat	[tudoma:nøʃ fokozɒt]

144. Sciences. Disciplines

mathematics	matematika	[mɒtɛmɒtikɒ]
algebra	algebra	[ɒlgɛbrɒ]
geometry	mértan	[me:rtɒn]

astronomy	csillagászat	[ʧillɒga:sɒt]
biology	biológia	[biolo:giɒ]
geography	földrajz	[føldrɒjz]
geology	földtan	[følttɒn]
history	történelem	[tørte:nɛlɛm]

medicine	orvostudomány	[orvoʃtudoma:ɲ]
pedagogy	pedagógia	[pɛdɒgo:giɒ]
law	jog	[jog]

physics	fizika	[fizikɒ]
chemistry	kémia	[ke:miɒ]
philosophy	filozófia	[filozo:fiɒ]
psychology	lélektan	[le:lɛktɒn]

145. Writing system. Orthography

grammar	nyelvtan	[ɲɛlvtɒn]
vocabulary	szókincs	[so:kinʧ]
phonetics	hangtan	[hɒŋgtɒn]

noun	főnév	[fø:ne:v]
adjective	melléknév	[mɛlle:kne:v]
verb	ige	[igɛ]
adverb	határozószó	[hɒta:rozo:so:]

pronoun	névmás	[ne:vma:ʃ]
interjection	indulatszó	[indulɒtso:]
preposition	elöljárószó	[ɛlølja:ro:so:]

root	szógyök	[so:ɟøk]
ending	végződés	[ve:gzø:de:ʃ]
prefix	prefixum	[prɛfiksum]
syllable	szótag	[so:tɒg]
suffix	rag	[rɒg]
stress mark	hangsúly	[hɒŋgʃu:j]

apostrophe	aposztróf	[ɒpostro:f]
period, dot	pont	[pont]
comma	vessző	[vɛssø:]
semicolon	pontosvessző	[pontoʃvɛssø:]

| colon | kettőspont | [kɛttø:ʃpont] |
| ellipsis | három pont | [ha:rom pont] |

| question mark | kérdőjel | [ke:rdø:jɛl] |
| exclamation point | felkiáltójel | [fɛlkia:lto:jɛl] |

| quotation marks | idézőjel | [ide:zø:jɛl] |
| in quotation marks | idézőjelben | [ide:zø:jɛlbɛn] |

| parenthesis | zárójel | [za:ro:jɛl] |
| in parenthesis | zárójelben | [za:ro:jɛlbɛn] |

hyphen	kötőjel	[køtø:jɛl]
dash	gondolatjel	[gondolɒtjɛl]
space (between words)	szóköz	[so:køz]

| letter | betű | [bɛty:] |
| capital letter | nagybetű | [nɒɟbɛty:] |

| vowel (n) | magánhangzó | [mɒga:nhɒŋgzo:] |
| consonant (n) | mássalhangzó | [ma:ʃɒlhɒŋgzo:] |

sentence	mondat	[mondɒt]
subject	alany	[ɒlɒɲ]
predicate	állítmány	[a:lli:tma:ɲ]

line	sor	[ʃor]
on a new line	egy új sorban	[ɛɟ: u:j ʃorbɒn]
paragraph	bekezdés	[bɛkɛzde:ʃ]

word	szó	[so:]
group of words	összetett szavak	[øs:ɛtɛtt sɒvɒk]
expression	kifejezés	[kifɛjɛze:ʃ]

| synonym | szinonima | [sinonimɒ] |
| antonym | antoníma | [ɒntoni:mɒ] |

rule	szabály	[sɒba:j]
exception	kivétel	[kive:tɛl]
correct (adj)	helyes	[hɛjɛʃ]

conjugation	igeragozás	[igɛrɒgoza:ʃ]
declension	névszóragozás	[ne:vso:rɒgoza:ʃ]
nominal case	eset	[ɛʃɛt]
question	kérdés	[ke:rde:ʃ]
to underline (vt)	aláhúz	[ɒla:hu:z]
dotted line	kipontozott vonal	[kipontozott vonɒl]

146. Foreign languages

language	nyelv	[ɲɛlv]
foreign language	idegen nyelv	[idɛgɛn ɲɛlv]
to study (vt)	tanul	[tɒnul]
to learn (language, etc.)	tanul	[tɒnul]
to read (vi, vt)	olvas	[olvɒʃ]
to speak (vi, vt)	beszél	[bɛse:l]
to understand (vt)	ért	[e:rt]
to write (vt)	ír	[i:r]
fast (adv)	gyorsan	[ɟorʃɒn]
slowly (adv)	lassan	[lɒʃɒn]
fluently (adv)	folyékonyan	[foje:koɲɒn]
rules	szabályok	[sɒba:jok]
grammar	nyelvtan	[ɲɛlvtɒn]
vocabulary	szókincs	[so:kintʃ]
phonetics	hangtan	[hɒŋgtɒn]
textbook	tankönyv	[tɒŋkøɲv]
dictionary	szótár	[so:ta:r]
teach-yourself book	önálló tanulásra szolgáló könyv	[øna:llo: tɒnula:ʃrɒ solga:lo: køɲv]
phrasebook	társalgási nyelvkönyv	[ta:rʃɒlga:ʃi nɛlvkøɲv]
cassette, tape	kazetta	[kɒzɛttɒ]
videotape	videokazetta	[fidɛokɒzɛttɒ]
CD, compact disc	CDlemez	[tsɛdɛlɛmɛz]
DVD	DVDlemez	[dɛvɛdɛlɛmɛz]
alphabet	ábécé	[a:be:tse:]
to spell (vt)	betűz	[bɛty:z]
pronunciation	kiejtés	[kiɛjte:ʃ]
accent	akcentus	[ɒktsɛntuʃ]
with an accent	akcentussal	[ɒktsɛntuʃɒl]
without an accent	akcentus nélkül	[ɒktsɛntuʃ ne:lkyl]
word	szó	[so:]
meaning	értelem	[e:rtɛlɛm]
course (e.g., a French ~)	tanfolyam	[tɒnfojɒm]
to sign up	jelentkezik	[jɛlɛntkɛzik]
teacher	tanár	[tɒna:r]
translation (process)	fordítás	[fordi:ta:ʃ]
translation (text, etc.)	fordítás	[fordi:ta:ʃ]
translator	fordító	[fordi:to:]
interpreter	tolmács	[tolma:tʃ]

| polyglot | poliglott | [poliglott] |
| memory | emlékezet | [ɛmleːkɛzɛt] |

147. Fairy tale characters

| Santa Claus | Mikulás | [mikulaːʃ] |
| mermaid | sellő | [ʃɛlløː] |

magician, wizard	varázsló	[vɒraːʒloː]
fairy	varázslónő	[vɒraːʒloːnøː]
magic (adj)	varázslatos	[vɒraːʒlɒtoʃ]
magic wand	varázsvessző	[vɒraːʒvɛsːøː]

fairy tale	mese	[mɛʃɛ]
miracle	csoda	[tʃodɒ]
dwarf	törpe	[tørpɛ]
to turn into …	átváltozik … vé	[aːtvaːltozik … veː]

ghost	szellem	[sɛllɛm]
phantom	kísértet	[kiːʃeːrtɛt]
monster	szörny	[sørɲ]
dragon	sárkány	[ʃaːrkaːɲ]
giant	óriás	[oːriaːʃ]

148. Zodiac Signs

Aries	Kos	[koʃ]
Taurus	Bika	[bikɒ]
Gemini	Ikrek	[ikrɛk]
Cancer	Rák	[raːk]
Leo	Oroszlán	[oroslaːn]
Virgo	Szűz	[syːz]

Libra	Mérleg	[meːrlɛg]
Scorpio	skorpió	[ʃkorpioː]
Sagittarius	Nyilas	[ɲilɒʃ]
Capricorn	Bak	[bɒk]
Aquarius	Vízöntő	[viːzøntøː]
Pisces	Halak	[hɒlɒk]

character	jellem	[jɛllɛm]
character traits	jellemvonás	[jɛllɛmvonaːʃ]
behavior	magatartás	[mɒgɒtɒrtaːʃ]
to tell fortunes	jósol	[joːʃol]
fortune-teller	jósnő	[joːʃnøː]
horoscope	horoszkóp	[horoskoːp]

Arts

149. Theater

theater	színház	[si:nha:z]
opera	opera	[opɛrɒ]
operetta	operett	[opɛrɛtt]
ballet	balett	[bɒlɛtt]

theater poster	plakát	[plɒka:t]
troupe	társulat	[ta:rʃulɒt]
(theatrical company)		
tour	vendégszereplés	[vɛnde:gsɛrɛple:ʃ]
to be on tour	vendégszerepel	[vɛnde:gsɛrɛpɛl]
to rehearse (vi, vt)	próbál	[pro:ba:l]
rehearsal	próba	[pro:bɒ]
repertoire	műsorterv	[my:ʃortɛrv]

performance	előadás	[ɛlø:ɒda:ʃ]
theatrical show	színházi előadás	[si:nha:zi ɛlø:ɒda:ʃ]
play	színdarab	[si:ndɒrɒb]

ticket	jegy	[jɛɟ]
box office (ticket booth)	jegypénztár	[jɛɟpe:nzta:r]
lobby, foyer	előcsarnok	[ɛlø:tʃɒrnok]
coat check (cloakroom)	ruhatár	[ruhɒta:r]
coat check tag	szám	[sa:m]
binoculars	látcső	[la:tʃø:]
usher	jegyszedő	[jɛɟsɛdø:]

orchestra seats	földszint	[føldsint]
balcony	erkély	[ɛrke:j]
dress circle	első emelet	[ɛlʃø: ɛmɛlɛt]
box	páholy	[pa:hoj]
row	sor	[ʃor]
seat	hely	[hɛj]

audience	közönség	[køzønʃe:g]
spectator	néző	[ne:zø:]
to clap (vi, vt)	tapsol	[tɒpʃol]
applause	taps	[tɒpʃ]
ovation	ováció	[ova:tsio:]

stage	színpad	[si:npɒd]
curtain	függöny	[fyggøɲ]
scenery	díszlet	[di:slɛt]

backstage	**kulisszák**	[kulissa:k]
scene (e.g., the last ~)	**jelenet**	[jɛlɛnɛt]
act	**felvonás**	[fɛlvona:ʃ]
intermission	**szünet**	[synɛt]

150. Cinema

actor	**színész**	[si:ne:s]
actress	**színésznő**	[si:ne:snø:]
movies (industry)	**mozi**	[mozi]
movie	**film**	[film]
episode	**sorozat**	[ʃorozɒt]
detective movie	**krimi**	[krimi]
action movie	**akciófilm**	[ɒktsi:ofilm]
adventure movie	**kalandfilm**	[kɒlɒndfilm]
sci-fi movie	**fantasztikus film**	[fɒntɒstikuʃ film]
horror movie	**horrorfilm**	[horrorfilm]
comedy movie	**filmvígjáték**	[filmvi:g ja:te:k]
melodrama	**zenés dráma**	[zɛne:ʃ dra:mɒ]
drama	**dráma**	[dra:mɒ]
fictional movie	**játékfilm**	[ja:te:kfilm]
documentary	**dokumentumfilm**	[dokumɛntumfilm]
cartoon	**rajzfilm**	[rɒjzfilm]
silent movies	**némafilm**	[ne:mɒfilm]
role (part)	**szerep**	[sɛrɛp]
leading role	**főszerep**	[fø:sɛrɛp]
to play (vi, vt)	**szerepel**	[sɛrɛpɛl]
movie star	**filmcsillag**	[filmtʃillɒg]
well-known (adj)	**ismert**	[iʃmɛrt]
famous (adj)	**híres**	[hi:rɛʃ]
popular (adj)	**népszerű**	[ne:psɛry:]
script (screenplay)	**forgatókönyv**	[forgɒto:køɲv]
scriptwriter	**forgatókönyvíró**	[forgɒto:køɲvi:ro:]
movie director	**rendező**	[rɛndɛzø:]
producer	**producer**	[produsɛr]
assistant	**asszisztens**	[ɒssistɛnʃ]
cameraman	**operatőr**	[opɛrɒtø:r]
stuntman	**kaszkadőr**	[kɒskɒdø:r]
to shoot a movie	**filmet forgat**	[filmɛt forgɒt]
audition, screen test	**próba**	[pro:bɒ]
shooting	**felvétel**	[fɛlve:tɛl]
movie crew	**forgatócsoport**	[forgɒto:tʃoport]

| movie set | forgatási helyszín | [forgɒtaːʃi hɛjsiːn] |
| camera | kamera | [kɒmɛrɒ] |

movie theater	mozi	[mozi]
screen (e.g., big ~)	vászon	[vaːson]
to show a movie	filmet mutat	[filmɛt mutɒt]

soundtrack	hangsáv	[hɒŋgʃaːv]
special effects	speciális effektusok	[ʃpɛtsjaːliʃ ɛfːɛktuʃok]
subtitles	feliratok	[fɛlirɒtok]
credits	közreműködők felsorolása	[køzrɛmyːkødøːk fɛlʃorolaːsɒ]
translation	fordítás	[fordiːtaːʃ]

151. Painting

art	művészet	[myːveːsɛt]
fine arts	képzőművészet	[keːpzøːmyːveːsɛt]
art gallery	galéria	[gɒleːriɒ]
art exhibition	tárlat	[taːrlɒt]

painting (art)	festészet	[fɛʃteːsɛt]
graphic art	grafika	[grɒfikɒ]
abstract art	absztrakt művészet	[ɒbstrɒkt myːveːsɛt]
impressionism	impresszionizmus	[imprɛssionizmuʃ]

picture (painting)	kép	[keːp]
drawing	rajz	[rɒjz]
poster	poszter	[postɛr]

illustration (picture)	illusztráció	[illustraːtsio:]
miniature	miniatűr	[miniɒtyːr]
copy (of painting, etc.)	másolat	[maːʃolɒt]
reproduction	reprodukció	[rɛproduktsio:]

mosaic	mozaik	[mozɒik]
stained glass window	színes üvegablak	[siːnɛʃ yvɛgɒblɒk]
fresco	freskó	[frɛʃkoː]
engraving	metszet	[mɛtsɛt]

bust (sculpture)	mellszobor	[mɛllsobor]
sculpture	szobor	[sobor]
statue	szobor	[sobor]
plaster of Paris	gipsz	[gips]
plaster (as adj)	gipsz	[gips]

portrait	arckép	[ɒrtskeːp]
self-portrait	önarckép	[ønɒrtskeːp]
landscape painting	tájkép	[taːjkeːp]
still life	csendélet	[ʧɛndeːlɛt]

caricature	karikatúra	[kɒrikɒtuːrɒ]
paint	festék	[fɛʃteːk]
watercolor paint	vízfesték	[viːzfɛʃteːk]
oil (paint)	olaj	[olɒj]
pencil	ceruza	[tsɛruzɒ]
India ink	tus	[tuʃ]
charcoal	szén	[seːn]

| to draw (vi, vt) | rajzol | [rɒjzol] |
| to paint (vi, vt) | fest | [fɛʃt] |

to pose (vi)	pózol	[poːzol]
artist's model (masc.)	modell	[modɛll]
artist's model (fem.)	modell	[modɛll]

artist (painter)	festő	[fɛʃtøː]
work of art	műalkotás	[myːɒlkotaːʃ]
masterpiece	remekmű	[rɛmɛkmyː]
studio (artist's workroom)	műhely	[myːhɛj]

canvas (cloth)	vászon	[vaːson]
easel	festőállvány	[fɛʃtøːaːllvaːɲ]
palette	paletta	[pɒlɛttɒ]

frame (picture ~, etc.)	keret	[kɛrɛt]
restoration	helyreállítás	[hɛjrɛaːlliːtaːʃ]
to restore (vt)	helyreállít	[hɛjrɛaːlliːt]

152. Literature & Poetry

literature	irodalom	[irodɒlom]
author (writer)	szerző	[sɛrzøː]
pseudonym	álnév	[aːlneːv]

book	könyv	[køɲv]
volume	kötet	[køtɛt]
table of contents	tartalomjegyzék	[tɒrtɒlomjɛɟzeːk]
page	oldal	[oldɒl]
main character	főszereplő	[føːsɛrɛpløː]
autograph	autogram	[autogram]

short story	rövid történet	[røvid tørteːnɛt]
story (novella)	elbeszélés	[ɛlbɛseːleːʃ]
novel	regény	[rɛgeːɲ]
work (writing)	alkotás	[ɒlkotaːʃ]
fable	állatmese	[aːllɒtmɛʃɛ]
detective novel	krimi	[krimi]

| poem (verse) | vers | [vɛrʃ] |
| poetry | költészet | [kølteːsɛt] |

149

| poem (epic, ballad) | költemény, vers | [kølteme:ɲ], [vɛrʃ] |
| poet | költő | [køltø:] |

fiction	szépirodalom	[se:pirodɒlom]
science fiction	scifi	[stsifi], [skifi]
adventures	kalandok	[kɒlondok]
educational literature	tanító irodalom	[tɒni:to: irodɒlom]
children's literature	gyermekirodalom	[ɟɛrmɛk irodɒlom]

153. Circus

circus	cirkusz	[tsirkus]
traveling circus	vándorcirkusz	[va:ndortsirkus]
program	műsor	[my:ʃor]
performance	előadás	[ɛlø:ɒda:ʃ]

| act (circus ~) | műsorszám | [my:ʃorsa:m] |
| circus ring | aréna | [ɒre:nɒ] |

| pantomime (act) | némajáték | [ne:mɒja:te:k] |
| clown | bohóc | [boho:ts] |

acrobat	akrobata	[ɒkrobɒtɒ]
acrobatics	akrobatika	[ɒkrobɒtikɒ]
gymnast	tornász	[torna:s]
acrobatic gymnastics	torna	[tornɒ]
somersault	szaltó	[sɒlto:]

athlete (strongman)	atléta	[ɒtle:tɒ]
tamer (e.g., lion ~)	állatszelídítő	[a:llot sɛli:di:to:]
rider (circus horse ~)	lovas	[lovɒʃ]
assistant	asszisztens	[ɒssistɛnʃ]

stunt	mutatvány	[mutɒtva:ɲ]
magic trick	bűvészmutatvány	[by:ve:smutɒtva:ɲ]
conjurer, magician	bűvész	[by:ve:s]

juggler	zsonglőr	[ʒoŋglø:r]
to juggle (vi, vt)	zsonglőrködik	[ʒoŋglø:rkødik]
animal trainer	idomár	[idoma:r]
animal training	idomítás	[idomi:ta:ʃ]
to train (animals)	idomít	[idomi:t]

154. Music. Pop music

music	zene	[zɛnɛ]
musician	zenész	[zɛne:s]
musical instrument	hangszer	[hoŋgsɛr]

to play …	játszani	[ja:tzɒni]
guitar	gitár	[gita:r]
violin	hegedű	[hɛgɛdy:]
cello	cselló	[ʧɛllo:]
double bass	nagybőgő	[nɒɟbøːgøː]
harp	hárfa	[haːrfɒ]

piano	zongora	[zoŋgorɒ]
grand piano	zongora	[zoŋgorɒ]
organ	orgona	[orgonɒ]

wind instruments	fúvós hangszer	[fuːvoːʃ hɒŋgsɛr]
oboe	oboa	[oboɒ]
saxophone	szakszofon	[sɒksofon]
clarinet	klarinét	[klɒrineːt]
flute	fuvola	[fuvolɒ]
trumpet	trombita	[trombitɒ]

| accordion | harmonika | [hɒrmonikɒ] |
| drum | dob | [dob] |

duo	duett	[duɛtt]
trio	trió	[trioː]
quartet	kvartett	[kvɒrtɛtt]
choir	énekkar	[eːnɛkkɒr]
orchestra	zenekar	[zɛnɛkɒr]

pop music	popzene	[popzɛnɛ]
rock music	rockzene	[rokzɛnɛ]
rock group	rockegyüttes	[rokɛɟyttɛʃ]
jazz	dzsessz	[dʒɛsː]

| idol | bálvány | [baːlvaːɲ] |
| admirer, fan | rajongó | [rɒjoŋgoː] |

concert	hangverseny	[hɒŋgvɛrʃɛɲ]
symphony	szimfónia	[simfoːniɒ]
composition	szerzemény	[sɛrzɛmeːɲ]

singing (n)	éneklés	[eːnɛkleːʃ]
song	dal	[dɒl]
tune (melody)	dallam	[dɒllɒm]
rhythm	ritmus	[ritmuʃ]
blues	blues	[blyz]

sheet music	kották	[kottaːk]
baton	karmesteri pálca	[kɒrmɛʃtɛri paːltsɒ]
bow	vonó	[vonoː]
string	húr	[huːr]
case (e.g., guitar ~)	tartó	[tɒrtoː]

Rest. Entertainment. Travel

155. Trip. Travel

tourism, travel	**turizmus**	[turizmuʃ]
tourist	**turista**	[turiʃtɒ]
trip, voyage	**utazás**	[utɒzaːʃ]
adventure	**kaland**	[kɒlɒnd]
trip, journey	**utazás**	[utɒzaːʃ]
vacation	**szabadság**	[sɒbɒdʃaːg]
to be on vacation	**szabadságon van**	[sɒbɒdʃaːgon vɒn]
rest	**pihenés**	[pihɛneːʃ]
train	**vonat**	[vonɒt]
by train	**vonattal**	[vonɒttɒl]
airplane	**repülőgép**	[rɛpylø:ge:p]
by airplane	**repülőgéppel**	[rɛpylø:ge:ppɛl]
by car	**autóval**	[ɒuto:vɒl]
by ship	**hajóval**	[hɒjo:vɒl]
luggage	**csomag**	[tʃomɒg]
suitcase	**bőrönd**	[bø:rønd]
luggage cart	**kocsi**	[kotʃi]
passport	**útlevél**	[u:tlɛve:l]
visa	**vízum**	[vi:zum]
ticket	**jegy**	[jɛɟ]
air ticket	**repülőjegy**	[rɛpylø:jɛɟ]
guidebook	**útikalauz**	[u:tikɒlɒuz]
map (tourist ~)	**térkép**	[te:rke:p]
area (rural ~)	**vidék**	[vide:k]
place, site	**hely**	[hɛj]
exotica (n)	**egzotikum**	[ɛgzotikum]
exotic (adj)	**egzotikus**	[ɛgzotikuʃ]
amazing (adj)	**csodálatos**	[tʃoda:lɒtoʃ]
group	**csoport**	[tʃoport]
excursion, sightseeing tour	**kirándulás**	[kira:ndula:ʃ]
guide (person)	**idegenvezető**	[idɛgɛn vɛzɛtø:]

156. Hotel

hotel	szálloda	[sa:llodɒ]
motel	motel	[motɛl]
three-star (~ hotel)	három csillagos	[ha:rom ʧillɒgoʃ]
five-star	öt csillagos	[øt ʧillɒgoʃ]
to stay (in a hotel, etc.)	megszáll	[mɛgsa:ll]
room	szoba	[sobɒ]
single room	egyágyas szoba	[ɛɟa:ɟɒʃ sobɒ]
double room	kétágyas szoba	[ke:ta:ɟɒʃ sobɒ]
to book a room	lefoglal egy szobát	[lɛfoglɒl ɛɟ soba:t]
half board	félpanzió	[fe:lpɒnzio:]
full board	teljes panzió	[tɛjɛʃ pɒnzio:]
with bath	fürdőszobával	[fyrdø:soba:vɒl]
with shower	zuhannyal	[zuhɒnnɒl]
satellite television	műholdas televízió	[my:holdɒʃ tɛlɛvizio:]
air-conditioner	légkondicionáló	[le:gkonditsiona:lo:]
towel	törülköző	[tørylkøzø:]
key	kulcs	[kulʧ]
administrator	adminisztrátor	[ɒdministra:tor]
chambermaid	szobalány	[sobɒla:ɲ]
porter, bellboy	hordár	[horda:r]
doorman	portás	[porta:ʃ]
restaurant	étterem	[e:ttɛrɛm]
pub, bar	bár	[ba:r]
breakfast	reggeli	[rɛggɛli]
dinner	vacsora	[vɒʧorɒ]
buffet	svédasztal	[ʃve:dɒstɒl]
elevator	lift	[lift]
DO NOT DISTURB	KÉRJÜK, NE ZAVARJANAK!	[ke:rjyk nɛ zɒvɒrjɒnɒk]
NO SMOKING	DOHÁNYOZNI TILOS!	[doha:nøzni tiloʃ]

157. Books. Reading

book	könyv	[køɲv]
author	szerző	[sɛrzø:]
writer	író	[i:ro:]
to write (~ a book)	megír	[mɛgi:r]
reader	olvasó	[olvɒʃo:]
to read (vi, vt)	olvas	[olvɒʃ]

reading (activity)	**olvasás**	[olvɒʃaːʃ]
silently (to oneself)	**magában**	[mɒgaːbɒn]
aloud (adv)	**hangosan**	[hɒŋgoʃɒn]
to publish (vt)	**kiad**	[kiɒd]
publishing (process)	**kiadás**	[kiɒdaːʃ]
publisher	**kiadó**	[kiɒdoː]
publishing house	**kiadóvállalat**	[kiɒdoː vaːllɒlɒt]
to come out (be released)	**megjelenik**	[mɛgjɛlɛnik]
release (of a book)	**megjelenés**	[mɛgjɛlɛneːʃ]
print run	**példányszám**	[peːldaːɲsaːm]
bookstore	**könyvesbolt**	[køɲvɛʃbolt]
library	**könyvtár**	[køɲvtaːr]
story (novella)	**elbeszélés**	[ɛlbɛseːleːʃ]
short story	**rövid történet**	[røvid tørteːnɛt]
novel	**regény**	[rɛgeːɲ]
detective novel	**krimi**	[krimi]
memoirs	**emlékiratok**	[ɛmleːkirɒtok]
legend	**legenda**	[lɛgɛndɒ]
myth	**mítosz**	[miːtos]
poetry, poems	**versek**	[vɛrʃɛk]
autobiography	**önéletrajz**	[øneːlɛtrɒjz]
selected works	**válogatott**	[vaːlogɒtott]
science fiction	**scifi**	[stsifi], [skifi]
title	**cím**	[tsiːm]
introduction	**bevezetés**	[bɛvɛzɛteːʃ]
title page	**címlap**	[tsiːmlɒp]
chapter	**fejezet**	[fɛjɛzɛt]
extract	**részlet**	[reːslɛt]
episode	**epizód**	[ɛpizoːd]
plot (storyline)	**szüzsé**	[syʒeː]
contents	**tartalom**	[tɒrtɒlom]
table of contents	**tartalomjegyzék**	[tɒrtɒlomjɛɟzeːk]
main character	**főszereplő**	[føːsɛrɛpløː]
volume	**kötet**	[køtɛt]
cover	**borítólap**	[boriːtoːlɒp]
binding	**bekötés**	[bɛkøteːʃ]
bookmark	**könyvjelző**	[køɲvjɛlzøː]
page	**oldal**	[oldɒl]
to page through	**lapoz**	[lɒpoz]
margins	**lapszél**	[lɒpseːl]
annotation	**jegyzet**	[jɛɟzɛt]
(marginal note, etc.)		

footnote	megjegyzés	[mɛgjɛɟze:ʃ]
text	szöveg	[søvɛg]
type, font	betűtípus	[bɛty:ti:puʃ]
misprint, typo	sajtóhiba	[ʃɒjto:hibɒ]

translation	fordítás	[fordi:ta:ʃ]
to translate (vt)	fordít	[fordi:t]
original (n)	az eredeti	[ɒz ɛrɛdɛti]

famous (adj)	híres	[hi:rɛʃ]
unknown (not famous)	ismeretlen	[iʃmɛrɛtlɛn]
interesting (adj)	érdekes	[e:rdɛkɛʃ]
bestseller	bestseller	[bɛstsɛllɛr]

dictionary	szótár	[so:ta:r]
textbook	tankönyv	[tɒŋkøɲv]
encyclopedia	enciklopédia	[ɛntsiklope:diɒ]

158. Hunting. Fishing

hunting	vadászat	[vɒda:sɒt]
to hunt (vi, vt)	vadászik	[vɒda:sik]
hunter	vadász	[vɒda:s]

to shoot (vi)	lő	[lø:]
rifle	puska	[puʃkɒ]
bullet (shell)	töltény	[tølte:ɲ]
shot (lead balls)	sörét	[ʃøre:t]

steel trap	csapda	[tʃɒbdɒ]
snare (for birds, etc.)	kelepce	[kɛlɛptsɛ]
to lay a steel trap	csapdát állít	[tʃɒpda:t a:lli:t]

poacher	vadorzó	[vɒdorzo:]
game (in hunting)	vad	[vɒd]
hound dog	vadászkutya	[vɒda:skucɒ]
safari	szafári	[sɒfa:ri]
mounted animal	kitömött test	[kitømøtt tɛʃt]

fisherman, angler	halász	[hɒla:s]
fishing (angling)	halászat	[hɒla:sɒt]
to fish (vi)	halászik	[hɒla:sik]

fishing rod	horgászbot	[horga:sbot]
fishing line	horgászzsinór	[horga:sʒino:r]
hook	horog	[horog]
float, bobber	úszó	[u:so:]
bait	csalétek	[tʃɒle:tɛk]
to cast a line	bedobja a horgot	[bɛdobiɒ ɒ horgot]
to bite (ab. fish)	harap	[horɒp]

| catch (of fish) | halászzsákmány | [hɒlaːs ʒaːkmaːɲ] |
| ice-hole | lék | [leːk] |

fishing net	háló	[haːloː]
boat	csónak	[ʧoːnɒk]
to net (to fish with a net)	halászik	[hɒlaːsik]
to cast[throw] the net	beveti a hálót	[bɛvɛti ɒ haːloːt]
to haul the net in	kihúzza a hálót	[kihuːzzɒ ɒ haːloːt]

whaler (person)	bálnavadász	[baːlnɒvɒdaːs]
whaleboat	bálnavadászhajó	[baːlnɒvɒdaːshɒjoː]
harpoon	szigony	[sigoɲ]

159. Games. Billiards

billiards	biliárd	[biliaːrd]
billiard room, hall	biliárdszoba	[biliaːrd sobɒ]
ball (snooker, etc.)	biliárdgolyó	[biliaːrdgojoː]

to pocket a ball	elgurítja a golyót	[ɛlguriːʦɒ ɒ gojoːt]
cue	dákó	[daːkoː]
pocket	lyuk	[juk]

160. Games. Playing cards

| diamonds | káró | [kaːroː] |
| spades | pikk | [pikk] |

| hearts | kőr | [køːr] |
| clubs | treff | [trɛff] |

| ace | ász | [aːs] |
| king | király | [kiraːj] |

| queen | dáma | [daːmɒ] |
| jack, knave | alsó | [ɒlʃoː] |

| playing card | kártya | [kaːrcɒ] |
| cards | kártyák | [kaːrcaːk] |

| trump | adu | [ɒdu] |
| deck of cards | egy csomag kártya | [ɛɟ ʧomɒg kaːrcɒ] |

| to deal (vi, vt) | kioszt | [kiost] |
| to shuffle (cards) | kever | [kɛvɛr] |

| lead, turn (n) | lépés | [leːpeːʃ] |
| cardsharp | csaló | [ʧɒloː] |

156

161. Casino. Roulette

casino	kaszinó	[kɒsinoː]
roulette (game)	rulett	[rulɛtt]
bet	tét	[teːt]
to place bets	megteszi a tétet	[mɛgtɛsi ɒ teːtɛt]

red	piros	[piroʃ]
black	fekete	[fɛkɛtɛ]
to bet on red	pirosra tesz	[piroʃrɒ tɛs]
to bet on black	feketére tesz	[fɛkɛteːrɛ tɛs]

croupier (dealer)	krupié	[krupieː]
to spin the wheel	forgatja a kereket	[forgɒcɒ ɒ kɛrɛkɛt]
rules (of game)	játék szabályai	[jaːteːk sɒbaːjɒi]
chip	érme	[eːrmɛ]

to win (vi, vt)	nyer	[ɲɛr]
win (winnings)	nyeremény	[ɲɛrɛmeːɲ]

to lose (~ 100 dollars)	elveszít	[ɛlvɛsiːt]
loss (losses)	veszteség	[vɛstɛʃeːg]

player	játékos	[jaːteːkoʃ]
blackjack (card game)	Black Jack	[blɛk dzɛk]
craps (dice game)	kockajáték	[kotskɒjaːteːk]
slot machine	játékautomata	[jaːteːk ɒutomɒtɒ]

162. Rest. Games. Miscellaneous

to stroll (vi, vt)	sétál	[ʃeːtaːl]
stroll (leisurely walk)	séta	[ʃeːtɒ]
car ride	kirándulás	[kiraːndulaːʃ]
adventure	kaland	[kɒlɒnd]
picnic	piknik	[piknik]

game (chess, etc.)	játék	[jaːteːk]
player	játékos	[jaːteːkoʃ]
game (one ~ of chess)	játszma	[jaːtsmɒ]

collector (e.g., philatelist)	gyűjtő	[ɟyːjtøː]
to collect (stamps, etc.)	gyűjt	[ɟyːjt]
collection	gyűjtemény	[ɟyːjtɛmeːɲ]

crossword puzzle	keresztrejtvény	[kɛrɛstrɛjtveːɲ]
racetrack	lóversenytér	[loːvɛrʃɛɲteːr]
(horse racing venue)		
disco (discotheque)	diszkó	[diskoː]
sauna	szauna	[sɒunɒ]

lottery	sorsjáték	[ʃorʃjɑːteːk]
camping trip	túra	[tuːrɒ]
camp	tábor	[taːbor]
tent (for camping)	sátor	[ʃaːtor]
compass	iránytű	[irɑːɲtyː]
camper	turista	[turiʃtɒ]

to watch (movie, etc.)	néz	[neːz]
viewer	tévénéző	[teːveːneːzøː]
TV show (TV program)	tévéprogram	[teːveː progrɒm]

163. Photography

| camera (photo) | fényképezőgép | [feːɲkeːpɛzøːgeːp] |
| photo, picture | fénykép | [feːɲkeːp] |

photographer	fényképész	[feːɲkeːpeːs]
photo studio	fotószalon	[fotoːsɒlon]
photo album	fényképalbum	[feːɲkeːp ɒlbum]

camera lens	objektív	[objɛktiːv]
telephoto lens	teleobjektív	[tɛlɛobjɛktiːv]
filter	filter	[filtɛr]
lens	lencse	[lɛntʃɛ]

optics (high-quality ~)	optika	[optikɒ]
diaphragm (aperture)	fényrekesz	[feːɲrɛkɛs]
exposure time (shutter speed)	exponálás	[ɛksponaːlaːʃ]
viewfinder	képkereső	[keːpkɛrɛʃøː]

digital camera	digitális fényképezőgép	[digitaːliʃ feːɲkeːpɛzøːgeːp]
tripod	statív	[ʃtɒtiv]
flash	vaku	[vɒku]

to photograph (vt)	fényképez	[feːɲkeːpɛz]
to take pictures	fényképez	[feːɲkeːpɛz]
to have one's picture taken	lefényképezteti magát	[lɛfeːɲkeːpɛztɛti mɒgaːt]

focus	fókusz	[foːkus]
to focus	élessé tesz	[eːlɛʃeː tɛs]
sharp, in focus (adj)	éles	[eːlɛʃ]
sharpness	élesség	[eːlɛʃeːg]

| contrast | kontraszt | [kontrɒst] |
| contrast (as adj) | kontrasztos | [kontrɒstoʃ] |

picture (photo)	felvétel	[fɛlveːtɛl]
negative (n)	negatív	[nɛgɒtiːv]
film (a roll of ~)	film	[film]

| frame (still) | filmkocka | [filmkotskɒ] |
| to print (photos) | nyomtat | [ɲomtɒt] |

164. Beach. Swimming

beach	strand	[ʃtrɒnd]
sand	homok	[homok]
deserted (beach)	puszta	[pustɒ]

suntan	lesülés	[lɛʃyleːʃ]
to get a tan	lesül	[lɛʃyl]
tan (adj)	lesült	[lɛʃylt]
sunscreen	napolaj	[nɒpolɒj]

bikini	bikini	[bikini]
bathing suit	fürdőruha	[fyrdøːruhɒ]
swim trunks	fürdőnadrág	[fyrdøːnɒdraːg]

swimming pool	uszoda	[usodɒ]
to swim (vi)	úszik	[uːsik]
shower	zuhany	[zuhɒɲ]
to change (one's clothes)	átöltözik	[aːtøltøzik]
towel	törülköző	[tørylkøzøː]

| boat | csónak | [tʃoːnɒk] |
| motorboat | motorcsónak | [motor tʃoːnɒk] |

water ski	vízisí	[viːziʃiː]
paddle boat	vízibicikli	[viːzi bitsikli]
surfing	szörfözés	[sørføzeːʃ]
surfer	szörföző	[sørføzøː]

scuba set	könnyűbúvárfelszerelés	[kønɲuːbuːvaːrfɛlsɛrɛleːʃ]
flippers (swim fins)	uszony	[usoɲ]
mask (diving ~)	maszk	[mɒsk]
diver	búvár	[buːvaːr]
to dive (vi)	búvárkodik	[buːvaːrkodik]
underwater (adv)	víz alatt	[viːz ɒlɒtt]

beach umbrella	esernyő	[ɛʃɛrɲøː]
sunbed (lounger)	napozóágy	[nɒpozoːaːɟ]
sunglasses	szemüveg	[sɛmyvɛg]
air mattress	gumimatrac	[gumimɒtrɒts]

| to play (amuse oneself) | játszik | [jaːtsik] |
| to go for a swim | fürdik | [fyrdik] |

beach ball	labda	[lɒbdɒ]
to inflate (vt)	felfúj	[fɛlfuːj]
inflatable, air (adj)	felfújható	[fɛlfuːjhɒtoː]

wave	**hullám**	[hulla:m]
buoy (line of ~s)	**bója**	[bo:jɒ]
to drown (ab. person)	**vízbe fullad**	[vi:zbɛ fullɒd]
to save, to rescue	**megment**	[mɛgmɛnt]
life vest	**mentőmellény**	[mɛntø:mɛlle:ɲ]
to observe, to watch	**figyel**	[fiɟɛl]
lifeguard	**mentő**	[mɛntø:]

TECHNICAL EQUIPMENT. TRANSPORTATION

Technical equipment

165. Computer

computer	számítógép	[saːmiːtoːgeːp]
notebook, laptop	laptop	[lɒptop]
to turn on	bekapcsol	[bɛkɒpt͡ʃol]
to turn off	kikapcsol	[kikɒpt͡ʃol]
keyboard	billentyűzet	[billɛnɲcyːzɛt]
key	billentyű	[billɛɲcyː]
mouse	egér	[ɛgeːr]
mouse pad	egérpad	[ɛgeːrpɒd]
button	gomb	[gomb]
cursor	kurzor	[kurzor]
monitor	monitor	[monitor]
screen	képernyő	[keːpɛrɲøː]
hard disk	merevlemez	[mɛrɛvlɛmɛz]
memory	memória	[mɛmoːriɒ]
random access memory	RAM	[rɒm]
file	fájl	[faːjl]
folder	mappa	[mɒppɒ]
to open (vt)	nyit	[ɲit]
to close (vt)	zár	[zaːr]
to save (vt)	ment	[mɛnt]
to delete (vt)	töröl	[tørøl]
to copy (vt)	másol	[maːʃol]
to sort (vt)	osztályoz	[ostaːjoz]
to transfer (copy)	átír	[aːtiːr]
program	program	[progrɒm]
software	szoftver	[softvɛr]
programmer	programozó	[progrɒmozoː]
to program (vt)	programoz	[progrɒmoz]
hacker	hacker	[hɒkɛr]
password	jelszó	[jɛlsoː]

| virus | vírus | [viːruʃ] |
| to find, to detect | megtalál | [mɛgtɒlaːl] |

| byte | byte | [bɒjt] |
| megabyte | megabyte | [mɛgɒbɒjt] |

| data | adatok | [ɒdɒtok] |
| database | adatbázis | [ɒdɒtbaːziʃ] |

cable (USB, etc.)	kábel	[kaːbɛl]
to disconnect (vt)	szétkapcsol	[seːtkɒptʃol]
to connect (sth to sth)	hozzákapcsol	[hozzaːkɒptʃol]

166. Internet. E-mail

Internet	internet	[intɛrnɛt]
browser	böngésző	[bøŋgeːsøː]
search engine	kereső program	[kɛrɛʃøː progrɒm]
provider	szolgáltató	[solgaːltɒtoː]

webmaster	webgazda	[vɛbgɒzdɒ]
website	weboldal	[vɛboldɒl]
webpage	weboldal	[vɛboldɒl]

| address (e-mail ~) | cím | [tsiːm] |
| address book | címkönyv | [tsiːmkøɲv] |

| mailbox | postaláda | [poʃtɒlaːdɒ] |
| mail | posta | [poʃtɒ] |

message	levél	[lɛveːl]
sender	feladó	[fɛlɒdoː]
to send (vt)	felad	[fɛlɒd]
sending (of mail)	feladás	[fɛlɒdaːʃ]

| receiver | címzett | [tsiːmzɛtt] |
| to receive (vt) | kap | [kɒp] |

| correspondence | levelezés | [lɛvɛlɛzeːʃ] |
| to correspond (vi) | levelez | [lɛvɛlɛz] |

file	fájl	[faːjl]
to download (vt)	letölt	[lɛtølt]
to create (vt)	teremt	[tɛrɛmt]
to delete (vt)	töröl	[tørøl]
deleted (adj)	törölt	[tørølt]

connection (ADSL, etc.)	kapcsolat	[kɒptʃolɒt]
speed	sebesség	[ʃɛbɛʃeːg]
modem	modem	[modɛm]

| access | hozzáférés | [hoz:a:fe:re:ʃ] |
| port (e.g., input ~) | port | [port] |

| connection (make a ~) | csatlakozás | [tʃɒtlɒkoza:ʃ] |
| to connect to … (vi) | csatlakozik | [tʃɒtlɒkozik] |

| to select (vt) | választ | [va:lɒst] |
| to search (for …) | keres | [kɛrɛʃ] |

167. Electricity

electricity	villany	[villɒɲ]
electric, electrical (adj)	villamos	[villɒmoʃ]
electric power plant	villamos erőmű	[villɒmoʃ ɛrø:my:]
energy	energia	[ɛnɛrgiɒ]
electric power	villamos energia	[villɒmoʃ ɛnɛrgiɒ]

light bulb	körte	[kørtɛ]
flashlight	zseblámpa	[ʒɛb la:mpɒ]
street light	utcalámpa	[utsɒ la:mpɒ]

light	villany	[villɒɲ]
to turn on	bekapcsol	[bɛkɒptʃol]
to turn off	kikapcsol	[kikɒptʃol]
to turn off the light	eloltja a villanyt	[ɛlolcɒ ɒ villɒɲt]

to burn out (vi)	kiég	[kie:g]
short circuit	rövidzárlat	[røvidʒa:rlɒt]
broken wire	szakadás	[sɒkɒda:ʃ]
contact (electrical ~)	érintkezés	[e:rintkɛze:ʃ]

light switch	bekapcsoló	[bɛkɒptʃolo:]
wall socket	konnektor	[konnɛktor]
plug	dugó	[dugo:]
extension cord	elosztó	[ɛlosto:]

fuse	biztosíték	[bistoʃi:te:k]
cable, wire	vezeték	[vɛzɛte:k]
wiring	vezetés	[vɛzɛte:ʃ]

ampere	amper	[ɒmpɛr]
amperage	áramerő	[a:rɒmɛrø:]
volt	volt	[volt]
voltage	feszültség	[fɛsyltʃe:g]

| electrical device | villamos készülék | [villɒmoʃ ke:syle:k] |
| indicator | indikátor | [indika:tor] |

| electrician | villanyszerelő | [villɒɲsɛrɛlø:] |
| to solder (vt) | forraszt | [forrɒst] |

| soldering iron | forrasztópáka | [forrɒsto:pa:kɒ] |
| electric current | áramlás | [a:rɒmla:ʃ] |

168. Tools

tool, instrument	szerszám	[sɛrsa:m]
tools	szerszámok	[sɛrsa:mok]
equipment (factory ~)	felszerelés	[fɛlsɛrɛle:ʃ]

hammer	kalapács	[kɒlɒpa:ʧ]
screwdriver	csavarhúzó	[ʧɒvɒrhu:zo:]
ax	fejsze	[fɛjsɛ]

saw	fűrész	[fy:re:s]
to saw (vt)	fűrészel	[fy:re:sɛl]
plane (tool)	gyalu	[ɟolu]
to plane (vt)	gyalul	[ɟolul]
soldering iron	forrasztópáka	[forrɒsto:pa:kɒ]
to solder (vt)	forraszt	[forrɒst]

file (tool)	reszelő	[rɛsɛlø:]
carpenter pincers	harapófogó	[hɒrɒpo:fogo:]
lineman's pliers	laposfogó	[lɒpoʃfogo:]
chisel	véső	[ve:ʃø:]

drill bit	fúró	[fu:ro:]
electric drill	fúrógép	[fu:ro:ge:p]
to drill (vi, vt)	fúr	[fu:r]

| knife | kés | [ke:ʃ] |
| blade | él | [e:l] |

sharp (blade, etc.)	éles	[e:lɛʃ]
dull, blunt (adj)	tompa	[tompɒ]
to get blunt (dull)	eltompul	[ɛltompul]
to sharpen (vt)	élesít	[e:lɛʃi:t]

bolt	csavar	[ʧɒvɒr]
nut	csavaranya	[ʧɒvɒrɒɲɒ]
thread (of a screw)	menet	[mɛnɛt]
wood screw	facsavar	[fɒʧɒvɒr]

| nail | szeg | [sɛg] |
| nailhead | fej | [fɛj] |

ruler (for measuring)	vonalzó	[vonɒlzo:]
tape measure	mérőszalag	[me:rø:sɒlɒg]
spirit level	vízszintező	[vi:zsintɛzø:]
magnifying glass	nagyító	[nɒɟi:to:]
measuring instrument	mérőkészülék	[me:rø:ke:syle:k]

to measure (vt)	mér	[me:r]
scale	skála	[ʃka:lɒ]
(of thermometer, etc.)		
readings	állás	[a:lla:ʃ]
compressor	légsűrítő	[le:gʃy:ri:tø:]
microscope	mikroszkóp	[mikrosko:p]

pump (e.g., water ~)	szivattyú	[sivɒc:u:]
robot	robotgép	[robotge:p]
laser	lézer	[le:zɛr]

wrench	csavarkulcs	[tʃɒvɒr kultʃ]
adhesive tape	ragasztószalag	[rɒgɒsto: sɒlɒg]
glue	ragasztó	[rɒgɒsto:]

sandpaper	csiszolópapír	[tʃisolo:pɒpi:r]
spring	rugó	[rugo:]
magnet	mágnes	[ma:gnɛʃ]
gloves	kesztyű	[kɛscy:]

rope	kötél	[køte:l]
cord	zsinór	[ʒino:r]
wire (e.g., telephone ~)	vezeték	[vɛzɛte:k]
cable	kábel	[ka:bɛl]

sledgehammer	nagy kalapács	[nɒɟ kɒlɒpa:tʃ]
prybar	bontórúd	[bonto:ru:d]
ladder	létra	[le:trɒ]
stepladder	létra	[le:trɒ]

to screw (tighten)	becsavar	[bɛtʃɒvɒr]
to unscrew (lid, filter, etc.)	kicsavar	[kitʃɒvɒr]
to tighten	beszorít	[bɛsori:t]
(e.g., with a clamp)		
to glue, to stick	ráragaszt	[ra:rɒgɒst]
to cut (vt)	vág	[va:g]

malfunction (fault)	üzemzavar	[yzɛmzɒvɒr]
repair (mending)	javítás	[jɒvi:ta:ʃ]
to repair, to fix (vt)	javít	[jɒvi:t]
to adjust (machine, etc.)	szabályoz	[sɒba:joz]

to check (to examine)	ellenőriz	[ɛllɛnø:riz]
checking	ellenőrzés	[ɛllɛnø:rze:ʃ]
readings	állás	[a:lla:ʃ]

| reliable, solid (machine) | biztos | [biztoʃ] |
| complex (adj) | bonyolult | [bonølult] |

to rust (get rusted)	rozsdásodik	[roʒda:ʃodik]
rusty, rusted (adj)	rozsdás	[roʒda:ʃ]
rust	rozsda	[roʒdɒ]

Transportation

169. Airplane

airplane	repülőgép	[rɛpylø:ge:p]
air ticket	repülőjegy	[rɛpylø:jɛɟ]
airline	légitársaság	[le:gi ta:rʃoʃa:g]
airport	repülőtér	[rɛpylø:te:r]
supersonic (adj)	szuperszónikus	[supɛrso:nikuʃ]
captain	kapitány	[kɒpita:ɲ]
crew	személyzet	[sɛme:jzɛt]
pilot	pilóta	[pilo:tɒ]
flight attendant (fem.)	légikisasszony	[le:gikiʃossoɲ]
navigator	navigátor	[nɒviga:tor]
wings	szárnyak	[sa:rɲɒk]
tail	vég	[ve:g]
cockpit	fülke	[fylkɛ]
engine	motor	[motor]
undercarriage (landing gear)	futómű	[futo:my:]
turbine	turbina	[turbinɒ]
propeller	légcsavar	[le:gt͡ʃɒvɒr]
black box	fekete doboz	[fɛkɛtɛ doboz]
yoke (control column)	kormány	[korma:ɲ]
fuel	üzemanyag	[yzɛmɒɲɒg]
safety card	instrukció	[inʃtruktsio:]
oxygen mask	oxigénmaszk	[oksige:nmɒsk]
uniform	egyenruha	[ɛɟɛnruhɒ]
life vest	mentőmellény	[mɛntø:mɛlle:ɲ]
parachute	ejtőernyő	[ɛjtø:ɛrɲø:]
takeoff	felszállás	[fɛlsa:lla:ʃ]
to take off (vi)	felszáll	[fɛlsa:ll]
runway	kifutópálya	[kifuto:pa:jɒ]
visibility	láthatóság	[la:thoto:ʃa:g]
flight (act of flying)	repülés	[rɛpyle:ʃ]
altitude	magasság	[mɒgɒʃa:g]
air pocket	turbulencia	[turbulɛntsiɒ]
seat	hely	[hɛj]
headphones	fejhallgató	[fɛlhɒllgɒto:]

folding tray (tray table)	felhajtható asztal	[fɛlhɒjthɒtoː ɒstɒl]
airplane window	repülőablak	[rɛpyløːɒblɒk]
aisle	járat	[jaːrɒt]

170. Train

train	vonat	[vonɒt]
commuter train	villanyvonat	[villɒɲvonɒt]
express train	gyorsvonat	[ɟorʃvonɒt]
diesel locomotive	dízelmozdony	[diːzɛlmozdoɲ]
steam locomotive	gőzmozdony	[gøːzmozdoɲ]

| passenger car | személykocsi | [sɛmeːjkotʃi] |
| dining car | étkezőkocsi | [eːtkɛzøːkotʃi] |

rails	sín	[ʃiːn]
railroad	vasút	[vɒʃuːt]
railway tie	talpfa	[tɒlpfɒ]

platform (railway ~)	peron	[pɛron]
track (~ 1, 2, etc.)	vágány	[vaːgaːɲ]
semaphore	karjelző	[kɒrjɛlzøː]
station	állomás	[aːllomaːʃ]

engineer (train driver)	vonatvezető	[vonɒtvɛzɛtøː]
porter (of luggage)	hordár	[hordaːr]
car attendant	kalauz	[kɒlɒuz]
passenger	utas	[utɒʃ]
conductor (ticket inspector)	ellenőr	[ɛllɛnøːr]

| corridor (in train) | folyosó | [fojoʃoː] |
| emergency brake | vészfék | [veːsfeːk] |

compartment	fülke	[fylkɛ]
berth	polc	[polts]
upper berth	felső polc	[fɛlʃøː polts]
lower berth	alsó polc	[ɒlʃoː polts]
bed linen, bedding	ágynemű	[aːɟnɛmyː]

ticket	jegy	[jɛɟ]
schedule	menetrend	[mɛnɛtrɛnd]
information display	tabló	[tɒbloː]

to leave, to depart	indul	[indul]
departure (of train)	indulás	[indulaːʃ]
to arrive (ab. train)	érkezik	[eːrkɛzik]
arrival	érkezés	[eːrkɛzeːʃ]
to arrive by train	vonaton érkezik	[vonɒton eːrkɛzik]
to get on the train	felszáll a vonatra	[fɛlsaːll ɒ vonɒtrɒ]

to get off the train	leszáll a vonatról	[lɛsaːll ɒ vonɒtroːl]
train wreck	vasúti szerencsétlenség	[vɒʃuːti sɛrɛntʃeːtlɛnʃeːg]
steam locomotive	gőzmozdony	[gøːzmozdoɲ]
stoker, fireman	kazánfűtő	[kɒzaːnfyːtøː]
firebox	tűztér	[tyːzteːr]
coal	szén	[seːn]

171. Ship

| ship | hajó | [hɒjoː] |
| vessel | vízi jármű | [viːzi jaːrmyː] |

steamship	gőzhajó	[gøːzhɒjoː]
riverboat	motoros hajó	[motoroʃ hɒjoː]
cruise ship	óceánjáró	[oːtsɛaːnjaːroː]
cruiser	cirkáló	[tsirkaːloː]

yacht	jacht	[jɒxt]
tugboat	vontatóhajó	[vontɒtoː hɒjoː]
barge	uszály	[usaːj]
ferry	komp	[komp]

| sailing ship | vitorlás hajó | [vitorlaːʃ hɒjoː] |
| brigantine | brigantine | [brigantin] |

| ice breaker | jégtörő hajó | [jeːgtørø hɒjoː] |
| submarine | tengeralattjáró | [tɛŋgɛrɒlɒttja:roː] |

boat (flat-bottomed ~)	csónak	[tʃoːnɒk]
dinghy	csónak	[tʃoːnɒk]
lifeboat	mentőcsónak	[mɛntøːtʃoːnɒk]
motorboat	motorcsónak	[motor tʃoːnɒk]

captain	kapitány	[kɒpitaːɲ]
seaman	tengerész	[tɛŋgɛreːs]
sailor	tengerész	[tɛŋgɛreːs]
crew	személyzet	[sɛmeːjzɛt]

boatswain	fedélzetmester	[fɛdeːlzɛtmɛʃtɛr]
ship's boy	matrózinas	[mɒtroːzinɒʃ]
cook	hajószakács	[hɒjoːsɒkaːtʃ]
ship's doctor	hajóorvos	[hɒjoːorvoʃ]

deck	fedélzet	[fɛdeːlzɛt]
mast	árboc	[aːrbots]
sail	vitorla	[vitorlɒ]

hold	hajóűr	[hɒjoːyːr]
bow (prow)	orr	[orr]
stern	hajófar	[hɒjoːfɒr]

oar	evező	[εvεzø:]
screw propeller	csavar	[ʧɒvɒr]
cabin	hajófülke	[hɒjo:fylkε]
wardroom	társalgó	[ta:rʃɒlgo:]
engine room	gépház	[ge:pha:z]
bridge	parancsnoki híd	[pɒrɒnʧnoki hi:d]
radio room	rádiófülke	[ra:dio:fylkε]
wave (radio)	hullám	[hulla:m]
logbook	hajónapló	[hɒjo:nɒplo:]

spyglass	távcső	[ta:vʧø:]
bell	harang	[hɒrɒŋg]
flag	zászló	[za:slo:]

| hawser (mooring ~) | kötél | [køte:l] |
| knot (bowline, etc.) | tengeri csomó | [tεŋgεri ʧomo:] |

| deckrails | korlát | [korla:t] |
| gangway | hajólépcső | [hɒjo:le:pʧø:] |

anchor	horgony	[horgoɲ]
to weigh anchor	horgonyt felszed	[horgoɲt fεlsεd]
to drop anchor	horgonyt vet	[horgoɲt vεt]
anchor chain	horgonylánc	[horgoɲla:nts]

port (harbor)	kikötő	[kikøtø:]
quay, wharf	móló, kikötő	[mo:lo:], [kikøtø:]
to berth (moor)	kiköt	[kikøt]
to cast off	elold	[εlold]

trip, voyage	utazás	[utɒza:ʃ]
cruise (sea trip)	hajóút	[hɒjo:u:t]
course (route)	irány	[ira:ɲ]
route (itinerary)	járat	[ja:rɒt]

| fairway (safe water channel) | hajózható út | [hɒjo:zhɒto: u:t] |

| shallows | zátony | [za:toɲ] |
| to run aground | zátonyra fut | [za:toɲrɒ fut] |

storm	vihar	[vihɒr]
signal	jelzés	[jεlze:ʃ]
to sink (vi)	elmerül	[εlmεryl]
SOS (distress signal)	SOS	[sos]
ring buoy	mentőöv	[mεntø:øv]

172. Airport

| airport | repülőtér | [rεpylø:te:r] |
| airplane | repülőgép | [rεpylø:ge:p] |

| airline | légitársaság | [le:gi ta:rʃɒʃa:g] |
| air traffic controller | diszpécser | [dispe:tʃɛr] |

departure	elrepülés	[ɛlrɛpyle:ʃ]
arrival	megérkezés	[mɛge:rkɛze:ʃ]
to arrive (by plane)	megérkezik	[mɛge:rkɛzik]

| departure time | az indulás ideje | [ɒz indula:ʃ idɛjɛ] |
| arrival time | a leszállás ideje | [ɒ lɛsa:lla:ʃ idɛjɛ] |

| to be delayed | késik | [ke:ʃik] |
| flight delay | a felszállás késése | [ɒ fɛlsa:lla:ʃ ke:ʃe:ʃɛ] |

information board	tájékoztató tabló	[ta:je:kɒztɒto: tɒblo:]
information	információ	[informa:tsio:]
to announce (vt)	bemond	[bɛmond]
flight (e.g., next ~)	járat	[ja:rɒt]

| customs | vám | [va:m] |
| customs officer | vámos | [va:moʃ] |

customs declaration	vámnyilatkozat	[va:mɲilɒtkozɒt]
to fill out (vt)	tölt	[tølt]
passport control	útlevélvizsgálat	[u:tlɛve:lviʒga:lɒt]

luggage	poggyász	[poɟɟa:s]
hand luggage	kézipoggyász	[ke:zipoɟɟa:s]
luggage cart	kocsi	[kotʃi]

landing	leszállás	[lɛsa:lla:ʃ]
landing strip	leszállóhely	[lɛsa:llo:U4947hɛj]
to land (vi)	leszáll	[lɛsa:ll]
airstair (passenger stair)	utaslépcső	[utoʃ le:ptʃø:]

check-in	bejegyzés	[bɛjɛɟze:ʃ]
check-in counter	jegy és poggyászkezelés	[jɛɟ e:ʃ poɟɟa:s kɛzɛle:ʃ]
to check-in (vi)	bejegyzi magát	[bɛjɛɟzi mɒga:t]
boarding pass	beszállókártya	[bɛsa:llo:ka:rcɒ]
departure gate	kapu	[kɒpu]

transit	tranzit	[trɒnzit]
to wait (vt)	vár	[va:r]
departure lounge	váróterem	[va:ro:tɛrɛm]
to see off	kísér	[ki:ʃe:r]
to say goodbye	elbúcsúzik	[ɛlbu:tʃu:zik]

173. Bicycle. Motorcycle

| bicycle | kerékpár | [kɛre:kpa:r] |
| scooter | robogó | [robogo:] |

motorcycle, bike	motorkerékpár	[motorkɛreːkpaːr]
to go by bicycle	biciklizik	[bitsiklizik]
handlebars	kormány	[kormaːɲ]
pedal	pedál	[pɛdaːl]
brakes	fék	[feːk]
bicycle seat (saddle)	nyereg	[ɲɛrɛg]

pump	szivattyú	[sivɒcːuː]
luggage rack	csomagtartó	[tʃomɒgtɒrtoː]
front lamp	lámpa	[laːmpɒ]
helmet	sisak	[ʃiʃɒk]

wheel	kerék	[kɛreːk]
fender	sárhányó	[saːrhaːnøː]
rim	felni	[fɛlni]
spoke	küllő	[kylløː]

Cars

174. Types of cars

automobile, car	autó	[ɒuto:]
sports car	sportautó	[ʃport ɒuto:]
limousine	limuzin	[limuzin]
off-road vehicle	terepjáró	[tɛrɛpja:ro:]
convertible (n)	kabrió	[kabrio:]
minibus	mikrobusz	[mikrobus]
ambulance	mentőautó	[mɛntø:ɒuto:]
truck	teherautó	[tɛhɛrɒuto:]
tanker truck	tartálykocsi	[tɒrta:jkotʃi]
van (small truck)	furgon	[furgon]
road tractor (trailer truck)	vontató gép	[vontɒto: ge:p]
trailer	pótkocsi	[po:tkotʃi]
comfortable (adj)	kényelmes	[ke:nɛlmɛʃ]
used (adj)	használt	[hɒsna:lt]

175. Cars. Bodywork

hood	motorháztető	[motorha:z tɛtø:]
fender	sárvédő	[ʃa:rve:dø:]
roof	tető	[tɛtø:]
windshield	szélvédő	[se:lve:dø:]
rear-view mirror	visszapillantó tükör	[vissɒpillɒnto: tykør]
windshield washer	ablakmosó	[ɒblɒk moʃo:]
windshield wipers	ablaktörlő	[ɒblɒktørlø:]
side window	oldalablak	[oldɒl ɒblɒk]
window lift (power window)	ablakemelő	[ɒblɒkɛmɛlø:]
antenna	antenna	[ɒntɛnnɒ]
sunroof	tolótető	[tolo:tɛtø:]
bumper	lökhárító	[løkha:ri:to:]
trunk	csomagtartó	[tʃomɒgtɒrto:]
door	ajtó	[ɒjto:]
door handle	kilincs	[kilintʃ]
door lock	zár	[za:r]
license plate	rendszámtábla	[rɛntsa:mta:blɒ]

muffler	hangtompító	[hɔŋg tompi:to:]
gas tank	benzintartály	[bɛnzintɔrta:j]
tailpipe	kipufogócső	[kipufogo:ʧø:]

gas, accelerator	gáz	[ga:z]
pedal	pedál	[pɛda:l]
gas pedal	gázpedál	[ga:zpɛda:l]

brake	fék	[fe:k]
brake pedal	fékpedál	[fe:kpɛda:l]
to brake (use the brake)	fékez	[fe:kɛz]
parking brake	kézifék	[ke:zife:k]

clutch	kuplung	[kupluŋg]
clutch pedal	kuplungpedál	[kupluŋg pɛda:l]
clutch disc	kuplungtárcsa	[kupluŋg ta:rʧɔ]
shock absorber	lengéscsillapító	[lɛŋge:ʃʧillɒpi:to:]

wheel	kerék	[kɛre:k]
spare tire	pótkerék	[po:tkɛre:k]
hubcap	dísztárcsa	[di:sta:rʧɔ]

driving wheels	hajtókerekek	[hɔjto: kɛrɛkɛk]
front-wheel drive (as adj)	elsőkerékmeghajtású	[ɛlʃø: kɛre:kmɛghɔjta:ʃu:]
rear-wheel drive (as adj)	hátsókerékmeghajtású	[ha:ʧo:kɛre:kmɛghɔjta:ʃu:]
all-wheel drive (as adj)	négykerékmeghajtású	[ne:ckɛre:kmɛghɔjta:ʃu:]

gearbox	sebességváltó	[ʃɛbɛʃe:gva:lto:]
automatic (adj)	automatikus	[ɒutomɒtikuʃ]
mechanical (adj)	mechanikus	[mɛhɒnikuʃ]
gear shift	sebességváltókar	[ʃɛbɛʃe:g va:lto:kɒr]

| headlight | fényszóró | [fe:ɲso:ro:] |
| headlights | fényszóró | [fe:ɲso:ro:] |

low beam	tompított fényszóró	[tompi:tott fe:ɲso:ro:]
high beam	fényszóró	[fe:ɲso:ro:]
brake light	stoplámpa	[ʃtopla:mpɒ]

parking lights	helyzetjelző lámpa	[hɛjzɛtjɛlzø: la:mpɒ]
hazard lights	villogó lámpa	[villogo: la:mpɒ]
fog lights	ködlámpa	[kødla:mpɒ]
turn signal	indexlámpa	[indɛksla:mpɒ]
back-up light	tolatólámpa	[tolɒto: la:mpɒ]

176. Cars. Passenger compartment

car inside (interior)	utastér	[utaste:r]
leather (as adj)	bőr	[bø:r]
velour (as adj)	velúr	[vɛlu:r]

upholstery	kárpitozás	[ka:rpitoza:ʃ]
instrument (gage)	készülék	[ke:syle:k]
dashboard	szerelvényfal	[sɛrɛlve:ɲfol]
speedometer	sebességmérő	[ʃɛbɛʃe:gme:rø:]
needle (pointer)	mutató	[mutɒto:]

odometer	kilométerszámláló	[kilome:tɛrsa:mla:lo:]
indicator (sensor)	érzékelő	[e:rze:kɛlø:]
level	szint	[sint]
warning light	figyelmeztető lámpa	[fiɟɛlmɛstɛtø: la:mpɒ]

steering wheel	kormány	[korma:ɲ]
horn	kürt	[kyrt]
button	gomb	[gomb]
switch	átkapcsoló	[a:tkɒptʃolo:]

seat	ülés	[yle:ʃ]
backrest	támla	[ta:mlɒ]
headrest	fejtámla	[fɛjta:mlɒ]
seat belt	biztonsági öv	[bistonʃa:gi øv]
to fasten the belt	övet csatol	[øvɛt tʃɒtol]
adjustment (of seats)	szabályozás	[sɒba:joza:ʃ]

| airbag | légpárna | [le:gpa:rnɒ] |
| air-conditioner | légkondicionáló | [le:gkonditsiona:lo:] |

radio	rádió	[ra:dio:]
CD player	CDlejátszó	[tsɛdɛlɛja:tso:]
to turn on	bekapcsol	[bɛkɒptʃol]
antenna	antenna	[ɒntɛnnɒ]
glove box	kesztyűtartó	[kɛscytɒrto:]
ashtray	hamutartó	[hɒmutɒrto:]

177. Cars. Engine

engine, motor	motor	[motor]
diesel (as adj)	diesel	[dizɛl]
gasoline (as adj)	benzin	[bɛnzin]

engine volume	hengerűrtartalom	[hɛŋgɛr y:r tɒrtɒlom]
power	teljesítmény	[tɛjɛʃi:tme:ɲ]
horsepower	lóerő	[lo:ɛrø:]
piston	dugattyú	[dugɒc:u:]
cylinder	henger	[hɛŋgɛr]
valve	szelep	[sɛlɛp]

injector	injektor	[inʒɛktor]
generator (alternator)	generátor	[gɛnɛra:tor]
carburetor	karburátor	[kɒrbura:tor]
motor oil	motorolaj	[motorolɒj]

radiator	radiátor	[rɒdia:tor]
coolant	hűtővíz	[hy:tø:vi:z]
cooling fan	ventilátor	[vɛntila:tor]

battery (accumulator)	akkumulátor	[ɒkkumula:tor]
starter	indító	[indi:to:]
ignition	gyújtó	[ɟu:jto:]
spark plug	gyújtógyertya	[ɟu:jto:ɟɛrcɒ]

terminal (of battery)	csatlakozócsavar	[tʃɒtlɒkozo:tʃɒvɒr]
positive terminal	plusz	[plus]
negative terminal	mínusz	[mi:nus]
fuse	biztosíték	[bistoʃi:te:k]

air filter	légszűrő	[le:gsy:rø:]
oil filter	olajszűrő	[olɒjsy:rø:]
fuel filter	üzemanyagszűrő	[yzɛmɒɲɒgsy:rø:]

178. Cars. Crash. Repair

car crash	baleset	[bɒlɛʃɛt]
traffic accident	közlekedési baleset	[køzlɛkɛde:ʃi bɒlɛʃɛt]
to crash (into the wall, etc.)	belerohan	[bɛlɛrohɒn]
to get smashed up	karambolozik	[kɒrɒmbolozik]
damage	kár	[ka:r]
intact (unscathed)	sértetlen	[ʃe:rtɛtlɛn]

| to break down (vi) | eltörik | [ɛltørik] |
| towrope | vontatókötél | [vontɒto:køte:l] |

puncture	gumi defekt	[gumi dɛfɛkt]
to be flat	leenged	[lɛɛŋgɛd]
to pump up	felfúj	[fɛlfu:j]
pressure	nyomás	[ɲoma:ʃ]
to check (to examine)	ellenőriz	[ɛllɛnø:riz]

repair	javítás	[jɒvi:ta:ʃ]
auto repair shop	szerviz	[sɛrvis]
spare part	pótalkatrész	[po:tɒlkɒtre:s]
part	alkatrész	[ɒlkɒtre:s]

bolt (with nut)	csavar	[tʃɒvɒr]
screw (fastener)	csavar	[tʃɒvɒr]
nut	csavaranya	[tʃɒvɒrɒɲɒ]
washer	alátétlemez	[ɒla:te:tlɛmɛz]
bearing (e.g., ball ~)	csapágy	[tʃɒpa:ɟ]

| tube | cső | [tʃø:] |
| gasket (head ~) | alátét | [ɒla:te:t] |

cable, wire	vezeték	[vɛzɛte:k]
jack	emelő	[ɛmɛlø:]
wrench	csavarkulcs	[tʃɒvɒr kultʃ]
hammer	kalapács	[kɒlɒpa:tʃ]
pump	szivattyú	[sivɒc:u:]
screwdriver	csavarhúzó	[tʃɒvɒrhu:zo:]

fire extinguisher	tűzoltó készülék	[ty:zolto: ke:syle:k]
to stall (vi)	lefullaszt	[lɛfullast]
stall (n)	leállítás	[lɛa:lli:ta:ʃ]
to be broken	el van törve	[ɛl vɒn tørvɛ]

to overheat (vi)	túlmelegszik	[tu:lmɛlɛgsik]
to be clogged up	eldugul	[ɛldugul]
to freeze up (pipes, etc.)	megfagy	[mɛgfɒɟ]
to burst (vi, ab. tube)	elreped	[ɛlrɛpɛd]

pressure	nyomás	[ɲoma:ʃ]
level	szint	[sint]
slack (~ belt)	ernyedt	[ɛrɲɛtt]

dent	horpadás	[horpɒda:ʃ]
knocking noise (engine)	kopogás	[kopoga:ʃ]
crack	repedés	[rɛpɛde:ʃ]
scratch	karcolás	[kɒrtsola:ʃ]

179. Cars. Road

road	út	[u:t]
highway	autópálya	[ɒuto:pa:jɒ]
freeway	országút	[orsa:gu:t]
direction (way)	irány	[ira:ɲ]
distance	távolság	[ta:volʃa:g]

bridge	híd	[hi:d]
parking lot	parkolóhely	[pɒrkolo:hɛj]
square	tér	[te:r]
interchange	autópálya kereszteződése	[ɒuto:pa:jɒ kɛrɛstɛzø:de:sɛ]

| tunnel | alagút | [ɒlɒgu:t] |

gas station	benzinkút	[bɛnziŋku:t]
parking lot	parkolóhely	[pɒrkolo:hɛj]
gas pump (fuel dispenser)	kútoszlop	[ku:toslop]
auto repair shop	autóműhely	[ɒutomy:hɛj]
to get gas (to fill up)	feltölt	[fɛltølt]
fuel	üzemanyag	[yzɛmɒɲɒg]
jerrycan	kanna	[kɒnnɒ]
asphalt	aszfalt	[ɒsfɒlt]
road markings	indexálás	[indɛksa:la:ʃ]

curb	útszegély	[u:tsɛge:j]
guardrail	kerítés	[kɛri:te:ʃ]
ditch	útárok	[u:ta:rok]
roadside (shoulder)	útszél	[u:tse:l]
lamppost	utcai lámpa	[uts:ɒj la:mpɒ]

to drive (a car)	vezet	[vɛzɛt]
to turn (e.g., ~ left)	fordul	[fordul]
to make a U-turn	visszafordul	[vis:ɒfordul]
reverse (~ gear)	tolatás	[tolɒta:ʃ]

to honk (vi)	jelez	[jɛlɛz]
honk (sound)	hangjel	[hɒŋgjɛl]
to get stuck (in the mud, etc.)	elakad	[ɛlɒkɒd]
to spin the wheels	megcsúszni	[mɛktʃu:sni]
to cut, to turn off (vt)	lefojt	[lɛfojt]

speed	sebesség	[ʃɛbɛʃe:g]
to exceed the speed limit	túllépi a sebességet	[tu:lle:pi ɒ ʃɛbɛʃe:gɛt]
to give a ticket	büntet	[byntɛt]
traffic lights	lámpa	[la:mpɒ]
driver's license	jogosítvány	[jogoʃi:tva:ɲ]

grade crossing	átjáró	[a:tja:ro:]
intersection	kereszteződés	[kɛrɛstɛzø:de:s]
crosswalk	zebra	[zɛbrɒ]
bend, curve	forduló	[fordulo:]
pedestrian zone	gyalogút	[ɟologu:t]

180. Traffic signs

rules of the road	közlekedési szabályok	[køzlɛkɛde:ʃi sɒba:jok]
road sign (traffic sign)	közlekedési tábla	[køzlɛkɛde:ʃi ta:blɒ]
passing (overtaking)	megelőzés	[mɛgɛlø:ze:ʃ]
curve	fordulás	[fordula:ʃ]
U-turn	megfordulás	[mɛgfordula:ʃ]
traffic circle	körforgalom	[kørforgɒlom]
No entry	behajtani tilos	[bɛhɒjtɒni tiloʃ]
No vehicles allowed	közlekedni tilos	[køzlɛkɛdni tiloʃ]
No passing	megelőzni tilos	[mɛgɛlø:zni tiloʃ]
No parking	parkolni tilos	[pɒrkolni tiloʃ]
No stopping	megállni tilos	[mɛga:llni tiloʃ]

dangerous bend	hirtelen fordulat	[hirtɛlɛn fordulɒt]
steep descent	veszélyes lejtő	[vɛse:jɛʃ lɛjtø:]
one-way traffic	egyirányú közlekedés	[ɛjira:nju: køzlɛkɛde:ʃ]
crosswalk	zebra	[zɛbrɒ]
slippery road	csúszásveszély	[tʃu:sa:ʃvɛse:j]
YIELD	add a szabad utat	[ɒdd ɒ sɒbɒd utɒt]

177

PEOPLE. LIFE EVENTS

Life events

181. Holidays. Event

celebration, holiday	ünnep	[ynnɛp]
national day	nemzeti ünnep	[nɛmzɛti ynnɛp]
public holiday	ünnepnap	[ynnɛpnɒp]
to commemorate (vt)	ünnepel	[ynnɛpɛl]
event (happening)	esemény	[ɛʃɛmeːɲ]
event (organized activity)	rendezvény	[rɛndɛzveːɲ]
banquet (party)	díszvacsora	[diːsvɒʧorɒ]
reception (formal party)	fogadás	[fogɒdaːʃ]
feast	lakoma	[lɒkomɒ]
anniversary	évforduló	[eːvforduloː]
jubilee	jubileum	[jubilɛum]
to celebrate (vt)	megemlékezik	[mɛgɛmleːkɛzik]
New Year	Újév	[uːjeːv]
Happy New Year!	Boldog Újévet!	[boldog uːjeːvɛt]
Christmas	karácsony	[kɒraːʧoɲ]
Merry Christmas!	Boldog karácsonyt!	[boldog kɒraːʧoɲt]
Christmas tree	karácsonyfa	[kɒraːʧoɲfɒ]
fireworks (fireworks show)	tűzijáték	[tyːzijaːteːk]
wedding	lakodalom	[lɒkodɒlom]
groom	vőlegény	[vøːlɛgeːɲ]
bride	mennyasszony	[mɛɲɲɒssoɲ]
to invite (vt)	meghív	[mɛghiːv]
invitation card	meghívó	[mɛghiːvoː]
guest	vendég	[vɛndeːg]
to visit	vendégségbe megy	[vɛndeːgʃeːgbɛ mɛɟ]
(~ your parents, etc.)		
to meet the guests	vendéget fogad	[vɛndeːgɛt fogɒd]
gift, present	ajándék	[ɒjaːndeːk]
to give (sth as present)	ajándékoz	[ɒjaːndeːkoz]
to receive gifts	ajándékot kap	[ɒjaːndeːkot kɒp]
bouquet (of flowers)	csokor	[ʧokor]

| congratulations | üdvözlet | [ydvøzlɛt] |
| to congratulate (vt) | gratulál | [grɒtula:l] |

greeting card	üdvözlő képeslap	[ydvøzlø: ke:pɛʃlɒp]
to send a postcard	képeslapot küld	[ke:pɛʃlɒpot kyld]
to get a postcard	képeslapot kap	[ke:pɛʃlɒpot kɒp]

toast	pohárköszöntő	[poha:rkøsøntø:]
to offer (a drink, etc.)	kínál	[ki:na:l]
champagne	pezsgő	[pɛʒgø:]

to enjoy oneself	szórakozik	[so:rɒkozik]
merriment (gaiety)	vidámság	[vida:mʃa:g]
joy (emotion)	öröm	[ørøm]

| dance | tánc | [ta:nts] |
| to dance (vi, vt) | táncol | [ta:ntsol] |

| waltz | keringő | [kɛriŋgø:] |
| tango | tangó | [tɒŋgo:] |

182. Funerals. Burial

cemetery	temető	[tɛmɛtø:]
grave, tomb	sír	[ʃi:r]
cross	kereszt	[kɛrɛst]
gravestone	sírkő	[ʃi:rkø:]
fence	kerítés	[kɛri:te:ʃ]
chapel	kápolna	[ka:polnɒ]

death	halál	[hɒla:l]
to die (vi)	meghal	[mɛghɒl]
the deceased	halott	[hɒlott]
mourning	gyász	[ɟa:s]

to bury (vt)	temet	[tɛmɛt]
funeral home	temetkezési vállalat	[tɛmɛtkɛze:ʃi va:llɒlɒt]
funeral	temetés	[tɛmɛte:ʃ]

wreath	koszorú	[kosoru:]
casket, coffin	koporsó	[koporʃo:]
hearse	ravatal	[rɒvɒtɒl]
shroud	halotti ruha	[hɒlotti ruhɒ]

| funerary urn | urna | [urnɒ] |
| crematory | krematórium | [krɛmɒto:rium] |

obituary	nekrológ	[nɛkrolo:g]
to cry (weep)	sír	[ʃi:r]
to sob (vi)	zokog	[zokog]

183. War. Soldiers

platoon	szakasz	[sɒkɒs]
company	század	[sa:zɒd]
regiment	ezred	[ɛzrɛd]
army	hadsereg	[hɒtʃɛrɛg]
division	hadosztály	[hɒdosta:j]
section, squad	csapat	[tʃɒpɒt]
host (army)	hadsereg	[hɒtʃɛrɛg]
soldier	katona	[kɒtonɒ]
officer	tiszt	[tist]
private	közlegény	[køzlɛge:ɲ]
sergeant	őrmester	[ø:rmɛʃtɛr]
lieutenant	hadnagy	[hɒdnɒɟ]
captain	százados	[sa:zɒdoʃ]
major	őrnagy	[ø:rnɒɟ]
colonel	ezredes	[ɛzrɛdɛʃ]
general	tábornok	[ta:bornok]
sailor	tengerész	[tɛŋgɛre:s]
captain	kapitány	[kɒpita:ɲ]
boatswain	fedélzetmester	[fɛde:lzɛtmɛʃtɛr]
artilleryman	tüzér	[tyze:r]
paratrooper	deszantos	[dɛsɒntoʃ]
pilot	pilóta	[pilo:tɒ]
navigator	kormányos	[korma:nøʃ]
mechanic	gépész	[ge:pe:s]
pioneer (sapper)	utász	[uta:s]
parachutist	ejtőernyős	[ɛjtø:ɛrɲø:ʃ]
reconnaissance scout	felderítő	[fɛldɛri:tø:]
sniper	mesterlövész	[mɛʃtɛrløve:s]
patrol (group)	őrjárat	[ø:rja:rɒt]
to patrol (vt)	őrjáratoz	[ø:rja:rɒtoz]
sentry, guard	őr	[ø:r]
warrior	harcos	[hɒrtsoʃ]
patriot	hazafi	[hɒzɒfi]
hero	hős	[hø:ʃ]
heroine	hősnő	[hø:ʃnø:]
traitor	áruló	[a:rulo:]
deserter	szökevény	[søkve:ɲ]
to desert (vi)	megszökik	[mɛgsøkik]
mercenary	zsoldos	[ʒoldoʃ]
recruit	újonc	[u:jonts]

volunteer	önkéntes	[øŋkeːntɛʃ]
dead (n)	halott	[hɒlott]
wounded (n)	sebesült	[ʃɛbɛʃylt]
prisoner of war	fogoly	[fogoj]

184. War. Military actions. Part 1

war	háború	[haːboruː]
to be at war	harcol	[hɒrtsol]
civil war	polgárháború	[polgaːrhaːboruː]

treacherously (adv)	alattomos	[alattomos]
declaration of war	hadüzenet	[hɒdyzɛnɛt]
to declare (~ war)	hadat üzen	[hɒdɒt yzɛn]
aggression	agresszió	[ɒgrɛssioː]
to attack (invade)	támad	[taːmɒd]

to invade (vt)	meghódít	[mɛghoːdiːt]
invader	megszállók	[mɛksaːlloːk]
conqueror	hódító	[hoːdiːtoː]

defense	védelem	[veːdɛlɛm]
to defend (a country, etc.)	védelmez	[veːdɛlmɛz]
to defend (against ...)	védekezik	[veːdɛkɛzik]

enemy	ellenség	[ɛllɛnʃeːg]
foe, adversary	ellenfél	[ɛllɛnfeːl]
enemy (as adj)	ellenséges	[ɛllɛnʃeːgɛʃ]

strategy	hadászat	[hɒdaːsɒt]
tactics	taktika	[tɒktikɒ]

order	parancs	[pɒrɒntʃ]
command (order)	parancs	[pɒrɒntʃ]
to order (vt)	parancsol	[pɒrɒntʃol]
mission	megbízás	[mɛgbiːzaːʃ]
secret (adj)	titkos	[titkoʃ]

battle	csata	[tʃɒtɒ]
combat	harc	[hɒrts]

attack	támadás	[taːmɒdaːʃ]
charge (assault)	roham	[rohɒm]
to storm (vt)	megrohamoz	[mɛgrohɒmoz]
siege (to be under ~)	ostrom	[oʃtrom]

offensive (n)	támadás	[taːmɒdaːʃ]
to go on the offensive	támad	[taːmɒd]
retreat	visszavonulás	[vissɒvonulaːʃ]
to retreat (vi)	visszavonul	[vissɒvonul]

| encirclement | bekerítés | [bɛkɛri:te:ʃ] |
| to encircle (vt) | körülvesz | [kørylvɛs] |

bombing (by aircraft)	bombázás	[bomba:za:ʃ]
to drop a bomb	bombáz	[bomba:z]
to bomb (vt)	bombáz	[bomba:z]
explosion	robbanás	[robbɒna:ʃ]

shot	lövés	[løve:ʃ]
to fire (~ a shot)	lő	[lø:]
firing (burst of ~)	tüzelés	[tyzɛle:ʃ]

to aim (to point a weapon)	céloz	[tse:loz]
to point (a gun)	céloz	[tse:loz]
to hit (the target)	eltalál	[ɛltɒla:l]

to sink (~ a ship)	elsüllyeszt	[ɛlʃyj:ɛst]
hole (in a ship)	lék	[le:k]
to founder, to sink (vi)	elsüllyed	[ɛlʃyj:ɛd]

front (war ~)	front	[front]
evacuation	kitelepítés	[kitɛlɛpi:te:ʃ]
to evacuate (vt)	kitelepít	[kitɛlɛpi:t]

barbwire	tüskésdrót	[tyʃke:ʃdro:t]
barrier (anti tank ~)	torlasz	[torlɒs]
watchtower	torony	[toroɲ]

military hospital	katonai kórház	[kɒtonɒj ko:rha:z]
to wound (vt)	megsebez	[mɛgʃɛbɛz]
wound	seb	[ʃɛb]
wounded (n)	sebesült	[ʃɛbɛʃylt]
to be wounded	megsebesül	[mɛgʃɛbɛʃyl]
serious (wound)	súlyos	[ʃu:joʃ]

185. War. Military actions. Part 2

captivity	fogság	[fogʃa:g]
to take captive	foglyul ejt	[fogjyl ɛjt]
to be held captive	fogságban van	[fogʃa:gbɒn vɒn]
to be taken captive	fogságba esik	[fogʃa:gbɒ ɛʃik]

concentration camp	koncentrációs tábor	[kontsɛntra:tsio:ʃ ta:bor]
prisoner of war	fogoly	[fogoj]
to escape (vi)	megszökik	[mɛgsøkik]
to betray (vt)	elárul	[ɛla:rul]
betrayer	áruló	[a:rulo:]
betrayal	árulás	[a:rula:ʃ]
to execute	agyonlő	[ɒɟɒnlø:]
(by firing squad)		

execution (by firing squad)	agyonlövés	[ɒɟønløve:ʃ]
equipment (military gear)	felszerelés	[fɛlsɛrɛle:ʃ]
shoulder board	válllap	[va:lllop]
gas mask	gázálarc	[ga:za:lɒrts]

field radio	rádió	[ra:dio:]
cipher, code	rejtjel	[rɛjtjɛl]
secrecy	konspiráció	[konʃpira:tsio:]
password	jelszó	[jɛlso:]

land mine	akna	[ɒknɒ]
to mine (road, etc.)	elaknásít	[ɛlɒkna:ʃi:t]
minefield	aknamező	[ɒknɒme:zø:]

air-raid warning	légiriadó	[le:giriɒdo:]
alarm (alert signal)	riadó	[riɒdo:]
signal	jelzés	[jɛlze:ʃ]
signal flare	jelzőrakéta	[jɛlzø:rɒke:tɒ]

headquarters	főhadiszállás	[fø:hɒdisa:lla:ʃ]
reconnaissance	felderítés	[fɛldɛri:te:ʃ]
situation	helyzet	[hɛjzɛt]
report	beszámoló	[bɛsa:molo:]
ambush	les	[lɛʃ]
reinforcement (of army)	erősítés	[ɛrø:ʃi:te:ʃ]

target	célpont	[tse:lpont]
proving ground	lőtér	[lø:te:r]
military exercise	hadgyakorlatok	[hɒdɟokorlɒtok]

panic	pánik	[pa:nik]
devastation	pusztulás	[pustula:ʃ]
destruction, ruins	elpusztítás	[ɛlpusti:ta:ʃ]
to destroy (vt)	elpusztít	[ɛlpusti:t]

to survive (vi, vt)	életben marad	[e:lɛtbɛn mɒrɒd]
to disarm (vt)	lefegyverez	[lɛfɛɟvɛrɛz]
to handle (~ a gun)	bánik	[ba:nik]

| Attention! | Vigyázz! | [viɟa:zz] |
| At ease! | Pihenj! | [pihɛɲ] |

feat, act of courage	hőstett	[hø:ʃtɛtt]
oath (vow)	eskü	[ɛʃky]
to swear (an oath)	esküszik	[ɛʃkysik]

decoration (medal, etc.)	kitüntetés	[kityntɛte:ʃ]
to award (give medal to)	kitüntet	[kityntɛt]
medal	érem	[e:rɛm]
order (e.g., ~ of Merit)	rendjel	[rɛɲjɛl]
victory	győzelem	[ɟø:zɛlɛm]
defeat	vereség	[vɛrɛʃe:g]

183

armistice	**fegyverszünet**	[fɛɟvɛrsynɛt]
standard (battle flag)	**zászló**	[zaːsloː]
glory (honor, fame)	**dicsőség**	[ditʃøːʃeːg]
parade	**díszszemle**	[diːssɛmlɛ]
to march (on parade)	**menetel**	[mɛnɛtɛl]

186. Weapons

weapons	**fegyver**	[fɛɟvɛr]
firearms	**lőfegyver**	[løːfɛɟvɛr]
cold weapons (knives, etc.)	**vágó és szúrófegyver**	[vaːgoː eːʃ suːroːfɛɟvɛr]

chemical weapons	**vegyifegyver**	[vɛɟifɛɟvɛr]
nuclear (adj)	**nukleáris**	[nuklɛaːriʃ]
nuclear weapons	**nukleáris fegyver**	[nuklɛaːriʃ fɛɟvɛr]

| bomb | **bomba** | [bombɒ] |
| atomic bomb | **atombomba** | [ɒtombombɒ] |

pistol (gun)	**pisztoly**	[pistoj]
rifle	**puska**	[puʃkɒ]
submachine gun	**géppisztoly**	[geːppistoj]
machine gun	**géppuska**	[geːppuʃkɒ]

muzzle	**cső**	[tʃøː]
barrel	**fegyvercső**	[fɛɟvɛrtʃøː]
caliber	**kaliber**	[kɒlibɛr]

trigger	**ravasz**	[rɒvɒs]
sight (aiming device)	**irányzék**	[iraːɲzeːk]
magazine	**tár**	[taːr]
butt (shoulder stock)	**puskatus**	[puʃkɒtuʃ]

| hand grenade | **gránát** | [graːnaːt] |
| explosive | **robbanóanyag** | [robbɒnoːɒɲɒg] |

bullet	**golyó**	[gojoː]
cartridge	**töltény**	[tøltɛːɲ]
charge	**töltet**	[tøltɛt]
ammunition	**lőszer**	[løːsɛr]

bomber (aircraft)	**bombázó**	[bombaːzoː]
fighter	**vadászgép**	[vɒdaːsgeːp]
helicopter	**helikopter**	[hɛlikoptɛr]

anti-aircraft gun	**légvédelmi ágyú**	[leːgveːdɛlmi aːɟuː]
tank	**harckocsi**	[hɒrtskotʃi]
tank gun	**ágyú**	[aːɟuː]
artillery	**tüzérség**	[tyzeːrʃeːg]

to lay (a gun)	céloz	[tse:loz]
shell (projectile)	lövedék	[løvɛde:k]
mortar bomb	akna	[ɒknɒ]
mortar	aknavető	[ɒknɒvɛtø:]
splinter (shell fragment)	szilánk	[sila:ŋk]

submarine	tengeralattjáró	[tɛŋgɛrɒlɒttja:ro:]
torpedo	torpedó	[torpɛdo:]
missile	rakéta	[rɒke:tɒ]

to load (gun)	megtölt	[mɛgtølt]
to shoot (vi)	lő	[lø:]
to point at (the cannon)	céloz	[tse:loz]
bayonet	szurony	[suroɲ]

rapier	párbajtőr	[pa:rbɒjtø:r]
saber (e.g., cavalry ~)	szablya	[sɒbjɒ]
spear (weapon)	dárda	[da:rdɒ]
bow	íj	[i:j]
arrow	nyíl	[ɲi:l]
musket	muskéta	[muʃke:tɒ]
crossbow	számszeríj	[sa:msɛri:j]

187. Ancient people

primitive (prehistoric)	ősi	[ø:ʃi]
prehistoric (adj)	történelem előtti	[tørte:nɛlɛm ɛlø:tti]
ancient (~ civilization)	ősi	[ø:ʃi]

Stone Age	kőkorszak	[kø:korsɒk]
Bronze Age	bronzkor	[bronskor]
Ice Age	jégkorszak	[je:gkorsɒk]

tribe	törzs	[tørʒ]
cannibal	emberevő	[ɛmbɛrɛvø:]
hunter	vadász	[vɒda:s]
to hunt (vi, vt)	vadászik	[vɒda:sik]
mammoth	mamut	[mɒmut]

cave	barlang	[bɒrlɒŋg]
fire	tűz	[ty:z]
campfire	tábortűz	[ta:borty:z]
cave painting	barlangrajz	[bɒrlɒŋg rɒjz]

tool (e.g., stone ax)	munkaeszköz	[muŋkɒɛskøz]
spear	dárda	[da:rdɒ]
stone ax	kőfejsze	[kø:fɛjsɛ]
to be at war	harcol	[hɒrtsol]
to domesticate (vt)	szelídít	[sɛli:di:t]
idol	bálvány	[ba:lva:ɲ]

| to worship (vt) | imád | [imaːd] |
| superstition | babona | [bɔbonɒ] |

evolution	fejlődés	[fɛjløːdeːʃ]
development	fejlődés	[fɛjløːdeːʃ]
disappearance (extinction)	eltűnés	[ɛlty:neːʃ]
to adapt oneself	alkalmazkodik	[ɒlkɒlmɒskodik]

archeology	régészet	[reːgeːsɛt]
archeologist	régész	[reːgeːs]
archeological (adj)	régészeti	[reːgeːsɛti]

excavation site	ásatások	[aːʃɒtaːʃok]
excavations	ásatások	[aːʃɒtaːʃok]
find (object)	lelet	[lɛlɛt]
fragment	töredék	[tørɛdeːk]

188. Middle Ages

people (ethnic group)	nép	[neːp]
peoples	népek	[neːpɛk]
tribe	törzs	[tørʒ]
tribes	törzsek	[tørʒɛk]

barbarians	barbárok	[bɔrbaːrok]
Gauls	gallok	[gɒllok]
Goths	gótok	[goːtok]
Slavs	szlávok	[slaːvok]
Vikings	vikingek	[vikiŋgɛk]

| Romans | rómaiak | [roːmɒjɒk] |
| Roman (adj) | római | [roːmɒi] |

Byzantines	bizánciak	[bizaːntsiɒk]
Byzantium	Bizánc	[bizaːnts]
Byzantine (adj)	bizánci	[bizaːntsi]

emperor	császár	[tʃaːsaːr]
leader, chief (tribal ~)	törzsfőnök	[tørʒføːnøk]
powerful (~ king)	hatalmas	[hɒtɒlmɒʃ]
king	király	[kiraːj]
ruler (sovereign)	uralkodó	[urɒlkodoː]

knight	lovag	[lovɒg]
feudal lord	hűbérúr	[hyːbeːruːr]
feudal (adj)	hűbéri	[hyːbeːri]
vassal	hűbéres	[hyːbeːrɛʃ]

| duke | herceg | [hɛrtsɛg] |
| earl | gróf | [groːf] |

| baron | báró | [ba:ro:] |
| bishop | püspök | [pyʃpøk] |

armor	fegyverzet	[fɛɟvɛrzɛt]
shield	pajzs	[pɒjʒ]
sword	kard	[kɒrd]
visor	sisakrostély	[ʃiʃɒkroʃte:j]
chainmail	páncéling	[pa:ntse:liŋ]

| Crusade | keresztes hadjárat | [kɛrɛstɛʃ hɒdja:rɒt] |
| crusader | keresztes lovag | [kɛrɛstɛʃ lovɒg] |

territory	terület	[tɛrylɛt]
to attack (invade)	támad	[ta:mɒd]
to conquer (vt)	meghódít	[mɛgho:di:t]
to occupy (invade)	meghódít	[mɛgho:di:t]

siege (to be under ~)	ostrom	[oʃtrom]
besieged (adj)	ostromolt	[oʃtromolt]
to besiege (vt)	ostromol	[oʃtromol]

inquisition	inkvizíció	[iŋkvizi:tsio:]
inquisitor	inkvizítor	[iŋkvizi:tor]
torture	kínvallatás	[ki:nvɒllɒta:ʃ]
cruel (adj)	kegyetlen	[kɛɟɛtlɛn]
heretic	eretnek	[ɛrɛtnɛk]
heresy	eretnekség	[ɛrɛtnɛkʃe:g]

seafaring	tengerhajózás	[tɛŋgɛr hɒjo:za:ʃ]
pirate	kalóz	[kɒlo:z]
piracy	kalózság	[kɒlo:zʃa:g]
boarding (attack)	csáklyázás	[ʧa:kja:za:ʃ]
loot, booty	zsákmány	[ʒa:kma:ɲ]
treasures	kincsek	[kinʧɛk]

discovery	felfedezés	[fɛlfɛdɛze:ʃ]
to discover (new land, etc.)	felfedez	[fɛlfɛdɛz]
expedition	kutatóút	[kutɒto:u:t]

musketeer	muskétás	[muʃke:ta:ʃ]
cardinal	bíboros	[bi:boroʃ]
heraldry	címertan	[tsi:mɛrtɒn]
heraldic (adj)	címertani	[tsi:mɛrtɒni]

189. Leader. Chief. Authorities

king	király	[kira:j]
queen	királynő	[kira:jnø:]
royal (adj)	királyi	[kira:ji]
kingdom	királyság	[kira:jʃa:g]

| prince | herceg | [hɛrtsɛg] |
| princess | hercegnő | [hɛrtsɛgnøː] |

president	elnök	[ɛlnøk]
vice-president	alelnök	[ɒlɛlnøk]
senator	szenátor	[sɛnaːtor]

monarch	egyeduralkodó	[ɛɟɛɟurɒlkodoː]
ruler (sovereign)	uralkodó	[urɒlkodoː]
dictator	diktátor	[diktaːtor]
tyrant	zsarnok	[ʒɒrnok]
magnate	mágnás	[maːgnaːʃ]

director	igazgató	[igɒzgɒtoː]
chief	főnök	[føːnøk]
manager (director)	vezető	[vɛzɛtøː]
boss	főnök	[føːnøk]
owner	tulajdonos	[tulɒjdonoʃ]

head (~ of delegation)	vezető	[vɛzɛtøː]
authorities	hatóságok	[hɒtoːʃaːgok]
superiors	vezetőség	[vɛzɛtøːʃeːg]

governor	kormányzó	[kormaːɲzoː]
consul	konzul	[konzul]
diplomat	diplomata	[diplomɒtɒ]
mayor	polgármester	[polgaːrmɛʃtɛr]
sheriff	seriff	[ʃɛriff]

emperor	császár	[tʃaːsaːr]
tsar, czar	cár	[tsaːr]
pharaoh	fáraó	[faːrɒoː]
khan	kán	[kaːn]

190. Road. Way. Directions

| road | út | [uːt] |
| way (direction) | út | [uːt] |

freeway	országút	[orsaːguːt]
highway	autópálya	[ɒutoːpaːjɒ]
interstate	országút	[orsaːguːt]

| main road | főút | [føːuːt] |
| dirt road | dűlőút | [dyːløːuːt] |

pathway	ösvény	[øʃveːɲ]
footpath (troddenpath)	gyalogút	[ɟ ologuːt]
Where?	Hol?	[hol]
Where (to)?	Hová?	[hovaː]

From where?	**Honnan?**	[honnɒn]
direction (way)	**irány**	[iraːɲ]
to point (~ the way)	**mutat**	[mutɒt]

to the left	**balra**	[bɒlrɒ]
to the right	**jobbra**	[jobbrɒ]
straight ahead (adv)	**egyenesen**	[ɛɟɛnɛʃɛn]
back (e.g., to turn ~)	**hátra**	[haːtrɒ]

bend, curve	**kanyar**	[kɒɲɒr]
to turn (e.g., ~ left)	**fordul**	[fordul]
to make a U-turn	**visszafordul**	[vis:ɒfordul]

| to be visible (mountains, castle, etc.) | **látszik** | [laːtsik] |
| to appear (come into view) | **megjelenik** | [mɛgjɛlɛnik] |

stop, halt (e.g., during a trip)	**megállás**	[mɛgaːllaːʃ]
to rest, to pause (vi)	**pihen**	[pihɛn]
rest (pause)	**pihenés**	[pihɛneːʃ]

to lose one's way	**eltéved**	[ɛlteːvɛd]
to lead to ... (ab. road)	**vezet ...hez**	[vɛzɛt ...hɛz]
to come out (e.g., on the highway)	**kimegy ...hez**	[kimɛɟ ...hɛz]
stretch (of road)	**szakasz**	[sɒkɒs]

asphalt	**aszfalt**	[ɒsfɒlt]
curb	**útszegély**	[uːtsɛgeːj]
ditch	**árok**	[aːrok]
manhole	**csatornafedél**	[tʃɒtornɒfɛdeːl]
roadside (shoulder)	**útszél**	[uːtseːl]
pit, pothole	**gödör**	[gødør]

| to go (on foot) | **megy** | [mɛɟ] |
| to pass (overtake) | **megelőz** | [mɛgɛløːz] |

| step (footstep) | **lépés** | [leːpeːʃ] |
| on foot (adv) | **gyalog** | [ɟolog] |

to block (road)	**elkerít**	[ɛlkɛriːt]
boom gate	**sorompó**	[ʃorompoː]
dead end	**zsákutca**	[ʒaːkuttsɒ]

191. Breaking the law. Criminals. Part 1

bandit	**bandita**	[bɒnditɒ]
crime	**bűntett**	[byːntɛtt]
criminal (person)	**bűnöző**	[byːnøzøː]

thief	tolvaj	[tolvɒj]
to steal (vi, vt)	lop	[lop]
stealing, theft	lopás	[lopaːʃ]

to kidnap (vt)	elrabol	[ɛlrɒbol]
kidnapping	elrablás	[ɛlrɒblaːʃ]
kidnapper	elrabló	[ɛlrɒbloː]

| ransom | váltságdíj | [vaːltʃaːgdiːj] |
| to demand ransom | váltságdíjat követel | [vaːltʃaːgdiːjɒt køvɛtɛl] |

| to rob (vt) | kirabol | [kirɒbol] |
| robber | rabló | [rɒbloː] |

to extort (vt)	kizsarol	[kiʒɒrol]
extortionist	zsaroló	[ʒɒroloː]
extortion	zsarolás	[ʒɒrolaːʃ]

to murder, to kill	megöl	[mɛgøl]
murder	gyilkosság	[ɟilkoʃaːg]
murderer	gyilkos	[ɟilkoʃ]

gunshot	lövés	[løveːʃ]
to fire (~ a shot)	lő	[løː]
to shoot to death	agyonlő	[ɒɟonløː]
to shoot (vi)	tüzel	[tyzɛl]
shooting	tüzelés	[tyzɛleːʃ]

incident (fight, etc.)	eset	[ɛʃɛt]
fight, brawl	verekedés	[vɛrɛkɛdeːʃ]
Help!	Segítség!	[ʃɛgiːtʃeːg]
victim	áldozat	[aːldozɒt]

to damage (vt)	megrongál	[mɛgroŋgaːl]
damage	kár	[kaːr]
dead body, corpse	hulla	[hullɒ]
grave (~ crime)	súlyos	[ʃuːjoʃ]

to attack (vt)	támad	[taːmɒd]
to beat (to hit)	üt	[yt]
to beat up	megver	[mɛgvɛr]
to take (rob of sth)	elvesz	[ɛlvɛs]
to stab to death	levág	[lɛvaːg]
to maim (vt)	megcsonkít	[mɛgtʃoŋkiːt]
to wound (vt)	megsebez	[mɛgʃɛbɛz]

blackmail	zsarolás	[ʒɒrolaːʃ]
to blackmail (vt)	zsarol	[ʒɒrol]
blackmailer	zsaroló	[ʒɒroloː]

| protection racket | védelmi pénz zsarolása | [veːdɛlmi peːnz ʒɒrolaːʃɒ] |
| racketeer | védelmi pénz beszedője | [veːdɛlmi peːnz bɛsɛdøːjɛ] |

| gangster | gengszter | [gɛŋgstɛr] |
| mafia, Mob | maffia | [mɒffiɒ] |

pickpocket	zsebtolvaj	[ʒɛptolvɒj]
burglar	betörő	[bɛtørø:]
smuggling	csempészés	[ʧɛmpe:se:ʃ]
smuggler	csempész	[ʧɛmpe:s]

forgery	hamisítás	[hɒmiʃi:ta:ʃ]
to forge (counterfeit)	hamisít	[hɒmiʃi:t]
fake (forged)	hamisított	[hɒmiʃi:tott]

192. Breaking the law. Criminals. Part 2

rape	erőszakolás	[ɛrø:sɒkola:ʃ]
to rape (vt)	erőszakol	[ɛrø:sɒkol]
rapist	erőszakos	[ɛrø:sɒkoʃ]
maniac	megszállott	[mɛksa:llott]

prostitute (fem.)	prostituált nő	[proʃtitua:lt nø:]
prostitution	prostitúció	[proʃtitu:tsio:]
pimp	strici	[ʃtritsi]

| drug addict | narkós | [nɒrko:ʃ] |
| drug dealer | kábítószerkereskedő | [ka:bi:to:sɛrkɛrɛʃkɛdø] |

to blow up (bomb)	felrobbant	[fɛlrobbɒnt]
explosion	robbanás	[robbɒna:ʃ]
to set fire	felgyújt	[fɛlɟu:jt]
arsonist	gyújtogató	[ɟu:jtogɒto:]

terrorism	terrorizmus	[tɛrrorizmuʃ]
terrorist	terrorista	[tɛrroriʃtɒ]
hostage	túsz	[tu:s]

to swindle (deceive)	megcsal	[mɛgʧɒl]
swindle, deception	csalás	[ʧɒla:ʃ]
swindler	csaló	[ʧɒlo:]

to bribe (vt)	megveszteget	[mɛgvɛstɛgɛt]
bribery	megvesztegetés	[mɛgvɛstɛgɛte:ʃ]
bribe	csúszópénz	[ʧu:so:pe:nz]

poison	méreg	[me:rɛg]
to poison (vt)	megmérgez	[mɛgme:rgɛz]
to poison oneself	megmérgezi magát	[mɛgme:rgɛzi mɒga:t]

suicide (act)	öngyilkosság	[øɲɟilkoʃa:g]
suicide (person)	öngyilkos	[øɲɟilkoʃ]
to threaten (vt)	fenyeget	[fɛnɛgɛt]

threat	**fenyegetés**	[fɛnɛgɛte:ʃ]
to make an attempt	**megkísért**	[mɛkki:ʃe:rt]
attempt (attack)	**merénylet**	[mɛre:ɲlɛt]

to steal (a car)	**ellop**	[ɛllop]
to hijack (a plane)	**eltérít**	[ɛlte:ri:t]

revenge	**bosszú**	[bossu:]
to avenge (get revenge)	**megbosszul**	[mɛgbossul]

to torture (vt)	**kínoz**	[ki:noz]
torture	**kínvallatás**	[ki:nvɒllɒta:ʃ]
to torment (vt)	**gyötör**	[ɟøtør]

pirate	**kalóz**	[kɒlo:z]
hooligan	**huligán**	[huliga:n]
armed (adj)	**fegyveres**	[fɛɟvɛrɛʃ]
violence	**erőszak**	[ɛrø:sɒk]

spying (espionage)	**kémkedés**	[ke:mkɛde:ʃ]
to spy (vi)	**kémkedik**	[ke:mkɛdik]

193. Police. Law. Part 1

justice	**igazságügy**	[igɒʃa:gyɟ]
court (see you in ~)	**bíróság**	[bi:ro:ʃa:g]

judge	**bíró**	[bi:ro:]
jurors	**esküdtek**	[ɛʃkyttɛk]
jury trial	**esküdtbíróság**	[ɛʃkyttbi:ro:ʃa:g]
to judge, to try (vt)	**elítél**	[ɛli:te:l]

lawyer, attorney	**ügyvéd**	[yɟve:d]
defendant	**vádlott**	[va:dlott]
dock	**vádlottak padja**	[va:dlottɒk pɒɟɒ]

charge	**vád**	[va:d]
accused	**vádlott**	[va:dlott]

sentence	**ítélet**	[i:te:lɛt]
to sentence (vt)	**elítél**	[ɛli:te:l]

guilty (culprit)	**bűnös**	[by:nøʃ]
to punish (vt)	**büntet**	[byntɛt]
punishment	**büntetés**	[byntɛte:ʃ]

fine (penalty)	**pénzbüntetés**	[pe:nzbyntɛte:ʃ]
death penalty	**halálbüntetés**	[hɒla:lbyntɛte:ʃ]
electric chair	**villamosszék**	[villɒmoʃse:k]
gallows	**akasztófa**	[ɒkɒsto:fɒ]

| to execute (vt) | kivégez | [kive:gɛz] |
| execution | kivégzés | [kive:gze:ʃ] |

| prison, jail | börtön | [børtøn] |
| cell | cella | [tsɛllɒ] |

escort (convoy)	őrkíséret	[ø:rki:ʃe:rɛt]
prison guard	börtönőr	[børtønø:r]
prisoner	fogoly	[fogoj]

| handcuffs | kézbilincs | [ke:zbilintʃ] |
| to handcuff (vt) | megbilincsel | [mɛgbilintʃɛl] |

prison break	szökés	[søke:ʃ]
to break out (vi)	megszökik	[mɛgsøkik]
to disappear (vi)	eltűnik	[ɛlty:nik]
to release (from prison)	megszabadít	[mɛgsɒbɒdi:t]
amnesty	közkegyelem	[køskɛɟɛlɛm]

police	rendőrség	[rɛndø:rʃe:g]
police officer	rendőr	[rɛndø:r]
police station	rendőrőrszoba	[rɛndø:rø:rsobɒ]
billy club	gumibot	[gumibot]
bullhorn	hangtölcsér	[hɒŋg tøltʃe:r]

patrol car	járőrszolgálat	[ja:rø:r solga:lɒt]
siren	sziréna	[sire:na]
to turn on the siren	bekapcsolja a szirénát	[bɛkɒptʃojɒ ɒ sire:na:t]
siren call	szirénahang	[sire:nɒhɒŋg]

crime scene	helyszín	[hɛjsi:n]
witness	tanú	[tɒnu:]
freedom	szabadság	[sɒbɒdʃa:g]
accomplice	bűntárs	[by:nta:rʃ]
to flee (vi)	elbújik	[ɛlbu:jik]
trace (to leave a ~)	nyom	[ɲom]

194. Police. Law. Part 2

search (investigation)	körözés	[køˈrøze:ʃ]
to look for ...	keres	[kɛrɛʃ]
suspicion	gyanú	[ɟonu:]
suspicious (e.g., ~ vehicle)	gyanús	[ɟonu:ʃ]
to stop (cause to halt)	megállít	[mɛga:lli:t]
to detain (keep in custody)	letartóztat	[lɛtɔrto:ztɒt]

case (lawsuit)	ügy	[yɟ]
investigation	vizsgálat	[viʒga:lɒt]
detective	nyomozó	[ɲomozo:]
investigator	vizsgáló	[viʒga:lo:]

hypothesis	verzió	[vɛrzio:]
motive	indok	[indok]
interrogation	vallatás	[vɒllɒta:ʃ]
to interrogate (vt)	vallat	[vɒllɒt]
to question	kikérdez	[kike:rdɛz]
(~ neighbors, etc.)		
check (identity ~)	ellenőrzés	[ɛllɛnø:rze:ʃ]

round-up (raid)	razzia	[rɒzziɒ]
search (~ warrant)	átkutatás	[a:tkutɒta:ʃ]
chase (pursuit)	üldözés	[yldøze:ʃ]
to pursue, to chase	üldöz	[yldøz]
to track (a criminal)	követ	[køvɛt]

arrest	letartóztatás	[lɛtɒrto:ztɒta:ʃ]
to arrest (sb)	letartóztat	[lɛtɒrto:ztɒt]
to catch (thief, etc.)	elfog	[ɛlfog]
capture	elfogás	[ɛlfoga:ʃ]

document	irat	[irɒt]
proof (evidence)	bizonyíték	[bizoni:te:k]
to prove (vt)	bebizonyít	[bɛbizoni:t]
footprint	nyom	[ɲom]
fingerprints	ujjlenyomat	[ujjlɛnømɒt]
piece of evidence	bizonyíték	[bizoni:te:k]

alibi	alibi	[ɒlibi]
innocent (not guilty)	ártatlan	[a:rtɒtlɒn]
injustice	igazságtalanság	[igɒʃa:gtɒlɒnʃa:g]
unjust, unfair (adj)	igazságtalan	[igɒʃa:gtɒlɒn]

criminal (adj)	krimi	[krimi]
to confiscate (vt)	elkoboz	[ɛlkoboz]
drug (illegal substance)	kábítószer	[ka:bi:to:sɛr]
weapon, gun	fegyver	[fɛɟvɛr]
to disarm (vt)	lefegyverez	[lɛfɛɟvɛrɛz]
to order (command)	parancsol	[pɒrɒntʃol]
to disappear (vi)	eltűnik	[ɛlty:nik]

law	törvény	[tørve:ɲ]
legal, lawful (adj)	törvényes	[tørve:nɛʃ]
illegal, illicit (adj)	törvénytelen	[tørve:ɲtɛlɛn]

| responsibility (blame) | felelősség | [fɛlɛlø:ʃe:g] |
| responsible (adj) | felelős | [fɛlɛlø:ʃ] |

NATURE

The Earth. Part 1

195. Outer space

space	világűr	[vilɑ:gy:r]
space (as adj)	űr	[y:r]
outer space	világűr	[vilɑ:gy:r]

world	világmindenség	[vilɑ:g mindɛnʃe:g]
universe	világegyetem	[vilɑ:gɛɟɛtɛm]
galaxy	galaxis	[gɒlɒksis]

star	csillag	[tʃillɒg]
constellation	csillagzat	[tʃillɒgzɒt]
planet	bolygó	[bojgo:]
satellite	műhold	[my:hold]

meteorite	meteorit	[mɛtɛorit]
comet	üstökös	[yʃtøkøʃ]
asteroid	aszteroida	[ɒstɛroidɒ]

orbit	égitest pályája	[e:gitɛʃt pɑ:jɑ:jɒ]
to revolve (~ around the Earth)	kering	[kɛriŋg]
atmosphere	légkör	[le:gkør]

the Sun	a Nap	[ɒ nɒp]
solar system	naprendszer	[nɒprɛndsɛr]
solar eclipse	napfogyatkozás	[nɒpfoɟotkozɑ:ʃ]

the Earth	a Föld	[ɒ føld]
the Moon	a Hold	[ɒ hold]

Mars	Mars	[mɒrʃ]
Venus	Vénusz	[ve:nus]
Jupiter	Jupiter	[jupitɛr]
Saturn	Szaturnusz	[sɒturnus]

Mercury	Merkúr	[mɛrkur]
Uranus	Uranus	[urɒnuʃ]
Neptune	Neptunusz	[nɛptunus]
Pluto	Plútó	[plu:to:]
Milky Way	Tejút	[tɛju:t]

| Great Bear (Ursa Major) | Göncölszekér | [gøntsølsɛke:r] |
| North Star | Sarkcsillag | [ʃɒrktʃillɒg] |

Martian	marslakó	[mɒrʃlɒko:]
extraterrestrial (n)	földönkívüli	[føldøŋki:vyli]
alien	űrlény	[y:rle:ɲ]
flying saucer	ufó	[ufo:]

spaceship	űrhajó	[y:rhɒjo:]
space station	orbitális űrállomás	[orbita:liʃ y:ra:lloma:ʃ]
blast-off	rajt	[rɒjt]

engine	hajtómű	[hɒjto:my:]
nozzle	fúvóka	[fu:vo:kɒ]
fuel	fűtőanyag	[fy:tø:ɒɲɒg]

cockpit, flight deck	fülke	[fylkɛ]
antenna	antenna	[ɒntɛnnɒ]
porthole	hajóablak	[hɒjo:ɒblɒk]
solar panel	napelem	[nɒpɛlɛm]
spacesuit	űrhajósruha	[y:rhɒjo:ʃ ruhɒ]

| weightlessness | súlytalanság | [ʃu:jtɒlɒnʃa:g] |
| oxygen | oxigén | [oksige:n] |

| docking (in space) | összekapcsolás | [øssɛkɒptʃola:ʃ] |
| to dock (vi, vt) | összekapcsol | [øssɛkɒptʃol] |

observatory	csillagvizsgáló	[tʃillɒgviʒga:lo:]
telescope	távcső	[ta:vtʃø:]
to observe (vt)	figyel	[fiɟɛl]
to explore (vt)	kutat	[kutɒt]

196. The Earth

the Earth	a Föld	[ɒ føld]
the globe (the Earth)	földgolyó	[føldgojo:]
planet	bolygó	[bojgo:]

atmosphere	légkör	[le:gkør]
geography	földrajz	[føldrɒjz]
nature	természet	[tɛrme:sɛt]

globe (table ~)	földgömb	[føldgomb]
map	térkép	[te:rke:p]
atlas	atlasz	[ɒtlɒs]

Europe	Európa	[ɛuro:pɒ]
Asia	Ázsia	[a:ʒiɒ]
Africa	Afrika	[ɒfrikɒ]

Australia	Ausztrália	[ɒustra:liɒ]
America	Amerika	[ɒmɛrikɒ]
North America	ÉszakAmerika	[e:sɒkɒmɛrikɒ]
South America	DélAmerika	[de:lɒmɛrikɒ]

| Antarctica | Antarktisz | [ɒntɒrktis] |
| the Arctic | Arktisz | [ɒrktis] |

197. Cardinal directions

north	észak	[e:sɒk]
to the north	északra	[e:sɒkrɒ]
in the north	északon	[e:sɒkon]
northern (adj)	északi	[e:sɒki]

south	dél	[de:l]
to the south	délre	[de:lrɛ]
in the south	délen	[de:lɛn]
southern (adj)	déli	[de:li]

west	nyugat	[ɲugɒt]
to the west	nyugatra	[ɲugɒtrɒ]
in the west	nyugaton	[ɲugɒton]
western (adj)	nyugati	[ɲugɒti]

east	kelet	[kɛlɛt]
to the east	keletre	[kɛlɛtrɛ]
in the east	keleten	[kɛlɛtɛn]
eastern (adj)	keleti	[kɛlɛti]

198. Sea. Ocean

sea	tenger	[tɛŋgɛr]
ocean	óceán	[o:tsɛa:n]
gulf (bay)	öböl	[øbøl]
straits	tengerszoros	[tɛŋgɛrsoroʃ]

continent (mainland)	földrész	[føldre:s]
island	sziget	[sigɛt]
peninsula	félsziget	[fe:lsigɛt]
archipelago	szigetcsoport	[sigɛtʃoport]

bay, cove	öböl	[øbøl]
harbor	rév	[re:v]
lagoon	lagúna	[lɒgu:nɒ]
cape	fok	[fok]
atoll	atoll	[ɒtoll]
reef	szirt	[sirt]

coral	korall	[korɒll]
coral reef	korallszirt	[korɒllsirt]
deep (adj)	mély	[meːj]
depth (deep water)	mélység	[meːjʃeːg]
abyss	abisszikus	[abissikus]
trench (e.g., Mariana ~)	mélyedés	[meːjɛdeːʃ]
current (Ocean ~)	folyás	[fojaːʃ]
to surround (bathe)	körülvesz	[køry|vɛs]
shore	part	[pɒrt]
coast	part	[pɒrt]
flow (flood tide)	dagály	[dɒgaːj]
ebb (ebb tide)	apály	[ɒpaːj]
shoal	zátony	[zaːtoɲ]
bottom (~ of the sea)	alj	[ɒj]
wave	hullám	[hullaːm]
crest (~ of a wave)	taraj	[tɒrɒj]
spume (sea foam)	hab	[hɒb]
storm (sea storm)	vihar	[vihɒr]
hurricane	orkán	[orkaːn]
tsunami	szökőár	[søkøːaːr]
calm (dead ~)	szélcsend	[seːlʧɛnd]
quiet, calm (adj)	csendes	[ʧɛndɛʃ]
pole	sark	[ʃɒrk]
polar (adj)	sarki	[ʃɒrki]
latitude	szélesség	[seːlɛʃeːg]
longitude	hosszúság	[hossuːʃaːg]
parallel	szélességi kör	[seːlɛʃeːgi kør]
equator	egyenlítő	[ɛɟɛnliːtøː]
sky	ég	[eːg]
horizon	látóhatár	[laːtoːhɒtaːr]
air	levegő	[lɛvɛgøː]
lighthouse	világítótorony	[vilaːgiːtoːtoroɲ]
to dive (vi)	lemerül	[lɛmɛryl]
to sink (ab. boat)	elsüllyed	[ɛlʃyjːɛd]
treasures	kincsek	[kinʧɛk]

199. Seas' and Oceans' names

Atlantic Ocean	Atlantióceán	[ɒtlɒntioːtsɛaːn]
Indian Ocean	Indiaióceán	[indiɒioːtsɛaːn]

| Pacific Ocean | Csendesóceán | [tʃɛndɛʃoːtsɛaːn] |
| Arctic Ocean | Északisarkióceán | [eːsɒkijʃɒrkioːtsɛaːn] |

Black Sea	Feketetenger	[fɛkɛtɛtɛŋgɛr]
Red Sea	Vöröstenger	[vørøʃtɛŋgɛr]
Yellow Sea	Sárgatenger	[ʃaːrgɒtɛŋgɛr]
White Sea	Fehértenger	[fɛheːrtɛŋgɛr]

Caspian Sea	Kaszpitenger	[kɒspitɛŋgɛr]
Dead Sea	Holttenger	[holttɛŋgɛr]
Mediterranean Sea	Földközitenger	[føldkøzitɛŋgɛr]

| Aegean Sea | Égeitenger | [eːgɛitɛŋgɛr] |
| Adriatic Sea | Adriaitenger | [ɒdriɒitɛŋgɛr] |

Arabian Sea	Arabtenger	[ɒrɒbtɛŋgɛr]
Sea of Japan	Japántenger	[jɒpaːntɛŋgɛr]
Bering Sea	Beringtenger	[bɛriŋtɛŋgɛr]
South China Sea	Délkínaitenger	[deːlkiːnɒitɛŋgɛr]

Coral Sea	Koralltenger	[korɒlltɛŋgɛr]
Tasman Sea	Tasmántenger	[tɒsmaːntɛŋgɛr]
Caribbean Sea	Karibtenger	[kɒribtɛŋgɛr]

| Barents Sea | Barentstenger | [bɒrɛntʃtɛŋgɛr] |
| Kara Sea | Karatenger | [kɒrɒtɛŋgɛr] |

North Sea	Északitenger	[eːsɒkitɛŋgɛr]
Baltic Sea	Baltitenger	[bɒltitɛŋgɛr]
Norwegian Sea	Norvégtenger	[norveːgtɛŋgɛr]

200. Mountains

mountain	hegy	[hɛɟ]
mountain range	hegylánc	[hɛɟlaːnts]
mountain ridge	hegygerinc	[hɛɟgɛrints]

summit, top	csúcs	[tʃuːtʃ]
peak	hegyfok	[hɛɟfok]
foot (~ of the mountain)	láb	[laːb]
slope (mountainside)	lejtő	[lɛjtøː]

volcano	vulkán	[vulkaːn]
active volcano	működő vulkán	[mykødø: vulkaːn]
dormant volcano	kialudt vulkán	[kiolutt vulkaːn]

eruption	kitörés	[kitøreːʃ]
crater	vulkántölcsér	[vulkaːntøltʃeːr]
magma	magma	[mɒgmɒ]
lava	láva	[laːvɒ]

molten (~ lava)	izzó	[izzo:]
canyon	kanyon	[kɔɲon]
gorge	hegyszoros	[hɛɟsoroʃ]
crevice	hasadék	[hɒʃɒdeːk]

pass, col	hágó	[haːgo:]
plateau	fennsík	[fɛnnʃiːk]
cliff	szikla	[siklɒ]
hill	domb	[domb]

glacier	gleccser	[glɛtʃɛr]
waterfall	vízesés	[viːzɛʃeːʃ]
geyser	szökőforrás	[søkøːforraːʃ]
lake	tó	[to:]

plain	síkság	[ʃiːkʃaːg]
landscape	táj	[ta:j]
echo	visszhang	[visshɒŋg]

alpinist	alpinista	[ɒlpiniʃtɒ]
rock climber	sziklamászó	[siklɒ ma:so:]
to conquer (in climbing)	meghódít	[mɛgho:di:t]
climb (an easy ~)	megmászás	[mɛgma:sa:ʃ]

201. Mountains names

The Alps	Alpok	[ɒlpok]
Mont Blanc	Mont Blanc	[mont blɒn]
The Pyrenees	Pireneusok	[pirɛnɛuʃok]

The Carpathians	Kárpátok	[ka:rpa:tok]
The Ural Mountains	Urál hegység	[ura:l hɛɟʃe:g]
The Caucasus Mountains	Kaukázus	[kɒuka:zuʃ]
Mount Elbrus	Elbrusz	[ɛlbrusz]

The Altai Mountains	Altaj hegység	[ɒltɒj hɛɟʃe:g]
The Tian Shan	Tiensan	[tjɒnʃɒn]
The Pamir Mountains	Pamír	[pɒmi:r]
The Himalayas	Himalája	[himɒlaːjɒ]
Mount Everest	Everest	[ɛvɛrɛst]

| The Andes | Andok | [ɒndok] |
| Mount Kilimanjaro | Kilimandzsáró | [kilimɒnʤaːro:] |

202. Rivers

| river | folyó | [fojo:] |
| spring (natural source) | forrás | [forra:ʃ] |

riverbed (river channel)	meder	[mɛdɛr]
basin (river valley)	medence	[mɛdɛntsɛ]
to flow into ...	befolyik	[bɛfojik]

| tributary | mellékfolyó | [mɛlle:kfojo:] |
| bank (of river) | part | [pɒrt] |

current (stream)	folyás	[foja:ʃ]
downstream (adv)	folyón lefelé	[fojo:n lɛfɛle:]
upstream (adv)	folyón fölfelé	[fojo:n følfɛle:]

inundation	árvíz	[a:rvi:z]
flooding	áradás	[a:rɒda:ʃ]
to overflow (vi)	kiárad	[kia:rɒd]
to flood (vt)	eláraszt	[ɛla:rɒst]

| shallow (shoal) | zátony | [za:toɲ] |
| rapids | zuhogó | [zuhogo:] |

dam	gát	[ga:t]
canal	csatorna	[tʃɒtornɒ]
reservoir (artificial lake)	víztároló	[vi:zta:rolo:]
sluice, lock	zsilip	[ʒilip]

water body (pond, etc.)	vizek	[vizɛk]
swamp (marshland)	mocsár	[motʃa:r]
bog, marsh	ingovány	[iŋgova:ɲ]
whirlpool	forgatag	[forgɒtɒg]

stream (brook)	patak	[pɒtɒk]
drinking (ab. water)	iható	[ihɒto:]
fresh (~ water)	édesvízi	[e:dɛʃvi:zi]

| ice | jég | [je:g] |
| to freeze over (ab. river, etc.) | befagy | [bɛfɒɟ] |

203. Rivers' names

| Seine | Szajna | [sɒjnɒ] |
| Loire | Loire | [luɒr] |

Thames	Temze	[tɛmzɛ]
Rhine	Rajna	[rɒjnɒ]
Danube	Duna	[dunɒ]

Volga	Volga	[volgɒ]
Don	Don	[don]
Lena	Léna	[le:nɒ]
Yellow River	Sárgafolyó	[ʃa:rgɒfojo:]

Yangtze	Jangce	[jɒŋgtsɛ]
Mekong	Mekong	[mɛkoŋg]
Ganges	Gangesz	[gɒŋgɛs]

Nile River	Nílus	[ni:luʃ]
Congo River	Kongó	[koŋgo:]
Okavango River	Okavango	[okɒvɒŋgo]
Zambezi River	Zambézi	[zɒmbe:zi]
Limpopo River	Limpopo	[limpopo]
Mississippi River	Mississippi	[mississippi]

204. Forest

| forest, wood | erdő | [ɛrdø:] |
| forest (as adj) | erdő | [ɛrdø:] |

thick forest	sűrűség	[ʃy:ry:ʃe:g]
grove	erdőcske	[ɛrdø:ʧkɛ]
forest clearing	tisztás	[tista:ʃ]

| thicket | bozót | [bozo:t] |
| scrubland | cserje | [ʧɛrjɛ] |

| footpath (troddenpath) | gyalogút | [ɟologu:t] |
| gully | vízmosás | [vi:zmoʃa:ʃ] |

tree	fa	[fɒ]
leaf	levél	[lɛve:l]
leaves (foliage)	lomb	[lomb]

fall of leaves	lombhullás	[lombhulla:ʃ]
to fall (ab. leaves)	lehull	[lɛhull]
top (of the tree)	tető	[tɛtø:]

branch	ág	[a:g]
bough	ág	[a:g]
bud (on shrub, tree)	rügy	[ryɟ]
needle (of pine tree)	tűlevél	[ty:lɛve:l]
pine cone	toboz	[toboz]

tree hollow	odú	[odu:]
nest	fészek	[fe:sɛk]
burrow (animal hole)	üreg	[yrɛg]

trunk	törzs	[tørʒ]
root	gyökér	[ɟøke:r]
bark	kéreg	[ke:rɛg]
moss	moha	[mohɒ]
to uproot (remove trees or tree stumps)	kiás	[kia:ʃ]

to chop down	irt	[irt]
to deforest (vt)	irt	[irt]
tree stump	tönk	[tøŋk]

campfire	tábortűz	[taːbortyːz]
forest fire	erdőtűz	[ɛrdøːtyːz]
to extinguish (vt)	olt	[olt]

forest ranger	erdész	[ɛrdeːs]
protection	őrzés	[øːrzeːʃ]
to protect (~ nature)	őriz	[øːriz]
poacher	vadorzó	[vodorzoː]
steel trap	csapda	[ʧobdɒ]

to pick (mushrooms)	gombázik	[gombaːzik]
to pick (berries)	szed	[sɛd]
to lose one's way	eltéved	[ɛlteːvɛd]

205. Natural resources

natural resources	természeti kincsek	[tɛrmeːsɛti kinʧɛk]
minerals	ásványkincsek	[aːʃvaːɲ kinʧɛk]
deposits	rétegek	[reːtɛgɛk]
field (e.g., oilfield)	lelőhely	[lɛløːhɛj]

to mine (extract)	kitermel	[kitɛrmɛl]
mining (extraction)	kitermelés	[kitɛrmɛleːʃ]
ore	érc	[eːrts]
mine (e.g., for coal)	bánya	[baːɲɒ]
shaft (mine ~)	akna	[ɒknɒ]
miner	bányász	[baːnjaːs]

gas (natural ~)	gáz	[gaːz]
gas pipeline	gázvezeték	[gaːzvɛzɛteːk]

oil (petroleum)	nyersolaj	[ɲɛrʃolɒj]
oil pipeline	olajvezeték	[olɒjvɛzɛteːk]
oil well	olajkút	[olɒjkuːt]
derrick (tower)	fúrótorony	[fuːroːtoroɲ]
tanker	tartályhajó	[tɒrtaːjhɒjoː]

sand	homok	[homok]
limestone	mészkő	[meːskøː]
gravel	kavics	[kɒviʧ]
peat	tőzeg	[tøːzɛg]
clay	agyag	[ɒɟog]
coal	szén	[seːn]

iron (ore)	vas	[vɒʃ]
gold	arany	[ɒrɒɲ]

silver	ezüst	[ɛzyʃt]
nickel	nikkel	[nikkɛl]
copper	réz	[reːz]

zinc	horgany	[horgɒɲ]
manganese	mangán	[mɒŋgaːn]
mercury	higany	[higɒɲ]
lead	ólom	[oːlom]

mineral	ásvány	[aːʃvaːɲ]
crystal	kristály	[kriʃtaːj]
marble	márvány	[maːrvaːɲ]
uranium	uránium	[uraːnium]

The Earth. Part 2

206. Weather

weather	időjárás	[idø:ja:ra:ʃ]
weather forecast	időjárásjelentés	[idø:ja:ra:ʃjɛlɛnte:ʃ]
temperature	hőmérséklet	[hø:me:rʃe:klɛt]
thermometer	hőmérő	[hø:me:rø:]
barometer	légsúlymérő	[le:gʃu:jme:rø:]

humidity	nedvesség	[nɛdvɛʃe:g]
heat (extreme ~)	hőség	[hø:ʃe:g]
hot (torrid)	forró	[forro:]
it's hot	hőség van	[hø:ʃe:g vɒn]

it's warm	meleg van	[mɛlɛg vɒn]
warm (moderately hot)	meleg	[mɛlɛg]

it's cold	hideg van	[hidɛg vɒn]
cold (adj)	hideg	[hidɛg]
sun	nap	[nɒp]
to shine (vi)	süt	[ʃyt]
sunny (day)	napos	[nɒpoʃ]
to come up (vi)	felkel	[fɛlkɛl]
to set (vi)	lemegy	[lɛmɛɟ]

cloud	felhő	[fɛlhø:]
cloudy (adj)	felhős	[fɛlhø:ʃ]
rain cloud	esőfelhő	[ɛʃø:fɛlhø:]
somber (gloomy)	borús	[boru:ʃ]

rain	eső	[ɛʃø:]
it's raining	esik az eső	[ɛʃik ɒz ɛʃø:]
rainy (~ day, weather)	esős	[ɛʃø:ʃ]
to drizzle (vi)	szemerkél	[sɛmɛrke:l]

pouring rain	zápor	[za:por]
downpour	zápor	[za:por]
heavy (e.g., ~ rain)	erős	[ɛrø:ʃ]
puddle	tócsa	[to:tʃɒ]
to get wet (in rain)	ázik	[a:zik]

fog (mist)	köd	[kød]
foggy	ködös	[kødøʃ]
snow	hó	[ho:]
it's snowing	havazik	[hɒvɒzik]

207. Severe weather. Natural disasters

thunderstorm	zivatar	[zivɒtɒr]
lightning (~ strike)	villám	[villa:m]
to flash (vi)	villámlik	[villa:mlik]

thunder	mennydörgés	[mɛnɲdørge:ʃ]
to thunder (vi)	dörög	[dørøg]
it's thundering	mennydörög	[mɛnɲdørøg]

| hail | jégeső | [je:gɛʃø:] |
| it's hailing | jég esik | [je:g ɛʃik] |

| to flood (vt) | elárad | [ɛla:rɒd] |
| flood, inundation | árvíz | [a:rvi:z] |

earthquake	földrengés	[føldrɛnge:ʃ]
tremor, shoke	lökés	[løke:ʃ]
epicenter	epicentrum	[ɛpitsɛntrum]

| eruption | kitörés | [kitøre:ʃ] |
| lava | láva | [la:vɒ] |

twister	forgószél	[forgo:se:l]
tornado	tornádó	[torna:do:]
typhoon	tájfun	[ta:jfun]

hurricane	orkán	[orka:n]
storm	vihar	[vihɒr]
tsunami	szökőár	[søkø:a:r]

cyclone	ciklon	[tsiklon]
bad weather	rossz idő	[ross idø:]
fire (accident)	tűz	[ty:z]
disaster	katasztrófa	[kɒtɒstro:fɒ]
meteorite	meteorit	[mɛtɛorit]

avalanche	lavina	[lɒvinɒ]
snowslide	hógörgeteg	[ho:gørgɛtɛg]
blizzard	hóvihar	[ho:vihɒr]
snowstorm	hóvihar	[ho:vihɒr]

208. Noises. Sounds

silence (quiet)	csend	[ʧɛnd]
sound	hang	[hɒŋg]
noise	lárma	[la:rmɒ]
to make noise	lármázik	[la:rma:zik]
noisy (adj)	lármás	[la:rma:ʃ]

loudly (to speak, etc.)	hangosan	[hɒŋgoʃɒn]
loud (voice, etc.)	hangos	[hɒŋgoʃ]
constant (e.g., ~ noise)	állandó	[a:llɒndo:]

cry, shout (n)	kiáltás	[kia:lta:ʃ]
to cry, to shout (vi)	kiált	[kia:lt]
whisper	suttogás	[ʃuttoga:ʃ]
to whisper (vi, vt)	suttog	[ʃuttog]

| barking (dog's ~) | ugatás | [ugɒta:ʃ] |
| to bark (vi) | ugat | [ugɒt] |

groan (of pain, etc.)	nyögés	[ɲøge:ʃ]
to groan (vi)	nyög	[ɲøg]
cough	köhögés	[køhøge:ʃ]
to cough (vi)	köhög	[køhøg]

whistle	fütty	[fyc:]
to whistle (vi)	fütyül	[fycyl]
knock (at the door)	kopogás	[kopoga:ʃ]
to knock (on the door)	kopog	[kopog]

| to crack (vi) | recseg | [rɛtʃɛg] |
| crack (cracking sound) | recsegés | [rɛtʃɛge:ʃ] |

siren	sziréna	[sire:na]
whistle (factory ~, etc.)	síp	[ʃi:p]
to whistle (ab. train)	sípol	[ʃi:pol]
honk (car horn sound)	jel	[jɛl]
to honk (vi)	jelez	[jɛlɛz]

209. Winter

winter (n)	tél	[te:l]
winter (as adj)	téli	[te:li]
in winter	télen	[te:lɛn]

snow	hó	[ho:]
it's snowing	havazik	[hɒvɒzik]
snowfall	hóesés	[ho:ɛʃe:ʃ]
snowdrift	hótorlasz	[ho:torlɒs]

snowflake	hópehely	[ho:pɛhɛj]
snowball	hógolyó	[ho:gojo:]
snowman	hóember	[ho:ɛmbɛr]
icicle	jégcsap	[je:gtʃɒp]

December	december	[dɛtsɛmbɛr]
January	január	[jɒnua:r]
February	február	[fɛbrua:r]

frost (severe ~, freezing cold)	**fagy**	[foɟ]
frosty (weather, air)	**fagyos**	[foɟoʃ]
below zero (adv)	**fagypont alatt**	[foɟpont ɒlɒtt]
first frost	**reggeli fagy**	[rɛggɛli foɟ]
hoarfrost	**zúzmara**	[zuːzmɒrɒ]
cold (cold weather)	**hideg**	[hidɛg]
it's cold	**hideg van**	[hidɛg vɒn]
fur coat	**bunda**	[bundɒ]
mittens	**egyujjas kesztyű**	[ɛɟujjoʃ kɛscyː]
to get sick	**megbetegeskedik**	[mɛgbɛtɛgɛʃkɛdik]
cold (illness)	**megfázás**	[mɛgfaːzaːʃ]
to catch a cold	**megfázik**	[mɛgfaːzik]
ice	**jég**	[jeːg]
black ice	**jégkéreg**	[jeːgkeːrɛg]
to freeze over (ab. river, etc.)	**befagy**	[bɛfoɟ]
ice floe	**jégtábla**	[jeːgtaːblɒ]
skis	**sí**	[ʃiː]
skier	**síelő**	[ʃiːɛløː]
to ski (vi)	**síel**	[ʃiːɛl]
to skate (vi)	**korcsolyázik**	[kortʃojaːzik]

Fauna

210. Mammals. Predators

predator	ragadozó állat	[rɒgɒdozo: a:llɒt]
tiger	tigris	[tigriʃ]
lion	oroszlán	[orosla:n]
wolf	farkas	[fɒrkɒʃ]
fox	róka	[ro:kɒ]
jaguar	jaguár	[jɒgua:r]
leopard	leopárd	[lɛopa:rd]
cheetah	gepárd	[gɛpa:rd]
black panther	párduc	[pa:rduts]
puma	puma	[pumɒ]
snow leopard	hópárduc	[ho:pa:rduts]
lynx	hiúz	[hiu:z]
coyote	prérifarkas	[pre:rifɒrkɒʃ]
jackal	sakál	[ʃɒka:l]
hyena	hiéna	[hie:nɒ]

211. Wild animals

animal	állat	[a:llɒt]
beast (animal)	vadállat	[vɒda:llɒt]
squirrel	mókus	[mo:kuʃ]
hedgehog	sündisznó	[ʃyndisno:]
hare	nyúl	[ɲu:l]
rabbit	nyúl	[ɲu:l]
badger	borz	[borz]
raccoon	mosómedve	[moʃo:mɛdvɛ]
hamster	hörcsög	[hørtʃøg]
marmot	mormota	[mormotɒ]
mole	vakond	[vɒkond]
mouse	egér	[ɛge:r]
rat	patkány	[pɒtka:ɲ]
bat	denevér	[dɛnɛve:r]
ermine	hermelin	[hɛrmɛlin]
sable	coboly	[tsoboj]

marten	**nyuszt**	[ɲust]
weasel	**menyét**	[mɛɲeːt]
mink	**nyérc**	[ɲeːrts]
beaver	**hódprém**	[hoːdpreːm]
otter	**vidra**	[vidrɒ]
horse	**ló**	[loː]
moose	**jávorszarvas**	[jaːvorsɒrvɒʃ]
deer	**szarvas**	[sɒrvɒʃ]
camel	**teve**	[tɛvɛ]
bison	**bölény**	[bøleːɲ]
wisent	**európai bölény**	[ɛuroːpɒj bøleːɲ]
buffalo	**bivaly**	[bivɒj]
zebra	**zebra**	[zɛbrɒ]
antelope	**antilop**	[ɒntilop]
roe deer	**őz**	[øːz]
fallow deer	**dámszarvas**	[daːmsɒrvɒʃ]
chamois	**zerge**	[zɛrgɛ]
wild boar	**vaddisznó**	[vɒddisnoː]
whale	**bálna**	[baːlnɒ]
seal	**fóka**	[foːkɒ]
walrus	**rozmár**	[rozmaːr]
fur seal	**medvefóka**	[mɛdvɛfoːkɒ]
dolphin	**delfin**	[dɛlfin]
bear	**medve**	[mɛdvɛ]
polar bear	**jegesmedve**	[jɛgɛʃmɛdvɛ]
panda	**panda**	[pɒndɒ]
monkey	**majom**	[mɒjom]
chimpanzee	**csimpánz**	[tʃimpaːnz]
orangutan	**orangután**	[orɒŋgutaːn]
gorilla	**gorilla**	[gorillɒ]
macaque	**makákó**	[mɒkaːkoː]
gibbon	**gibbon**	[gibbon]
elephant	**elefánt**	[ɛlɛfaːnt]
rhinoceros	**orrszarvú**	[orrsɒrvuː]
giraffe	**zsiráf**	[ʒiraːf]
hippopotamus	**víziló**	[viːziloː]
kangaroo	**kenguru**	[kɛŋguru]
koala (bear)	**koala**	[koɒlɒ]
mongoose	**mongúz**	[monguːz]
chinchilla	**csincsilla**	[tʃintʃillɒ]
skunk	**bűzös borz**	[byːzøʃ borz]
porcupine	**tarajos sül**	[tɒrɒjoʃ ʃyl]

212. Domestic animals

| cat | macska | [mɒtʃkɒ] |
| tomcat | kandúr | [kɒndu:r] |

horse	ló	[lo:]
stallion (male horse)	mén	[me:n]
mare	kanca	[kɒntsɒ]

cow	tehén	[tɛhe:n]
bull	bika	[bikɒ]
ox	ökör	[økør]

sheep (ewe)	juh	[juh]
ram	kos	[koʃ]
goat	kecske	[kɛtʃkɛ]
billy goat, he-goat	bakkecske	[bɒkkɛtʃkɛ]

| donkey | szamár | [sɒma:r] |
| mule | öszvér | [øsve:r] |

pig, hog	disznó	[disno:]
piglet	malac	[mɒlɒts]
rabbit	nyúl	[ɲu:l]

| hen (chicken) | tyúk | [cu:k] |
| rooster | kakas | [kɒkɒʃ] |

duck	kacsa	[kɒtʃɒ]
drake	gácsér	[ga:tʃe:r]
goose	liba	[libɒ]

| tom turkey, gobbler | pulykakakas | [pujkɒkɒkɒʃ] |
| turkey (hen) | pulyka | [pujkɒ] |

domestic animals	háziállatok	[ha:zi a:llɒtok]
tame (e.g., ~ hamster)	szelíd	[sɛli:d]
to tame (vt)	megszelídít	[mɛgsɛli:di:t]
to breed (vt)	tenyészt	[tɛne:st]

| farm | telep | [tɛlɛp] |
| poultry | baromfi | [bɒromfi] |

| cattle | jószág | [jo:sa:g] |
| herd (cattle) | nyáj | [nja:j] |

stable	istálló	[iʃta:llo:]
pigpen	disznóól	[disno:o:l]
cowshed	tehénistálló	[tɛhe:niʃta:llo:]
rabbit hutch	nyúlketrec	[ɲu:lkɛtrɛts]
hen house	tyúkól	[cu:ko:l]

213. Dogs. Dog breeds

dog	kutya	[kucɒ]
sheepdog	juhászkutya	[juha:skucɒ]
poodle	uszkár	[uska:r]
dachshund	dakszli	[dɒksli]

bulldog	buldog	[buldog]
boxer	boxer	[boksɛr]
mastiff	masztiff	[mɒstiff]
Rottweiler	rottweiler	[rottvɛjlɛr]
Doberman	dobermann	[dobɛrmɒnn]

basset	Basset hound	[bɒssɛt hɒund]
bobtail	bobtél	[bopte:l]
Dalmatian	dalmata	[dɒlmɒtɒ]
cocker spaniel	spániel	[ʃpa:niɛl]

| Newfoundland | újfundlandi | [u:jfundlɒdi] |
| Saint Bernard | bernáthegyi kutya | [bɛrna:thɛɟi kucɒ] |

husky	husky	[hɒski]
Chow Chow	Csau csau	[ʧau-ʧau]
spitz	spicc	[ʃpits]
pug	mopsz	[mops]

214. Sounds made by animals

barking (n)	ugatás	[ugɒta:ʃ]
to bark (vi)	ugat	[ugɒt]
to meow (vi)	nyávog	[ɲa:voɡ]
to purr (vi)	dorombol	[dorombol]

to moo (vi)	bőg	[bø:g]
to bellow (bull)	bőg	[bø:g]
to growl (vi)	morog	[morog]

howl (n)	üvöltés	[yvølte:ʃ]
to howl (vi)	üvölt	[yvølt]
to whine (vi)	szűköl	[sy:køl]

to bleat (sheep)	béget	[be:gɛt]
to oink, to grunt (pig)	röfög	[røføg]
to squeal (vi)	visít	[viʃi:t]

to croak (vi)	brekeg	[brɛkɛg]
to buzz (insect)	zümmög	[zymmøg]
to chirp (crickets, grasshopper)	ciripel	[tsiripɛl]

215. Young animals

cub	állatok kölyke	[aːllɒtok køjkɛ]
kitten	cica	[tsitsɒ]
baby mouse	kisegér	[kiʃɛgeːr]
puppy	kölyök	[køjøk]
leveret	kisnyúl	[kiʃɲuːl]
baby rabbit	nyuszi	[ɲusi]
wolf cub	kisfarkas	[kiʃfɒrkɒʃ]
fox cub	kisróka	[kiʃroːkɒ]
bear cub	bocs	[botʃ]
lion cub	oroszlánkölyök	[oroslaːn køjøk]
tiger cub	tigriskölyök	[tigriʃ køjøk]
elephant calf	kiselefánt	[kiʃɛlɛfaːnt]
piglet	malac	[mɒlɒts]
calf (young cow, bull)	borjú	[borjuː]
kid (young goat)	gida	[gidɒ]
lamb	kisbárány	[kiʃbaːraːɲ]
fawn (young deer)	szarvasborjú	[sɒrvɒʃborjuː]
young camel	kisteve	[kiʃtɛvɛ]
snakelet (baby snake)	kis kígyó	[kiʃ kiːɟoː]
froglet (baby frog)	békácska	[beːkaːtʃkɒ]
baby bird	madárfióka	[mɒdaːrfioːkɒ]
chick (of chicken)	csibe	[tʃibɛ]
duckling	kiskacsa	[kiʃkɒtʃɒ]

216. Birds

bird	madár	[mɒdaːr]
pigeon	galamb	[gɒlɒmb]
sparrow	veréb	[vɛreːb]
tit (great tit)	cinke	[tsiŋkɛ]
magpie	szarka	[sɒrkɒ]
raven	holló	[holloː]
crow	varjú	[vɒrjuː]
jackdaw	csóka	[tʃoːkɒ]
rook	vetési varjú	[vɛteːʃi vɒrjuː]
duck	kacsa	[kɒtʃɒ]
goose	liba	[libɒ]
pheasant	fácán	[faːtsaːn]
eagle	sas	[ʃɒʃ]
hawk	héja	[heːjɒ]

falcon	sólyom	[ʃoːjom]
vulture	griff	[griff]
condor (Andean ~)	kondor	[kondor]

swan	hattyú	[hɒcːuː]
crane	daru	[dɒru]
stork	gólya	[goːjɒ]

parrot	papagáj	[pɒpɒgaːj]
hummingbird	kolibri	[kolibri]
peacock	páva	[paːvɒ]

ostrich	strucc	[ʃtruts]
heron	kócsag	[koːʧɒg]
flamingo	flamingó	[flɒmiŋgoː]
pelican	pelikán	[pɛlikaːn]

| nightingale | fülemüle | [fylɛmylɛ] |
| swallow | fecske | [fɛʧkɛ] |

thrush	rigó	[rigoː]
song thrush	énekes rigó	[eːnɛkɛʃ rigoː]
blackbird	fekete rigó	[fɛkɛtɛ rigoː]

swift	sarlós fecske	[ʃɒrloːʃ fɛʧkɛ]
lark	pacsirta	[pɒʧirtɒ]
quail	fürj	[fyrj]

woodpecker	harkály	[hɒrkaːj]
cuckoo	kakukk	[kɒkukk]
owl	bagoly	[bɒgoj]
eagle owl	fülesbagoly	[fylɛʃbɒgoj]
wood grouse	süketfajd	[ʃykɛtfɒjd]
black grouse	nyírfajd	[ɲiːrfojd]
partridge	fogoly	[fogoj]

starling	seregély	[ʃɛrɛgeːj]
canary	kanári	[kɒnaːri]
hazel grouse	császármadár	[ʧɒsaːrmɒdaːr]
chaffinch	erdei pinty	[ɛrdɛi piɲc]
bullfinch	pirók	[piroːk]

seagull	sirály	[ʃiraːj]
albatross	albatrosz	[ɒlbɒtros]
penguin	pingvin	[piŋgvin]

217. Birds. Singing and sounds

| to sing (vi) | énekel | [eːnɛkɛl] |
| to call (animal, bird) | kiabál | [kiɒbaːl] |

to crow (rooster)	kukorékol	[kukore:kol]
cock-a-doodle-doo	kukurikú	[kukuriku:]

to cluck (hen)	kotkodácsol	[kotkoda:tʃol]
to caw (crow call)	károg	[ka:rog]
to quack (duck call)	hápog	[ha:pog]
to cheep (vi)	csipog	[tʃipog]
to chirp, to twitter	csiripel	[tʃiripɛl]

218. Fish. Marine animals

bream	dévérkeszeg	[de:ve:rkɛsɛg]
carp	ponty	[poɲc]
perch	folyami sügér	[fojɒmi ʃyge:r]
catfish	harcsa	[hɒrtʃɒ]
pike	csuka	[tʃukɒ]

salmon	lazac	[lɒzɒts]
sturgeon	tokhal	[tokhɒl]

herring	hering	[hɛriŋg]
Atlantic salmon	lazac	[lɒzɒts]
mackerel	makréla	[mɒkre:lɒ]
flatfish	lepényhal	[lɛpe:ɲhɒl]

zander, pike perch	fogas	[fogɒʃ]
cod	tőkehal	[tø:kɛhɒl]
tuna	tonhal	[tonhɒl]
trout	pisztráng	[pistra:ŋg]
eel	angolna	[ɒŋgolnɒ]
electric ray	villamos rája	[villɒmoʃ ra:jɒ]
moray eel	muréna	[mure:nɒ]
piranha	pirája	[pira:jɒ]

shark	cápa	[tsa:pɒ]
dolphin	delfin	[dɛlfin]
whale	bálna	[ba:lnɒ]

crab	tarisznyarák	[tɒrisɲɒra:k]
jellyfish	medúza	[mɛdu:zɒ]
octopus	nyolckarú polip	[ɲoltskɒru: polip]

starfish	tengeri csillag	[tɛŋgɛri tʃillɒg]
sea urchin	tengeri sün	[tɛŋgɛri ʃyn]
seahorse	tengeri csikó	[tɛŋgɛri tʃiko:]

oyster	osztriga	[ostrigɒ]
shrimp	garnélarák	[gɒrne:lɒra:k]
lobster	homár	[homa:r]
spiny lobster	languszta	[lɒŋgustɒ]

219. Amphibians. Reptiles

snake	kígyó	[kiːɟøː]
venomous (snake)	mérges	[meːrgɛʃ]
viper	vipera	[vipɛrɒ]
cobra	kobra	[kobrɒ]
python	piton	[piton]
boa	boa	[boɒ]
grass snake	sikló	[ʃikloː]
rattle snake	csörgőkígyó	[tʃørgøːkiɟøː]
anaconda	anakonda	[ɒnɒkondɒ]
lizard	gyík	[ɟiːk]
iguana	leguán	[lɛguaːn]
monitor lizard	varánusz	[vɒraːnus]
salamander	szalamandra	[sɒlɒmɒndrɒ]
chameleon	kaméleon	[kɒmeːlɛon]
scorpion	skorpió	[ʃkorpioː]
turtle	teknősbéka	[tɛknøːʃbeːkɒ]
frog	béka	[beːkɒ]
toad	varangy	[vɒrɒɲ]
crocodile	krokodil	[krokodil]

220. Insects

insect, bug	rovar	[rovɒr]
butterfly	lepke	[lɛpkɛ]
ant	hangya	[hɒɲɒ]
fly	légy	[leːɟ]
mosquito	szúnyog	[suːɲøg]
beetle	bogár	[bogaːr]
wasp	darázs	[dɒraːʒ]
bee	méh	[meːh]
bumblebee	poszméh	[posmeːh]
gadfly (botfly)	bögöly	[bøgøj]
spider	pók	[poːk]
spiderweb	pókháló	[poːkhaːloː]
dragonfly	szitakötő	[sitɒkøtøː]
grasshopper	tücsök	[tytʃøk]
moth (night butterfly)	pillangó	[pillɒŋgoː]
cockroach	svábbogár	[ʃvaːbbogaːr]
tick	kullancs	[kullɒntʃ]

| flea | bolha | [bolhɒ] |
| midge | muslica | [muʃlitsɒ] |

locust	sáska	[ʃaːʃkɒ]
snail	csiga	[tʃigɒ]
cricket	tücsök	[tytʃøk]

lightning bug	szentjánosbogár	[sɛntjaːnoʃbogaːr]
ladybug	katicabogár	[kɒtitsɒbogaːr]
cockchafer	cserebogár	[tʃɛrɛbogaːr]

leech	pióca	[pioːtsɒ]
caterpillar	hernyó	[hɛrnøː]
earthworm	kukac	[kukɒts]
larva	lárva	[laːrvɒ]

221. Animals. Body parts

beak	csőr	[tʃøːr]
wings	szárnyak	[saːrɲɒk]
foot (of bird)	láb	[laːb]
feathers (plumage)	tollazat	[tollɒzɒt]

| feather | toll | [toll] |
| crest | bóbita | [boːbitɒ] |

gills	kopoltyúk	[kopolcuːk]
spawn	halikra	[hɒlikrɒ]
larva	lárva	[laːrvɒ]

| fin | uszony | [usoɲ] |
| scales (of fish, reptile) | pikkely | [pikkɛj] |

fang (canine)	agyar	[ɒɟor]
paw (e.g., cat's ~)	mancs	[mɒntʃ]
muzzle (snout)	pofa	[pofɒ]
maw (mouth)	torok	[torok]

| tail | farok | [fɒrok] |
| whiskers | bajusz | [bɒjus] |

| hoof | pata | [pɒtɒ] |
| horn | szarv | [sɒrv] |

carapace	páncél	[paːntseːl]
shell (of mollusk)	kagyló	[kɒɟloː]
eggshell	héj	[heːj]

| animal's hair (pelage) | szőr | [søːr] |
| pelt (hide) | bőr | [bøːr] |

222. Actions of animals

to fly (vi)	repül	[rɛpyl]
to fly in circles	kering	[kɛriŋg]
to fly away	elrepül	[ɛlrɛpyl]
to flap (~ the wings)	csapkod	[ʧɒpkod]
to peck (vi)	csíp	[ʧiːp]
to sit on eggs	kikölti a tojást	[kikøti ɒ tojaːʃt]
to hatch out (vi)	kibújik	[kibuːjik]
to build a nest	fészket rak	[feːskɛt rɒk]
to slither, to crawl	mászik	[maːsik]
to sting, to bite (insect)	szúr	[suːr]
to bite (ab. animal)	harap	[hɒrɒp]
to sniff (vt)	szagol	[sɒgol]
to bark (vi)	ugat	[ugɒt]
to hiss (snake)	sziszeg	[sisɛg]
to scare (vt)	ijesztget	[ijɛstgɛt]
to attack (vt)	támad	[taːmɒd]
to gnaw (bone, etc.)	rág	[raːg]
to scratch (with claws)	kapar	[kɒpɒr]
to hide (vi)	elbújik	[ɛlbuːjik]
to play (kittens, etc.)	játszik	[jaːtsik]
to hunt (vi, vt)	vadászik	[vɒdaːsik]
to hibernate (vi)	téli álomban van	[teːli aːlombɒn vɒn]
to go extinct	kihal	[kihɒl]

223. Animals. Habitats

habitat	lakókörnyezet	[lɒkoː kørnɛzɛt]
migration	vándorlás	[vaːndorlaːʃ]
mountain	hegy	[hɛɟ]
reef	szirt	[sirt]
cliff	szikla	[siklɒ]
forest	erdő	[ɛrdøː]
jungle	dzsungel	[ʤuŋgɛl]
savanna	szavanna	[sɒvɒnnɒ]
tundra	tundra	[tundrɒ]
steppe	sztyepp	[sʦɛpp]
desert	sivatag	[ʃivɒtog]
oasis	oázis	[oaːziʃ]
sea	tenger	[tɛŋgɛr]

lake	tó	[to:]
ocean	óceán	[o:tsɛa:n]

swamp (marshland)	mocsár	[motʃa:r]
freshwater (adj)	édesvízi	[e:dɛʃvi:zi]
pond	tó	[to:]
river	folyó	[fojo:]

den (bear's ~)	medvebarlang	[mɛdvɛ bɒrlɒŋg]
nest	fészek	[fe:sɛk]
tree hollow	odú	[odu:]
burrow (animal hole)	üreg	[yrɛg]
anthill	hangyaboly	[hɒɲɟɒboj]

224. Animal care

zoo	állatkert	[a:llɒt kɛrt]
nature preserve	természetvédelmi terület	[tɛrme:sɛtve:dɛlmi tɛrylɛt]

breeder	tenyésztés	[tɛne:ste:s]
(cattery, kennel, etc.)		
open-air cage	szabad kifutó	[sɒbɒd kifuto:]
cage	ketrec	[kɛtrɛts]
doghouse (kennel)	kutyaól	[kucɒ o:l]

dovecot	galambdúc	[gɒlɒmb du:ts]
aquarium (fish tank)	akvárium	[ɒkva:rium]
dolphinarium	delfinárium	[dɛlfina:rium]

to breed (animals)	tenyészt	[tɛne:st]
brood, litter	utódok	[uto:dok]
to tame (vt)	szelídít	[sɛli:di:t]
to train (animals)	idomít	[idomi:t]
feed (fodder, etc.)	takarmány	[tɒkɒrma:ɲ]
to feed (vt)	etet	[ɛtɛt]

pet store	állatkereskedés	[a:llɒt kɛrɛʃkɛde:ʃ]
muzzle (for dog)	szájkosár	[sa:jkoʃa:r]
collar (e.g., dog ~)	nyakörv	[ɲɒkørv]
name (of animal)	becenév	[bɛtsɛne:v]
pedigree (of dog)	családfa	[tʃɒla:dfɒ]

225. Animals. Miscellaneous

pack (wolves)	raj	[rɒj]
flock (birds)	falka	[fɒlkɒ]
shoal, school (fish)	raj	[rɒj]
herd (horses)	csorda	[tʃordɒ]

| male (n) | hím | [hi:m] |
| female (n) | nőstény | [nø:ʃte:ɲ] |

hungry (adj)	éhes	[e:hɛʃ]
wild (adj)	vad	[vɒd]
dangerous (adj)	veszélyes	[vɛse:jɛʃ]

226. Horses

breed (race)	fajta	[fɒjtɒ]
foal	csikó	[ʧiko:]
mare	kanca	[kɒntsɒ]

mustang	musztáng	[musta:ng]
pony	póni	[po:ni]
draft horse	igásló	[iga:ʃlo:]

| mane | sörény | [ʃøre:ɲ] |
| tail | farok | [fɒrok] |

hoof	pata	[pɒtɒ]
horseshoe	patkó	[pɒtko:]
to shoe (vt)	megpatkol	[mɛgpɒtkol]
blacksmith	kovács	[kova:ʧ]

saddle	nyereg	[ɲɛrɛg]
stirrup	kengyel	[kɛɲɛl]
bridle	kantár	[kɒnta:r]
reins	gyeplő	[ɟɛplø:]
whip (for riding)	ostor	[oʃtor]

rider	lovas	[lovɒʃ]
to saddle up (vt)	nyergel	[ɲɛrgɛl]
to mount a horse	felnyergel	[fɛlnɛrgɛl]

gallop	vágta	[va:gtɒ]
to gallop (vi)	vágtat	[va:gtɒt]
trot (n)	ügetés	[ygɛte:ʃ]
at a trot (adv)	ügetve	[ygɛtvɛ]

| racehorse | versenyló | [vɛrʃɛɲlo:] |
| horse racing | lóverseny | [lo:vɛrʃɛɲ] |

stable	istálló	[iʃta:llo:]
to feed (vt)	etet	[ɛtɛt]
hay	széna	[se:nɒ]
to water (animals)	itat	[itɒt]
to wash (horse)	lecsutakol	[lɛʧutakol]
horse-drawn cart	szekér	[sɛke:r]
to graze (vi)	legel	[lɛgɛl]

| to neigh (vi) | **nyerít** | [ɲɛri:t] |
| to kick (to buck) | **rúg** | [ru:g] |

Flora

227. Trees

tree	fa	[fɒ]
deciduous (adj)	lombos	[lomboʃ]
coniferous (adj)	tűlevelű	[ty:lɛvɛly:]
evergreen (adj)	örökzöld	[ørøgzøld]
apple tree	almafa	[ɒlmɒfɒ]
pear tree	körte	[kørtɛ]
sweet cherry tree	cseresznyefa	[ʧɛrɛsnɛfɒ]
sour cherry tree	meggyfa	[mɛdɟfɒ]
plum tree	szilvafa	[silvɒfɒ]
birch	nyírfa	[ɲi:rfɒ]
oak	tölgy	[tølɟ]
linden tree	hársfa	[ha:rʃfɒ]
aspen	rezgő nyár	[rɛzgø: ɲa:r]
maple	jávorfa	[ja:vorfɒ]
spruce	lucfenyő	[lutsfɛɲø:]
pine	erdei fenyő	[ɛrdɛi fɛɲø:]
larch	vörösfenyő	[vørøʃfɛɲø:]
fir tree	jegenyefenyő	[jɛgɛnɛfɛɲø:]
cedar	cédrus	[tse:druʃ]
poplar	nyárfa	[ɲa:rfɒ]
rowan	berkenye	[bɛrkɛnɛ]
willow	fűzfa	[fy:zfɒ]
alder	égerfa	[ɛge:rfɒ]
beech	bükkfa	[bykkfɒ]
elm	szilfa	[silfɒ]
ash (tree)	kőrisfa	[kø:riʃfɒ]
chestnut	gesztenye	[gɛstɛnɛ]
magnolia	magnólia	[mɒgno:liɒ]
palm tree	pálma	[pa:lmɒ]
cypress	ciprusfa	[tsipruʃfɒ]
mangrove	mangrove	[mɒngrov]
baobab	Majomkenyérfa	[mɒjomkɛne:rfɒ]
eucalyptus	eukaliptusz	[ɛukɒliptus]
sequoia	mamutfenyő	[mɒmutfɛɲø:]

228. Shrubs

bush	bokor	[bokor]
shrub	cserje	[ʧɛrjɛ]
grapevine	szőlő	[søːløː]
vineyard	szőlőskert	[søːløːʃkɛrt]
raspberry bush	málna	[maːlnɒ]
redcurrant bush	ribizli	[ribizli]
gooseberry bush	egres	[ɛgrɛʃ]
acacia	akácfa	[ɒkaːtsfɒ]
barberry	sóskaborbolya	[ʃoːʃkɒ borbojɒ]
jasmine	jázmin	[jaːzmin]
juniper	boróka	[boroːkɒ]
rosebush	rózsabokor	[roːʒɒ bokor]
dog rose	vadrózsa	[vɒdroːʒɒ]

229. Mushrooms

mushroom	gomba	[gombɒ]
edible mushroom	ehető gomba	[ɛhɛtøː gombɒ]
poisonous mushroom	mérges gomba	[meːrgɛʃ gombɒ]
cap (of mushroom)	kalap	[kɒlɒp]
stipe (of mushroom)	tönk	[tøŋk]
cep (Boletus edulis)	ízletes vargánya	[iːzlɛtɛʃ vɒrgaːɲɒ]
orange-cap boletus	vörös érdesnyelű tinóru	[vørøʃ eːrdɛʃɲɛlyː tinoruː]
birch bolete	barna érdestinóru	[bɒrnɒ eːrdɛʃtinoːru]
chanterelle	rókagomba	[roːkɒgombɒ]
russula	galambgomba	[gɒlɒmbgombɒ]
morel	kucsmagomba	[kuʧmɒgombɒ]
fly agaric	légyölő gomba	[leːjøløː gombɒ]
death cap	mérges gomba	[meːrgɛʃ gombɒ]

230. Fruits. Berries

apple	alma	[ɒlmɒ]
pear	körte	[kørtɛ]
plum	szilva	[silvɒ]
strawberry (garden ~)	eper	[ɛpɛr]
sour cherry	meggy	[mɛdɟ]
sweet cherry	cseresznye	[ʧɛrɛsnɛ]

grape	szőlő	[søːløː]
raspberry	málna	[maːlnɒ]
blackcurrant	feketeribizli	[fɛkɛtɛ ribizli]
redcurrant	pirosribizli	[piroʃribizli]
gooseberry	egres	[ɛgrɛʃ]
cranberry	áfonya	[aːfoɲɒ]

orange	narancs	[nɒrɒntʃ]
mandarin	mandarin	[mɒndɒrin]
pineapple	ananász	[ɒnɒnaːs]
banana	banán	[bɒnaːn]
date	datolya	[dɒtojɒ]

lemon	citrom	[tsitrom]
apricot	sárgabarack	[ʃaːrgɒbɒrɒtsk]
peach	őszibarack	[øːsibɒrɒtsk]
kiwi	kivi	[kivi]
grapefruit	citrancs	[tsitrɒntʃ]

berry	bogyó	[boɟøː]
berries	bogyók	[boɟøːk]
cowberry	vörös áfonya	[vørøʃ aːfoɲɒ]
wild strawberry	szamóca	[sɒmoːtsɒ]
bilberry	fekete áfonya	[fɛkɛtɛ aːfoɲɒ]

231. Flowers. Plants

| flower | virág | [viraːg] |
| bouquet (of flowers) | csokor | [tʃokor] |

rose (flower)	rózsa	[roːʒɒ]
tulip	tulipán	[tulipaːn]
carnation	szegfű	[sɛgfyː]
gladiolus	gladiólusz	[glɒdioːlus]

cornflower	búzavirág	[buːzɒviraːg]
harebell	harangvirág	[hɒrɒŋgviraːg]
dandelion	pitypang	[picpɒŋg]
camomile	kamilla	[kɒmillɒ]

aloe	aloé	[ɒloeː]
cactus	kaktusz	[kɒktus]
rubber plant, ficus	gumifa	[gumifɒ]

lily	liliom	[liliom]
geranium	muskátli	[muʃkaːtli]
hyacinth	jácint	[jaːtsint]

| mimosa | mimóza | [mimoːzɒ] |
| narcissus | nárcisz | [naːrtsis] |

nasturtium	sarkantyúvirág	[ʃɒrkɒɲcu:vira:g]
orchid	orchidea	[orhidɛɒ]
peony	pünkösdi rózsa	[pyŋkøʃdi ro:ʒɒ]
violet	ibolya	[ibojɒ]

pansy	árvácska	[a:rva:rtʃkɒ]
forget-me-not	nefelejcs	[nɛfɛlɛjtʃ]
daisy	százszorszép	[sa:zsorse:p]

poppy	mák	[ma:k]
hemp	kender	[kɛndɛr]
mint	menta	[mɛntɒ]

lily of the valley	gyöngyvirág	[døɲvira:g]
snowdrop	hóvirág	[ho:vira:g]

nettle	csalán	[tʃɒla:n]
sorrel	sóska	[ʃo:ʃkɒ]
water lily	tündérrózsa	[tynde:rro:ʒɒ]
fern	páfrány	[pa:fra:ɲ]
lichen	sömör	[ʃømør]

conservatory (greenhouse)	melegház	[mɛlɛkha:z]
lawn	gyep	[ɟɛp]
flowerbed	virágágy	[vira:ga:ɟ]

plant	növény	[nøve:ɲ]
grass	fű	[fy:]
blade of grass	fűszál	[fy:sa:l]

leaf	levél	[lɛve:l]
petal	szirom	[sirom]
stem	szár	[sa:r]
tuber	gumó	[gumo:]

young plant (shoot)	hajtás	[hɒjta:ʃ]
thorn	tüske	[tyʃkɛ]

to blossom (vi)	virágzik	[vira:gzik]
to fade, to wither	elhervad	[ɛlhɛrvɒd]
smell (odor)	illat	[illɒt]
to cut (flowers)	lemetsz	[lɛmɛts]
to pick (a flower)	leszakít	[lɛsɒki:t]

232. Cereals, grains

grain	gabona	[gɒbonɒ]
cereal crops	gabonanövény	[gɒbonɒnøve:ɲ]
ear (of barley, etc.)	kalász	[kɒla:s]
wheat	búza	[bu:zɒ]

rye	rozs	[roʒ]
oats	zab	[zɒb]
millet	köles	[køleʃ]
barley	árpa	[aːrpɒ]

corn	kukorica	[kukoritsɒ]
rice	rizs	[riʒ]
buckwheat	hajdina	[hɒjdinɒ]

pea plant	borsó	[borʃoː]
kidney bean	bab	[bɒb]
soy	szója	[soːjɒ]
lentil	lencse	[lɛntʃɛ]
beans (pulse crops)	bab	[bɒb]

233. Vegetables. Greens

vegetables	zöldségek	[zøldʃeːgɛk]
greens	zöldség	[zøldʃeːg]

tomato	paradicsom	[pɒrɒditʃom]
cucumber	uborka	[uborkɒ]
carrot	sárgarépa	[ʃaːrgɒreːpɒ]
potato	krumpli	[krumpli]
onion	hagyma	[hɒɟmɒ]
garlic	fokhagyma	[fokhɒɟmɒ]

cabbage	káposzta	[kaːpostɒ]
cauliflower	karfiol	[kɒrfiol]
Brussels sprouts	kelbimbó	[kɛlbimboː]
beet	cékla	[tseːklɒ]
eggplant	padlizsán	[pɒdliʒaːn]
zucchini	cukkini	[tsukkini]
pumpkin	tök	[tøk]
turnip	répa	[reːpɒ]

parsley	petrezselyem	[pɛtrɛʒɛjɛm]
dill	kapor	[kɒpor]
lettuce	saláta	[ʃɒlaːtɒ]
celery	zeller	[zɛllɛr]
asparagus	spárga	[ʃpaːrgɒ]
spinach	spenót	[ʃpɛnoːt]

pea	borsó	[borʃoː]
beans	bab	[bɒb]
corn (maize)	kukorica	[kukoritsɒ]
kidney bean	bab	[bɒb]
pepper	paprika	[pɒprikɒ]
radish	hónapos retek	[hoːnɒpoʃ rɛtɛk]
artichoke	articsóka	[ɒrtitʃoːkɒ]

REGIONAL GEOGRAPHY

Countries. Nationalities

234. Western Europe

Europe	Európa	[ɛuro:pɒ]
European Union	Európai Unió	[ɛuro:pɒi unio:]
European (n)	európai	[ɛuro:pɒi]
European (adj)	európai	[ɛuro:pɒi]
Austria	Ausztria	[ɒustriɒ]
Austrian (masc.)	osztrák	[ostra:k]
Austrian (fem.)	osztrák nő	[ostra:k nø:]
Austrian (adj)	osztrák	[ostra:k]
Great Britain	NagyBritannia	[nɒɟbritɒɲiɒ]
England	Anglia	[ɒŋgliɒ]
British (masc.)	angol	[ɒŋgol]
British (fem.)	angol nő	[ɒŋgol nø:]
English, British (adj)	angol	[ɒŋgol]
Belgium	Belgium	[bɛlgium]
Belgian (masc.)	belga	[bɛlgɒ]
Belgian (fem.)	belga nő	[bɛlgɒ nø:]
Belgian (adj)	belga	[bɛlgɒ]
Germany	Németország	[ne:mɛtorsa:g]
German (masc.)	német	[ne:mɛt]
German (fem.)	német nő	[ne:mɛt nø:]
German (adj)	német	[ne:mɛt]
Netherlands	Németalföld	[ne:mɛtɒlføld]
Holland	Hollandia	[hollɒndiɒ]
Dutch (masc.)	holland	[hollɒnd]
Dutch (fem.)	holland nő	[hollɒnd nø:]
Dutch (adj)	holland	[hollɒnd]
Greece	Görögország	[gørøgorsa:g]
Greek (masc.)	görög	[gørøg]
Greek (fem.)	görög nő	[gørøg nø:]
Greek (adj)	görög	[gørøg]
Denmark	Dánia	[da:niɒ]
Dane (masc.)	dán	[da:n]

| Dane (fem.) | dán nő | [da:n nø:] |
| Danish (adj) | dán | [da:n] |

Ireland	Írország	[i:rorsa:g]
Irish (masc.)	ír	[i:r]
Irish (fem.)	ír nő	[i:r nø:]
Irish (adj)	ír	[i:r]

Iceland	Izland	[izlɒnd]
Icelander (masc.)	izlandi	[izlɒndi]
Icelander (fem.)	izlandi nő	[izlɒndi nø:]
Icelandic (adj)	izlandi	[izlɒndi]

Spain	Spanyolország	[ʃpɒɲolorsa:g]
Spaniard (masc.)	spanyol	[ʃpɒɲol]
Spaniard (fem.)	spanyol nő	[ʃpɒɲol nø:]
Spanish (adj)	spanyol	[ʃpɒɲol]

Italy	Olaszország	[olɒsorsa:g]
Italian (masc.)	olasz	[olɒs]
Italian (fem.)	olasz nő	[olɒs nø:]
Italian (adj)	olasz	[olɒs]

Cyprus	Ciprus	[tsipruʃ]
Cypriot (masc.)	ciprusi	[tsipruʃi]
Cypriot (fem.)	ciprusi nő	[tsipruʃi nø:]
Cypriot (adj)	ciprusi	[tsipruʃi]

Malta	Málta	[ma:ltɒ]
Maltese (masc.)	máltai	[ma:ltɒi]
Maltese (fem.)	máltai nő	[ma:ltɒi nø:]
Maltese (adj)	máltai	[ma:ltɒi]

Norway	Norvégia	[norve:giɒ]
Norwegian (masc.)	norvég	[norve:g]
Norwegian (fem.)	norvég nő	[norve:g nø:]
Norwegian (adj)	norvég	[norve:g]

Portugal	Portugália	[portuga:liɒ]
Portuguese (masc.)	portugál	[portuga:l]
Portuguese (fem.)	portugál nő	[portuga:l nø:]
Portuguese (adj)	portugál	[portuga:l]

Finland	Finnország	[finnorsa:g]
Finn (masc.)	finn	[finn]
Finn (fem.)	finn nő	[finn nø:]
Finnish (adj)	finn	[finn]

France	Franciaország	[frɒntsiɒorsa:g]
French (masc.)	francia	[frɒntsiɒ]
French (fem.)	francia nő	[frɒntsiɒ nø:]
French (adj)	francia	[frɒntsiɒ]

Sweden	Svédország	[ʃveːdorsaːg]
Swede (masc.)	svéd	[ʃveːd]
Swede (fem.)	svéd nő	[ʃveːd nøː]
Swedish (adj)	svéd	[ʃveːd]

Switzerland	Svájc	[ʃvaːjts]
Swiss (masc.)	svájc	[ʃvaːjts]
Swiss (fem.)	svájc nő	[ʃvaːjts nøː]
Swiss (adj)	svájci	[ʃvaːjtsi]

Scotland	Skócia	[ʃkoːtsiɒ]
Scottish (masc.)	skót	[ʃkoːt]
Scottish (fem.)	skót nő	[ʃkoːt nøː]
Scottish (adj)	skót	[ʃkoːt]

Vatican	Vatikán	[vɒtikaːn]
Liechtenstein	Liechtenstein	[lihtɛnʃtɒjn]
Luxembourg	Luxemburg	[luksɛmburg]
Monaco	Monaco	[monɒko]

235. Central and Eastern Europe

Albania	Albánia	[ɒlbaːniɒ]
Albanian (masc.)	albán	[ɒlbaːn]
Albanian (fem.)	albán nő	[ɒlbaːn nøː]
Albanian (adj)	albán	[ɒlbaːn]

Bulgaria	Bulgária	[bulgaːriɒ]
Bulgarian (masc.)	bolgár	[bolgaːr]
Bulgarian (fem.)	bolgár nő	[bolgaːr nøː]
Bulgarian (adj)	bolgár	[bolgaːr]

Hungary	Magyarország	[mɒɟɒrorsaːg]
Hungarian (masc.)	magyar	[mɒɟɒr]
Hungarian (fem.)	magyar nő	[mɒɟɒr nøː]
Hungarian (adj)	magyar	[mɒɟɒr]

Latvia	Lettország	[lɛttorsaːg]
Latvian (masc.)	lett	[lɛtt]
Latvian (fem.)	lett nő	[lɛtt nøː]
Latvian (adj)	lett	[lɛtt]

Lithuania	Litvánia	[litvaːniɒ]
Lithuanian (masc.)	litván	[litvaːn]
Lithuanian (fem.)	litván nő	[litvaːn nøː]
Lithuanian (adj)	litván	[litvaːn]

Poland	Lengyelország	[lɛɲɟɛlorsaːg]
Pole (masc.)	lengyel	[lɛɲɟɛl]
Pole (fem.)	lengyel nő	[lɛɲɟɛl nøː]

Polish (adj)	lengyel	[lɛɲɛl]
Romania	Románia	[roma:niɒ]
Romanian (masc.)	román	[roma:n]
Romanian (fem.)	román nő	[roma:n nø:]
Romanian (adj)	román	[roma:n]

Serbia	Szerbia	[sɛrbiɒ]
Serbian (masc.)	szerb	[sɛrb]
Serbian (fem.)	szerb nő	[sɛrb nø:]
Serbian (adj)	szerb	[sɛrb]

Slovakia	Szlovákia	[slova:kiɒ]
Slovak (masc.)	szlovák	[slova:k]
Slovak (fem.)	szlovák nő	[slova:k nø:]
Slovak (adj)	szlovák	[slova:k]

Croatia	Horvátország	[horva:torsa:g]
Croatian (masc.)	horvát	[horva:t]
Croatian (fem.)	horvát nő	[horva:t nø:]
Croatian (adj)	horvát	[horva:t]

Czech Republic	Csehország	[tʃɛorsa:g]
Czech (masc.)	cseh	[tʃɛ]
Czech (fem.)	cseh nő	[tʃɛ nø:]
Czech (adj)	cseh	[tʃɛ]

Estonia	Észtország	[e:storsa:g]
Estonian (masc.)	észt	[e:st]
Estonian (fem.)	észt nő	[e:st nø:]
Estonian (adj)	észt	[e:st]

Bosnia and Herzegovina	Bosznia és Hercegovina	[bosniɒ e:ʃ hɛntsɛgovinɒ]
Macedonia (Republic of ~)	Macedónia	[mɒtsɛdo:niɒ]
Slovenia	Szlovénia	[slove:niɒ]
Montenegro	Montenegró	[montɛnɛgro:]

236. Former USSR countries

Azerbaijan	Azerbajdzsán	[ɒzɛrbɒjdʒa:n]
Azerbaijani (masc.)	azerbajdzsán	[ɒzɛrbɒjdʒa:n]
Azerbaijani (fem.)	azerbajdzsán nő	[ɒzɛrbɒjdʒa:n nø:]
Azerbaijani, Azeri (adj)	azerbajdzsán	[ɒzɛrbɒjdʒa:n]

Armenia	Örményország	[ørme:ɲorsa:g]
Armenian (masc.)	örmény	[ørme:ɲ]
Armenian (fem.)	örmény nő	[ørme:ɲ nø:]
Armenian (adj)	örmény	[ørme:ɲ]

| Belarus | Fehéroroszország | [fɛhe:rorosorsa:g] |
| Belarusian (masc.) | belorusz | [bɛlorus] |

| Belarusian (fem.) | belorusz nő | [bɛlorus nø:] |
| Belarusian (adj) | belorusz | [bɛlorus] |

Georgia	Grúzia	[gruːziɒ]
Georgian (masc.)	grúz	[gruːz]
Georgian (fem.)	grúz nő	[gruːz nø:]
Georgian (adj)	grúz	[gruːz]
Kazakhstan	Kazahsztán	[kɒzɒhstaːn]
Kazakh (masc.)	kazah	[kɒzɒh]
Kazakh (fem.)	kazah nő	[kɒzɒh nø:]
Kazakh (adj)	kazah	[kɒzɒh]

Kirghizia	Kirgizisztán	[kirgizistaːn]
Kirghiz (masc.)	kirgiz	[kirgiz]
Kirghiz (fem.)	kirgiz nő	[kirgiz nø:]
Kirghiz (adj)	kirgiz	[kirgiz]

Moldova, Moldavia	Moldova	[moldovɒ]
Moldavian (masc.)	moldovai	[moldovɒi]
Moldavian (fem.)	moldovai nő	[moldovɒi nø:]
Moldavian (adj)	moldovai	[moldovɒi]
Russia	Oroszország	[orosorsaːg]
Russian (masc.)	orosz	[oros]
Russian (fem.)	orosz nő	[oros nø:]
Russian (adj)	orosz	[oros]

Tajikistan	Tádzsikisztán	[taːdʒikistaːn]
Tajik (masc.)	tádzsik	[taːdʒik]
Tajik (fem.)	tádzsik nő	[taːdʒik nø:]
Tajik (adj)	tádzsik	[taːdʒik]

Turkmenistan	Türkmenisztán	[tyrkmɛnistaːn]
Turkmen (masc.)	türkmén	[tyrkmeːn]
Turkmen (fem.)	türkmén nő	[tyrkmeːn nø:]
Turkmenian (adj)	türkmén	[tyrkmeːn]

Uzbekistan	Üzbegisztán	[yzbɛgistaːn]
Uzbek (masc.)	üzbég	[yzbeːg]
Uzbek (fem.)	üzbég nő	[yzbeːg nø:]
Uzbek (adj)	üzbég	[yzbeːg]

Ukraine	Ukrajna	[ukrɒjnɒ]
Ukrainian (masc.)	ukrán	[ukraːn]
Ukrainian (fem.)	ukrán nő	[ukraːn nø:]
Ukrainian (adj)	ukrán	[ukraːn]

237. Asia

| Asia | Ázsia | [aːʒiɒ] |
| Asian (adj) | ázsiai | [aːʒiɒi] |

Vietnam	Vietnam	[viɛtnɒm]
Vietnamese (masc.)	vietnami	[viɛtnɒmi]
Vietnamese (fem.)	vietnami nő	[viɛtnɒmi nø:]
Vietnamese (adj)	vietnami	[viɛtnɒmi]

India	India	[indiɒ]
Indian (masc.)	indiai	[indiɒi]
Indian (fem.)	indiai nő	[indiɒi nø:]
Indian (adj)	indiai	[indiɒi]

Israel	Izrael	[izrɒɛl]
Israeli (masc.)	izraeli	[izrɒɛli]
Israeli (fem.)	izraeli nő	[izrɒɛli nø:]
Israeli (adj)	izraeli	[izrɒɛli]

Jew (n)	zsidó	[ʒido:]
Jewess (n)	zsidó nő	[ʒido: nø:]
Jewish (adj)	zsidó	[ʒido:]

China	Kína	[ki:nɒ]
Chinese (masc.)	kínai	[ki:nɒi]
Chinese (fem.)	kínai nő	[ki:nɒi nø:]
Chinese (adj)	kínai	[ki:nɒi]

Korean (masc.)	koreai	[korɛɒi]
Korean (fem.)	koreai nő	[korɛɒi nø:]
Korean (adj)	koreai	[korɛɒi]

Lebanon	Libanon	[libɒnon]
Lebanese (masc.)	libanoni	[libɒnoni]
Lebanese (fem.)	libanoni nő	[libɒnoni nø:]
Lebanese (adj)	libanoni	[libɒnoni]

Mongolia	Mongólia	[moŋgo:liɒ]
Mongolian (masc.)	mongol	[moŋgol]
Mongolian (fem.)	mongol nő	[moŋgol nø:]
Mongolian (adj)	mongol	[moŋgol]

Malaysia	Malajzia	[mɒlɒjziɒ]
Malaysian (masc.)	maláj	[mɒla:j]
Malaysian (fem.)	maláj nő	[mɒla:j nø:]
Malaysian (adj)	maláj	[mɒla:j]

Pakistan	Pakisztán	[pɒkista:n]
Pakistani (masc.)	pakisztáni	[pɒkista:ni]
Pakistani (fem.)	pakisztáni nő	[pɒkista:ni nø:]
Pakistani (adj)	pakisztáni	[pɒkista:ni]

Saudi Arabia	SzaúdArábia	[sɒu:dɒra:biɒ]
Arab (masc.)	arab	[ɒrɒb]
Arab (fem.)	arab nő	[ɒrɒb nø:]
Arab, Arabic (adj)	arab	[ɒrɒb]

Thailand	Thaiföld	[tɔjføld]
Thai (masc.)	thai	[tɔj]
Thai (fem.)	thai nő	[tɔj nø:]
Thai (adj)	thai	[tɔj]

Taiwan	Tajvan	[tɔjvɒn]
Taiwanese (masc.)	tajvani	[tɔjvɒni]
Taiwanese (fem.)	tajvani nő	[tɔjvɒni nø:]
Taiwanese (adj)	tajvani	[tɔjvɒni]

Turkey	Törökország	[tørøkorsa:g]
Turk (masc.)	török	[tørøk]
Turk (fem.)	török nő	[tørøk nø:]
Turkish (adj)	török	[tørøk]

Japan	Japán	[jɒpa:n]
Japanese (masc.)	japán	[jɒpa:n]
Japanese (fem.)	japán nő	[jɒpa:n nø:]
Japanese (adj)	japán	[jɒpa:n]

Afghanistan	Afganisztán	[ɒfgɒnista:n]
Bangladesh	Banglades	[bɒŋglɒdɛʃ]
Indonesia	Indonézia	[indone:ziɒ]
Jordan	Jordánia	[jorda:niɒ]

Iraq	Irak	[irɒk]
Iran	Irán	[ira:n]
Cambodia	Kambodzsa	[kɒmbodʒɒ]
Kuwait	Kuvait	[kuvɛjt]

Laos	Laosz	[lɒos]
Myanmar	Mianmar	[miɒnmɒr]
Nepal	Nepál	[nɛpa:l]
United Arab Emirates	Egyesült Arab Köztársaság	[ɛɟɛʃylt ɒrɒb køzta:rʃɒʃa:g]

Syria	Szíria	[si:riɒ]
Palestine	Palesztína	[pɒlɛstinɒ]
South Korea	DélKorea	[de:lkorɛɒ]
North Korea	ÉszakKorea	[e:sɒkkorɛɒ]

238. North America

United States of America	Amerikai Egyesült Államok	[ɒmɛrikɒi ɛɟɛʃylt a:llomok]
American (masc.)	amerikai	[ɒmɛrikɒi]
American (fem.)	amerikai nő	[ɒmɛrikɒi nø:]
American (adj)	amerikai	[ɒmɛrikɒi]
Canada	Kanada	[kɒnɒdɒ]
Canadian (masc.)	kanadai	[kɒnɒdɒi]

| Canadian (fem.) | kanadai nő | [kɒnɒdɒi nø:] |
| Canadian (adj) | kanadai | [kɒnɒdɒi] |

Mexico	Mexikó	[mɛksiko:]
Mexican (masc.)	mexikói	[mɛksiko:i]
Mexican (fem.)	mexikói nő	[mɛksiko:i nø:]
Mexican (adj)	mexikói	[mɛksiko:i]

239. Central and South America

Argentina	Argentína	[ɒrgɛnti:nɒ]
Argentinian (masc.)	argentin	[ɒrgɛntin]
Argentinian (fem.)	argentin nő	[ɒrgɛntin nø:]
Argentinian (adj)	argentin	[ɒrgɛntin]

Brazil	Brazília	[brɒzi:liɒ]
Brazilian (masc.)	brazil	[brɒzil]
Brazilian (fem.)	brazil nő	[brɒzil nø:]
Brazilian (adj)	brazil	[brɒzil]

Colombia	Kolumbia	[kolumbiɒ]
Colombian (masc.)	kolumbiai	[kolumbiɒi]
Colombian (fem.)	kolumbiai nő	[kolumbiɒi nø:]
Colombian (adj)	kolumbiai	[kolumbiɒi]

Cuba	Kuba	[kubɒ]
Cuban (masc.)	kubai	[kubɒi]
Cuban (fem.)	kubai nő	[kubɒi nø:]
Cuban (adj)	kubai	[kubɒi]

Chile	Chile	[tʃilɛ]
Chilean (masc.)	chilei	[tʃilɛi]
Chilean (fem.)	chilei nő	[tʃilɛi nø:]
Chilean (adj)	chilei	[tʃilɛi]

Bolivia	Bolívia	[boli:viɒ]
Venezuela	Venezuela	[vɛnɛzuɛlɒ]
Paraguay	Paraguay	[pɒrɒguɒj]
Peru	Peru	[pɛru]

Suriname	Suriname	[surinɒm]
Uruguay	Uruguay	[uruguɒj]
Ecuador	Ecuador	[ɛkuɒdor]

The Bahamas	Bahamaszigetek	[bɒhɒmɒsigɛtɛk]
Haiti	Haiti	[hɒiti]
Dominican Republic	Dominikánus Köztársaság	[dominika:nuʃ køsta:rʃɒʃa:g]

| Panama | Panama | [pɒnɒmɒ] |
| Jamaica | Jamaica | [jamɒjkɒ] |

240. Africa

Egypt	Egyiptom	[ɛɟiptom]
Egyptian (masc.)	egyiptomi	[ɛɟiptomi]
Egyptian (fem.)	egyiptomi nő	[ɛɟiptomi nø:]
Egyptian (adj)	egyiptomi	[ɛɟiptomi]
Morocco	Marokkó	[mɒrokko:]
Moroccan (masc.)	marokkói	[mɒrokko:i]
Moroccan (fem.)	marokkói nő	[mɒrokko:i nø:]
Moroccan (adj)	marokkói	[mɒrokko:i]
Tunisia	Tunisz	[tunis]
Tunisian (masc.)	tuniszi	[tunisi]
Tunisian (fem.)	tuniszi nő	[tunisi nø:]
Tunisian (adj)	tuniszi	[tunisi]
Ghana	Ghána	[ga:nɒ]
Zanzibar	Zanzibár	[zɒnziba:r]
Kenya	Kenya	[kɛɲɒ]
Libya	Líbia	[li:biɒ]
Madagascar	Madagaszkár	[mɒdɒgɒska:r]
Namibia	Namíbia	[nɒmi:biɒ]
Senegal	Szenegál	[sɛnɛga:l]
Tanzania	Tanzánia	[tɒnza:niɒ]
South Africa	DélAfrikai Köztársaság	[de:lɒfrikɒi køsta:rʃɒʃa:g]
African (masc.)	afrikai	[ɒfrikɒi]
African (fem.)	afrikai nő	[ɒfrikɒi nø:]
African (adj)	afrikai	[ɒfrikɒi]

241. Australia. Oceania

Australia	Ausztrália	[ɒustra:liɒ]
Australian (masc.)	ausztráliai	[ɒustra:liɒi]
Australian (fem.)	ausztráliai nő	[ɒustra:liɒi nø:]
Australian (adj)	ausztráliai	[ɒustra:liɒi]
New Zealand	ÚjZéland	[u:jze:lɒnd]
New Zealander (masc.)	újzélandi	[u:jze:lɒndi]
New Zealander (fem.)	újzélandi nő	[u:jze:lɒndi nø:]
New Zealand (as adj)	újzélandi	[u:jze:lɒndi]
Tasmania	Tasmánia	[tɒsma:niɒ]
French Polynesia	Francia Polinézia	[frɒntsiɒ poline:ziɒ]

242. Cities

Amsterdam	Amszterdam	[ɒmstɛrdɒm]
Ankara	Ankara	[ɒŋkɒrɒ]
Athens	Athén	[ɒte:n]
Baghdad	Bagdad	[bɒgdɒd]
Bangkok	Bangkok	[bɒŋgkok]
Barcelona	Barcelona	[bɒrsɛlonɒ]
Beijing	Peking	[pɛkiŋg]
Beirut	Bejrút	[bɛjru:t]
Berlin	Berlin	[bɛrlin]
Mumbai (Bombay)	Bombay, Mumbai	[bombɛj], [mumbɒj]
Bonn	Bonn	[bonn]
Bordeaux	Bordó	[bordo:]
Bratislava	Pozsony	[poʒoɲ]
Brussels	Brüsszel	[bryssɛl]
Bucharest	Bukarest	[bukɒrɛst]
Budapest	Budapest	[budɒpɛʃt]
Cairo	Kairó	[kɒiro:]
Kolkata (Calcutta)	Kalkutta	[kɒlkuttɒ]
Chicago	Chicago	[ʧikogo]
Copenhagen	Koppenhága	[koppɛnha:gɒ]
Dar-es-Salaam	DaresSalaam	[dɒrɛssɒla:m]
Delhi	Delhi	[dɛli]
Dubai	Dubai	[dubɒj]
Dublin	Dublin	[dublin]
Düsseldorf	Düsseldorf	[dyssɛldorf]
Florence	Firenze	[firɛnzɛ]
Frankfurt	Frankfurt	[froŋkfurt]
Geneva	Genf	[gɛnf]
The Hague	Hága	[ha:gɒ]
Hamburg	Hamburg	[homburg]
Hanoi	Hanoi	[hɒnoj]
Havana	Havanna	[hɒvɒnnɒ]
Helsinki	Helsinki	[hɛlsiŋki]
Hiroshima	Hirosima	[hirosimɒ]
Hong Kong	Hongkong	[hoŋgkoŋ]
Istanbul	Isztambul	[istɒmbul]
Jerusalem	Jeruzsálem	[jɛruʒa:lɛm]
Kyiv	Kijev	[ki:jɛv]
Kuala Lumpur	Kuala Lumpur	[kuɒlɒ lumpur]
Lisbon	Lisszabon	[lissɒbon]
London	London	[london]
Los Angeles	LosAngeles	[losɒnʒɛlɛs]

Lyons	Lyon	[lion]
Madrid	Madrid	[mɒdrid]
Marseille	Marseille	[mɒrsɛj:]
Mexico City	Mexikó	[mɛksiko:]
Miami	Miami	[miɒmi]
Montreal	Montreal	[monrɛɒl]
Moscow	Moszkva	[moskvɒ]
Munich	München	[mynhɛn]

Nairobi	Nairobi	[nɒjrobi]
Naples	Nápoly	[na:poli]
New York	New York	[ɲy jork]
Nice	Nizza	[nitsɒ]
Oslo	Oslo	[oslo]
Ottawa	Ottawa	[ottɒvɒ]

Paris	Párizs	[pa:riʒ]
Prague	Prága	[pra:gɒ]
Rio de Janeiro	Rio de Janeiro	[rio dɛ ʒɒnɛjro]
Rome	Róma	[ro:mɒ]

Saint Petersburg	Szentpétervár	[sɛntpe:tɛrva:r]
Seoul	Szöul	[søul]
Shanghai	Sanghaj	[ʃɒnghɒj]
Singapore	Szingapúr	[siŋgɒpu:r]
Stockholm	Stockholm	[stokolm]
Sydney	Sydney	[sidnɛj]

Taipei	Tajpej	[tɒjpɛj]
Tokyo	Tokió	[tokio:]
Toronto	Toronto	[toronto]

Venice	Velence	[vɛlɛntsɛ]
Vienna	Bécs	[be:tʃ]
Warsaw	Varsó	[vɒrʃo:]
Washington	Washington	[vɒʃiŋgton]

243. Politics. Government. Part 1

politics	politika	[politikɒ]
political (adj)	politikai	[politikɒi]
politician	politikus	[politikuʃ]

state (country)	állam	[a:llɒm]
citizen	állampolgár	[a:llɒmpolga:r]
citizenship	állampolgárság	[a:llɒmpolga:rʃa:g]

national emblem	nemzeti címer	[nɛmzɛti tsi:mɛr]
national anthem	állami himnusz	[a:llɒmi himnus]
government	kormány	[korma:ɲ]

head of state	államfő	[a:llɔmfø:]
parliament	parlament	[pɔrlɔmɛnt]
party	párt	[pa:rt]
capitalism	tőkés rendszer	[tø:ke:ʃ rɛndsɛr]
capitalist (adj)	tőkés	[tø:ke:ʃ]
socialism	szocializmus	[sotsiɒlizmuʃ]
socialist (adj)	szocialista	[sotsiɒliʃtɒ]
communism	kommunizmus	[kommunizmuʃ]
communist (adj)	kommunista	[kommuniʃtɒ]
communist (n)	kommunista	[kommuniʃtɒ]
democracy	demokrácia	[dɛmokra:tsiɒ]
democrat	demokrata	[dɛmokrɒtɒ]
democratic (adj)	demokratikus	[dɛmokrɒtikuʃ]
Democratic party	demokrata párt	[dɛmokrɒtɒ pa:rt]
liberal (n)	liberális párt tagja	[libɛra:liʃ pa:rt tɒgjɒ]
liberal (adj)	liberális	[libɛra:liʃ]
conservative (n)	konzervatív párt tagja	[konzɛrvɒti:v pa:rt tɒgjɒ]
conservative (adj)	konzervatív	[konzɛrvɒti:v]
republic (n)	köztársaság	[køstɒ:rʃɒʃa:g]
republican (n)	köztársaságpárti	[køstɒ:rʃɒʃa:gpa:rti]
Republican party	köztársaságpárt	[køstɒ:rʃɒʃa:gpa:rt]
elections	választások	[va:lɒsta:ʃok]
to elect (vt)	választ	[va:lɒst]
elector, voter	választó	[va:lɒsto:]
election campaign	választási kampány	[va:lɒsta:ʃi kɔmpa:ɲ]
voting (n)	szavazás	[sɒvɒza:ʃ]
to vote (vi)	szavaz	[sɒvɒz]
suffrage, right to vote	szavazási jog	[sɒvɒza:ʃi jog]
candidate	jelölt	[jɛlølt]
to be a candidate	jelölteti magát	[jɛlølteti mɒga:t]
campaign	kampány	[kɔmpa:ɲ]
opposition (as adj)	ellenzéki	[ɛllɛnze:ki]
opposition (n)	ellenzék	[ɛllɛnze:k]
visit	látogatás	[la:togɒta:ʃ]
official visit	hivatalos látogatás	[hivɒtɒloʃ la:togɒta:ʃ]
international (adj)	nemzetközi	[nɛmzɛtkøzi]
negotiations	tárgyalások	[ta:rɟolaʃok]
to negotiate (vi)	tárgyal	[ta:rɟol]

244. Politics. Government. Part 2

society	társaság	[ta:rʃɒʃa:g]
constitution	alkotmány	[ɒlkotma:ɲ]
power (political control)	hatalom	[hɒtɒlom]
corruption	korrupció	[korruptsio:]
law (justice)	törvény	[tørve:ɲ]
legal (legitimate)	törvényes	[tørve:nɛʃ]
justice (fairness)	igazság	[igɒʃa:g]
just (fair)	igazságos	[igɒʃa:goʃ]
committee	bizottság	[bizottʃa:g]
bill (draft law)	törvényjavaslat	[tørve:ɲɒvɒʃlɒt]
budget	költségvetés	[køltʃe:gvɛte:ʃ]
policy	politika	[politikɒ]
reform	reform	[rɛform]
radical (adj)	radikális	[rɒdika:liʃ]
power (strength, force)	hatalom	[hɒtɒlom]
powerful (adj)	hatalmos	[hɒtɒlmoʃ]
supporter	hív	[hi:v]
influence	hatás	[hɒta:ʃ]
regime (e.g., military ~)	rendszer	[rɛndsɛr]
conflict	konfliktus	[konfliktuʃ]
conspiracy (plot)	összeesküvés	[øssɛɛʃkyve:ʃ]
provocation	provokáció	[provoka:tsio:]
to overthrow (regime, etc.)	letaszít	[lɛtɒsi:t]
overthrow (of government)	letaszítás	[lɛtɒsi:ta:ʃ]
revolution	forradalom	[forrɒdɒlom]
coup d'état	államcsíny	[a:llɒmtʃi:ɲ]
military coup	katonai puccs	[kɒtonɒi putʃ]
crisis	válság	[va:lʃa:g]
economic recession	gazdasági hanyatlás	[gɒzdɒʃa:gi hɒɲɒtla:ʃ]
demonstrator (protester)	felvonuló	[fɛlvonulo:]
demonstration	felvonulás	[fɛlvonula:ʃ]
martial law	hadiállapot	[hɒdia:llɒpot]
military base	támaszpont	[ta:mɒspont]
stability	szilárdság	[sila:rdʃa:g]
stable (adj)	szilárd	[sila:rd]
exploitation	kizsákmányolás	[kiʒa:kma:ɲola:ʃ]
to exploit (workers)	kizsákmányol	[kiʒa:kma:ɲøl]
racism	fajelmélet	[fojɛlme:lɛt]
racist	fajvédő	[fojve:dø:]

fascism	**fasizmus**	[fɒʃizmuʃ]
fascist	**fasiszta**	[fɒʃistɒ]

245. Countries. Miscellaneous

foreigner	**külföldi**	[kylføldi]
foreign (adj)	**idegen**	[idɛgɛn]
abroad	**külföldön**	[kylføldøn]
(in a foreign country)		

emigrant	**emigráns**	[ɛmigraːnʃ]
emigration	**emigrálás**	[ɛmigraːlaːʃ]
to emigrate (vi)	**emigrál**	[ɛmigraːl]

the West	**a Nyugat**	[ɒ ɲugɒt]
the East	**a Kelet**	[ɒ kɛlɛt]
the Far East	**TávolKelet**	[taːvolkɛlɛt]

civilization	**civilizáció**	[tsiviliːzaːtsioː]
humanity (mankind)	**emberiség**	[ɛmbɛriʃeːg]
the world (earth)	**világ**	[vilaːg]
peace	**béke**	[beːkɛ]
worldwide (adj)	**világ**	[vilaːg]

homeland	**haza**	[hɒzɒ]
people (population)	**nép**	[neːp]
population	**lakosság**	[lɒkoʃaːg]
people (a lot of ~)	**emberek**	[ɛmbɛrɛk]
nation (people)	**nemzet**	[nɛmzɛt]
generation	**nemzedék**	[nɛmzɛdeːk]

territory (area)	**terület**	[tɛrylɛt]
region	**régió**	[reːgioː]
state (part of a country)	**állam**	[aːllɒm]

tradition	**hagyomány**	[hɒɟomaːɲ]
custom (tradition)	**szokás**	[sokaːʃ]
ecology	**ökológia**	[økoloːgiɒ]

Indian (Native American)	**indián**	[indiaːn]
Gypsy (masc.)	**cigány**	[tsigaːɲ]

Gypsy (fem.)	**cigány nő**	[tsigaːɲ nøː]
Gypsy (adj)	**cigány**	[tsigaːɲ]

empire	**birodalom**	[birodɒlom]
colony	**gyarmat**	[ɟormɒt]
slavery	**rabság**	[rɒbʃaːg]
invasion	**invázió**	[invaːzioː]
famine	**éhség**	[eːhʃeːg]

246. Major religious groups. Confessions

religion	vallás	[vɒlla:ʃ]
religious (adj)	vallásos	[vɒlla:ʃoʃ]
faith, belief	hit	[hit]
to believe (in God)	hisz	[his]
believer	istenhívő	[iʃtɛnhi:vø:]
atheism	ateizmus	[ɒtɛizmuʃ]
atheist	ateista	[ɒtɛiʃtɒ]
Christianity	kereszténység	[kɛrɛste:ɲʃe:g]
Christian (n)	keresztény	[kɛrɛste:ɲ]
Christian (adj)	keresztény	[kɛrɛste:ɲ]
Catholicism	katolicizmus	[kɒtolitsizmuʃ]
Catholic (n)	katolikus	[kɒtolikuʃ]
Catholic (adj)	katolikus	[kɒtolikuʃ]
Protestantism	protestantizmus	[protɛʃtɒntizmuʃ]
Protestant Church	protestáns egyház	[protɛsta:nʃ ɛɟha:z]
Protestant (n)	protestáns	[protɛsta:nʃ]
Orthodoxy	igazhitűség	[igɒzhity:se:g]
Orthodox Church	ortodox egyház	[ortodoks ɛcha:z]
Orthodox (n)	ortodox	[ortodoks]
Presbyterianism	presbiteriánus egyház	[prɛʃbitɛria:nuʃ ɛɟha:z]
Presbyterian Church	presbiteriánus egyház	[prɛʃbitɛria:nuʃ ɛɟha:z]
Presbyterian (n)	presbiteriánus	[prɛʃbitɛria:nuʃ]
Lutheranism	lutheránus egyház	[lutɛra:nuʃ ɛɟha:z]
Lutheran (n)	lutheránus	[lutɛra:nuʃ]
Baptist Church	baptizmus	[bɒptizmuʃ]
Baptist (n)	baptista	[bɒptiʃtɒ]
Anglican Church	anglikán egyház	[ɒŋglika:n ɛɟha:z]
Anglican (n)	anglikán	[ɒŋglika:n]
Mormonism	mormon vallás	[mormon vɒlla:ʃ]
Mormon (n)	mormon	[mormon]
Judaism	judaizmus	[judɒizmuʃ]
Jew (n)	zsidó férfi	[ʒido: fe:rfi]
Buddhism	buddhizmus	[buddizmuʃ]
Buddhist (n)	buddhista	[buddiʃtɒ]
Hinduism	hinduizmus	[hinduizmuʃ]
Hindu (n)	hinduista	[induiʃtɒ]

Islam	iszlám	[isla:m]
Muslim (n)	muzulmán	[muzulma:n]
Muslim (adj)	muzulmán	[muzulma:n]

Shiah Islam	síita vallás	[ʃi:itɒ vɒlla:ʃ]
Shiite (n)	síita hívő	[ʃi:itɒ hi:vø:]

Sunni Islam	szunnita vallás	[sunnitɒ vɒlla:ʃ]
Sunnite (n)	szunnita	[sunnitɒ]

247. Religions. Priests

priest	pap	[pɒp]
the Pope	a római pápa	[ɒ ro:mɒi pa:pɒ]

monk, friar	barát	[bɒra:t]
nun	apáca	[ɒpa:tsɒ]
pastor	lelki pásztor	[lɛlki pa:stor]

abbot	apát	[ɒpa:t]
vicar (parish priest)	vikárius	[vika:riuʃ]
bishop	püspök	[pyʃpøk]
cardinal	bíboros	[bi:boroʃ]

preacher	prédikátor	[pre:dika:tor]
preaching	prédikáció	[pre:dika:tsio:]
parishioners	parókia	[pɒro:kiɒ]

believer	istenhívő	[iʃtɛnhi:vø:]
atheist	ateista	[ɒtɛiʃtɒ]

248. Faith. Christianity. Islam

Adam	Ádám	[a:da:m]
Eve	Éva	[e:vɒ]

God	Isten	[iʃtɛn]
the Lord	Úr	[u:r]
the Almighty	Mindenható	[mindɛnhɒto:]

sin	bűn	[by:n]
to sin (vi)	bűnt követ el	[by:nt køvɛt ɛl]
sinner (masc.)	bűnös	[by:nøʃ]
sinner (fem.)	bűnös nő	[by:nøʃ nø:]

hell	pokol	[pokol]
paradise	paradicsom	[pɒrɒditʃom]
Jesus	Jézus	[je:zuʃ]

Jesus Christ	Jézus Krisztus	[je:zuʃ kristuʃ]
the Holy Spirit	szentlélek	[sɛntle:lɛk]
the Savior	Megváltó	[mɛgva:lto:]
the Virgin Mary	Szűzanya	[sy:zɒɲɒ]
the Devil	ördög	[ørdøg]
devil's (adj)	ördögi	[ørdøgi]
Satan	sátán	[ʃa:ta:n]
satanic (adj)	sátáni	[ʃa:ta:ni]
angel	angyal	[ɒɲɟɒl]
guardian angel	őrangyal	[ø:rɒɲɟɒl]
angelic (adj)	angyali	[ɒɲɟɒli]
apostle	apostol	[ɒpoʃtol]
archangel	arkangyal	[ɒrkɒɲɟɒl]
the Antichrist	Antikrisztus	[ɒntikristuʃ]
Church	Egyház	[ɛɟha:z]
Bible	Biblia	[bibliɒ]
biblical (adj)	bibliai	[bibliɒi]
Old Testament	Ószövetség	[o:søvɛtʃe:g]
New Testament	Újszövetség	[u:jsøvɛtʃe:g]
Gospel	evangélium	[ɛvɒnge:lium]
Holy Scripture	szentírás	[sɛnti:ra:ʃ]
Heaven	mennyország	[mɛɲɲorsa:g]
Commandment	parancs	[pɒrontʃ]
prophet	próféta	[pro:fe:tɒ]
prophecy	jóslat	[jo:ʃlɒt]
Allah	Allah	[ɒlloh]
Mohammed	Mohamed	[mohɒme:d]
the Koran	Korán	[kora:n]
mosque	mecset	[mɛtʃɛt]
mullah	mullah	[mullɒ]
prayer	ima	[imɒ]
to pray (vi, vt)	imádkozik	[ima:dkozik]
pilgrimage	zarándoklat	[zɒra:ndoklɒt]
pilgrim	zarándok	[zɒra:ndok]
Mecca	Mekka	[mɛkkɒ]
church	templom	[tɛmplom]
temple	templom	[tɛmplom]
cathedral	székesegyház	[se:kɛʃɛɟha:z]
Gothic (adj)	gótikus	[go:tikuʃ]
synagogue	zsinagóga	[ʒinɒgo:gɒ]
mosque	mecset	[mɛtʃɛt]
chapel	kápolna	[ka:polnɒ]

abbey	apátság	[ɒpaːʧaːg]
convent	zárda	[zaːrdɒ]
monastery	kolostor	[kolostor]

bell (church ~s)	harang	[hɒrɒŋg]
bell tower	harangtorony	[hɒrɒŋktoroɲ]
to ring (ab. bells)	cseng	[ʧɛŋg]

cross	kereszt	[kɛrɛst]
cupola (roof)	kupola	[kupolɒ]
icon	ikon	[ikon]

soul	lélek	[leːlɛk]
fate (destiny)	sors	[ʃorʃ]
evil (n)	gonosz	[gonos]
good (n)	jó	[joː]

vampire	vámpír	[vaːmpiːr]
witch (evil ~)	boszorkány	[bosorkaːɲ]
demon	démon	[deːmon]
spirit	lélek	[leːlɛk]

| redemption (giving us ~) | levezeklés | [lɛvɛzɛkleːʃ] |
| to redeem (vt) | levezekel | [lɛvɛzɛkɛl] |

church service, mass	istentisztelet	[iʃtɛntistɛlɛt]
to say mass	celebrál	[tsɛlɛbraːl]
confession	gyónás	[ɟøːnaːʃ]
to confess (vi)	gyón	[ɟøːn]

saint (n)	szent	[sɛnt]
sacred (holy)	szent	[sɛnt]
holy water	szenteltvíz	[sɛntɛltviːz]

ritual (n)	rítus	[riːtuʃ]
ritual (adj)	rituális	[rituaːliʃ]
sacrifice	áldozati szertartás	[aːldozɒti sɛrtɒrtaːʃ]

superstition	babona	[bɒbonɒ]
superstitious (adj)	babonás	[bɒbonaːʃ]
afterlife	túlvilág	[tuːlvilaːg]
eternal life	örökélet	[ørøkeːlɛt]

MISCELLANEOUS

249. Various useful words

background (green ~)	háttér	[ha:tte:r]
balance (of situation)	mérleg	[meːrlɛg]
barrier (obstacle)	akadály	[ɒkɒdaːj]
base (basis)	alap	[ɒlɒp]
beginning	kezdet	[kɛzdɛt]
category	kategória	[kɒtɛgoːriɒ]
cause (reason)	ok	[ok]
choice	választás	[vaːlɒstaːʃ]
coincidence	egybeesés	[ɛɟbɛɛʃeːʃ]
comfortable (~ chair)	kényelmes	[keːnɛlmɛʃ]
comparison	összehasonlítás	[øssɛhɒʃonliːtaːʃ]
compensation	térítés	[teːriːteːʃ]
degree (extent, amount)	fokozat	[fokozɒt]
development	fejlődés	[fɛjløːdeːʃ]
difference	különbség	[kylønbʃeːg]
effect (e.g., of drugs)	hatás	[hɒtaːʃ]
effort (exertion)	erőfeszítés	[ɛrøːfɛsiːteːʃ]
element	elem	[ɛlɛm]
end (finish)	vég	[veːg]
example (illustration)	példa	[peːldɒ]
fact	tény	[teːɲ]
frequent (adj)	gyakori	[ɟɒkori]
growth (development)	növekedés	[nøvɛkɛdeːʃ]
help	segítség	[ʃɛgiːt͡ʃeːg]
ideal	eszménykép	[ɛsmeːɲkeːp]
kind (sort, type)	fajta	[fojtɒ]
labyrinth	labirintus	[lɒbirintuʃ]
mistake, error	hiba	[hibɒ]
moment	pillanat	[pillɒnɒt]
object (thing)	tárgy	[taːrɟ]
obstacle	akadály	[ɒkɒdaːj]
original (original copy)	az eredeti	[ɒz ɛrɛdɛti]
part (~ of sth)	rész	[reːs]
particle, small part	részecske	[reːsɛt͡ʃkɛ]
pause (break)	szünet	[synɛt]

position	helyzet	[hɛjzɛt]
principle	elv	[ɛlv]
problem	probléma	[proble:mɒ]

process	folyamat	[fojɒmɒt]
progress	haladás	[hɒlɒda:ʃ]
property (quality)	sajátosság	[ʃɒja:toʃa:g]
reaction	reakció	[rɛɒktsio:]
risk	kockázat	[kotska:zɒt]

secret	titok	[titok]
series	sorozat	[ʃorozɒt]
shape (outer form)	forma	[formɒ]
situation	helyzet	[hɛjzɛt]
solution	megoldás	[mɛgolda:ʃ]

standard (adj)	szabványos	[sɒbva:nøʃ]
standard (level of quality)	szabvány	[sɒbva:ɲ]
stop (pause)	szünet	[synɛt]
style	stílus	[ʃti:luʃ]

system	rendszer	[rɛndsɛr]
table (chart)	táblázat	[ta:bla:zɒt]
tempo, rate	tempó	[tɛmpo:]
term (word, expression)	szakkifejezés	[sɒkkifɛjɛze:ʃ]

thing (object, item)	holmi	[holmi]
truth (e.g., moment of ~)	igazság	[igɒʃa:g]
turn (please wait your ~)	sor	[ʃor]
type (sort, kind)	típus	[ti:puʃ]
urgent (adj)	sürgős	[ʃyrgø:ʃ]

urgently (adv)	sürgősen	[ʃyrgø:ʃɛn]
utility (usefulness)	haszon	[hɒson]
variant (alternative)	változat	[va:ltozɒt]
way (means, method)	módszer	[mo:dsɛr]
zone	övezet	[øvɛzɛt]

250. Modifiers. Adjectives. Part 1

additional (adj)	pótló	[po:tlo:]
ancient (~ civilization)	ősi	[ø:ʃi]
artificial (adj)	mesterséges	[mɛʃtɛrʃe:gɛʃ]
back, rear (adj)	hátsó	[ha:tʃo:]
bad (adj)	rossz	[ross]

beautiful (~ palace)	gyönyörű	[ɟøɲøry:]
beautiful (person)	szép	[se:p]
big (in size)	nagy	[nɒɟ]

bitter (taste)	keserű	[kɛʃɛry:]
blind (sightless)	vak	[vɒk]
calm, quiet (adj)	nyugodt	[ɲugott]
careless (negligent)	hanyag	[hɒɲɒg]
caring (~ father)	gondos	[gondoʃ]
central (adj)	közepes	[køzɛpɛʃ]
cheap (low-priced)	olcsó	[oltʃo:]
cheerful (adj)	vidám	[vida:m]
children's (adj)	gyermek	[ɟɛrmɛk]
civil (~ law)	polgári	[polga:ri]
clandestine (secret)	titokban	[titogbɒn]
clean (free from dirt)	tiszta	[tistɒ]
clear (explanation, etc.)	világos	[vila:goʃ]
clever (smart)	okos	[okoʃ]
close (near in space)	közeli	[køzɛli]
closed (adj)	zárt	[za:rt]
cloudless (sky)	felhőtlen	[fɛlhø:tlɛg]
cold (drink, weather)	hideg	[hidɛg]
compatible (adj)	összeegyeztethető	[øssɛɛɟɛztɛthɛtø:]
contented (satisfied)	elégedett	[ɛle:gɛdɛtt]
continuous (uninterrupted)	szakadatlan	[sɒkɒdɒtlɒn]
cool (weather)	hűvös	[hy:vøʃ]
dangerous (adj)	veszélyes	[vɛse:jɛʃ]
dark (room)	sötét	[ʃøte:t]
dead (not alive)	halott	[hɒlott]
dense (fog, smoke)	sűrű	[ʃy:ry:]
destitute (extremely poor)	koldus	[kolduʃ]
different (not the same)	különféle	[kylønfe:lɛ]
difficult (decision)	nehéz	[nɛhe:z]
difficult (problem, task)	bonyolult	[bonølult]
dim, faint (light)	homályos	[homa:joʃ]
dirty (not clean)	piszkos	[piskoʃ]
distant (in space)	távoli	[ta:voli]
dry (clothes, etc.)	száraz	[sa:rɒz]
easy (not difficult)	egyszerű	[ɛcsɛry:]
empty (glass, room)	üres	[yrɛʃ]
even (e.g., ~ surface)	sík	[ʃi:k]
exact (amount)	pontos	[pontoʃ]
excellent (adj)	kiváló	[kiva:lo:]
excessive (adj)	túlzott	[tu:lzott]
expensive (adj)	drága	[dra:gɒ]
exterior (adj)	külső	[kylʃø:]
far (the ~ East)	távoli	[ta:voli]

fast (quick)	**gyors**	[ɟорʃ]
fatty (food)	**zsíros**	[ʒiːroʃ]
fertile (land, soil)	**termékeny**	[tɛrmeːkɛɲ]
flat (~ panel display)	**lapos**	[lɒpoʃ]
foreign (adj)	**idegen**	[idɛgɛn]
fragile (china, glass)	**törékeny**	[tøreːkɛɲ]
free (at no cost)	**ingyenes**	[iɲɟɛnɛʃ]
free (unrestricted)	**szabad**	[sɒbɒd]
fresh (~ water)	**édes**	[eːdɛʃ]
fresh (e.g., ~ bread)	**friss**	[friʃ]
frozen (food)	**fagyasztott**	[fɒɟostott]
full (completely filled)	**telt**	[tɛlt]
gloomy (house, forecast)	**sötét**	[ʃøteːt]
good (book, etc.)	**jó**	[joː]
good, kind (kindhearted)	**kedves**	[kɛdvɛʃ]
grateful (adj)	**hálás**	[haːlaːʃ]
happy (adj)	**boldog**	[boldog]
hard (not soft)	**kemény**	[kɛmeːɲ]
heavy (in weight)	**súlyos**	[ʃuːjoʃ]
hostile (adj)	**ellenséges**	[ɛllɛnʃeːgɛʃ]
hot (adj)	**meleg**	[mɛlɛg]
huge (adj)	**hatalmas**	[hɒtɒlmɒʃ]
humid (adj)	**nedves**	[nɛdvɛʃ]
hungry (adj)	**éhes**	[eːhɛʃ]
ill (sick, unwell)	**beteg**	[bɛtɛg]
immobile (adj)	**mozdulatlan**	[mozdulɒtlɒn]
important (adj)	**fontos**	[fontoʃ]
impossible (adj)	**lehetetlen**	[lɛhɛtɛtlɛn]
incomprehensible	**érthetetlen**	[eːrthɛtɛtlɛn]
indispensable (adj)	**szükséges**	[sykʃeːgɛʃ]
inexperienced (adj)	**tapasztalatlan**	[tɒpɒstɒlɒtlɒn]
insignificant (adj)	**jelentéktelen**	[jɛlɛnteːktɛlɛn]
interior (adj)	**belső**	[bɛlʃøː]
joint (~ decision)	**együttes**	[ɛɟyttɛʃ]
last (e.g., ~ week)	**elmúlt**	[ɛlmuːlt]
last (final)	**utolsó**	[utolʃoː]
left (e.g., ~ side)	**bal**	[bɒl]
legal (legitimate)	**törvényes**	[tørveːɲɛʃ]
light (in weight)	**könnyű**	[køɲɲyː]
light (pale color)	**világos**	[vilaːgoʃ]
limited (adj)	**korlátozott**	[korlaːtozott]
liquid (fluid)	**folyékony**	[fojeːkoɲ]
long (e.g., ~ hair)	**hosszú**	[hossuː]

| loud (voice, etc.) | hangos | [hɒŋgoʃ] |
| low (voice) | halk | [hɒlk] |

251. Modifiers. Adjectives. Part 2

main (principal)	fő	[fø:]
matt, matte	tompa fényű	[tompɒ fe:ɲ]
meticulous (job)	pontos	[pontoʃ]
mysterious (adj)	titokzatos	[titogzɒtoʃ]
narrow (street, etc.)	keskeny	[kɛʃkɛɲ]

native (~ country)	szülő	[sylø:]
nearby (adj)	közeli	[køzɛli]
nearsighted (adj)	rövidlátó	[røvidla:to:]
needed (necessary)	szükséges	[sykʃe:gɛʃ]
negative (~ response)	nemleges	[nɛmlɛgɛʃ]

neighboring (adj)	szomszédos	[somse:doʃ]
nervous (adj)	ideges	[idɛgɛʃ]
new (adj)	új	[u:j]
next (e.g., ~ week)	következő	[køvɛtkɛzø:]

nice (agreeable)	kedves	[kɛdvɛʃ]
pleasant (voice)	kellemes	[kɛllɛmɛʃ]
normal (adj)	normális	[norma:liʃ]
not big (adj)	kicsiny	[kitʃiɲ]
not difficult (adj)	könnyű	[kønɲy:]

obligatory (adj)	kötelező	[køtɛlɛzø:]
old (house)	öreg	[ørɛg]
open (adj)	nyitott	[ɲitott]
opposite (adj)	ellentétes	[ɛllɛnte:tɛʃ]

ordinary (usual)	szokásos	[soka:ʃoʃ]
original (unusual)	eredeti	[ɛrɛdɛti]
past (recent)	elmúlt	[ɛlmu:lt]
permanent (adj)	állandó	[a:llɒndo:]
personal (adj)	személyi	[sɛme:ji]

polite (adj)	udvarias	[udvɒriɒʃ]
poor (not rich)	szegény	[sɛge:ɲ]
possible (adj)	lehetséges	[lɛhɛtʃe:gɛʃ]
present (current)	jelen	[jɛlɛn]

principal (main)	alapvető	[ɒlɒpvɛtø:]
private (~ jet)	magán	[mɒga:n]
probable (adj)	valószínű	[vɒlo:si:ny:]
prolonged (e.g., ~ applause)	hosszú	[hossu:]
public (open to all)	társadalmi	[ta:rʃɒdɒlmi]

punctual (person)	pontos	[pontoʃ]
quiet (tranquil)	csendes	[tʃɛndɛʃ]
rare (adj)	ritka	[ritkɒ]
raw (uncooked)	nyers	[ɲɛrʃ]
right (not left)	jobb	[jobb]

right, correct (adj)	helyes	[hɛjɛʃ]
ripe (fruit)	érett	[e:rɛtt]
risky (adj)	kockázatos	[kotskɑːzɒtoʃ]
sad (~ look)	szomorú	[somoru:]

sad (depressing)	szomorú	[somoru:]
safe (not dangerous)	biztonságos	[bistonʃɑ:goʃ]
salty (food)	sós	[ʃo:ʃ]
satisfied (customer)	elégedett	[ɛle:gɛdɛtt]

second hand (adj)	használt	[hɒsnɑːlt]
shallow (water)	sekély	[ʃɛke:j]
sharp (blade, etc.)	éles	[e:lɛʃ]
short (in length)	rövid	[røvid]

short, short-lived (adj)	rövid ideig tartó	[røvid idɛig tɒrto:]
significant (notable)	jelentős	[jɛlɛntøːʃ]
similar (adj)	hasonló	[hɒʃonlo:]
simple (easy)	egyszerű	[ɛcsɛry:]
skinny	sovány	[ʃovaːɲ]

small (in size)	kicsi	[kitʃi]
smooth (surface)	sima	[ʃimɒ]
soft (~ toys)	puha	[puhɒ]
solid (~ wall)	tartós	[tɒrto:ʃ]

sour (flavor, taste)	savanyú	[ʃɒvɒnju:]
spacious (house, etc.)	tágas	[tɑ:gɒʃ]
special (adj)	speciális	[ʃpɛtsia:liʃ]
straight (line, road)	egyenes	[ɛɟɛnɛʃ]
strong (person)	erős	[ɛrø:ʃ]

stupid (foolish)	buta	[butɒ]
suitable (e.g., ~ for drinking)	alkalmas	[ɒlkɒlmɒʃ]
sunny (day)	napos	[nɒpoʃ]
superb, perfect (adj)	kitűnő	[kity:nø:]
swarthy (adj)	barna	[bɒrnɒ]

sweet (sugary)	édes	[e:dɛʃ]
tan (adj)	lesült	[lɛʃylt]
tasty (delicious)	finom	[finom]
tender (affectionate)	gyengéd	[ɟɛŋge:d]
the highest (adj)	legfelső	[lɛgfɛlʃø:]
the most important	legfontosabb	[lɛgfontoʃobb]
the nearest	legközelebbi	[lɛgkøzɛlɛbbi]

the same, equal (adj)	egyforma	[ɛɟformɒ]
thick (e.g., ~ fog)	sűrű	[ʃyːryː]
thick (wall, slice)	vastag	[vɒʃtɒg]

thin (person)	sovány	[ʃovaːɲ]
tired (exhausted)	fáradt	[faːrɒtt]
tiring (adj)	fárasztó	[faːrɒstoː]

transparent (adj)	átlátszó	[aːtlaːtsoː]
unclear (adj)	homályos	[homaːjoʃ]
unique (exceptional)	egyedi	[ɛɟɛdi]
various (adj)	különböző	[kylønbøzøː]

warm (moderately hot)	meleg	[mɛlɛg]
wet (e.g., ~ clothes)	vizes	[vizɛʃ]
whole (entire, complete)	egész	[ɛgeːs]
wide (e.g., ~ road)	széles	[seːlɛʃ]
young (adj)	fiatal	[fiɒtɒl]

MAIN 500 VERBS

252. Verbs A-C

to accompany (vt)	kísér	[ki:ʃeːr]
to accuse (vt)	vádol	[vaːdol]
to acknowledge (admit)	beismer	[bɛiʃmɛr]
to act (take action)	cselekszik	[ʧɛlɛksik]
to add (supplement)	hozzáad	[hozzaːɒd]
to address (speak to)	címez	[tsiːmɛz]
to admire (vi)	megcsodál	[mɛkʧodaːl]
to advertise (vt)	reklámoz	[rɛklaːmoz]
to advise (vt)	tanácsol	[tɒnaːʧol]
to affirm (assert)	állít	[aːlliːt]
to agree (say yes)	beleegyezik	[bɛlɛɛɟɛzik]
to aim (to point a weapon)	céloz	[tseːloz]
to allow (sb to do sth)	megenged	[mɛgɛŋgɛd]
to amputate (vt)	csonkol	[ʧoŋkol]
to answer (vi, vt)	válaszol	[vaːlɒsol]
to apologize (vi)	bocsánatot kér	[boʧaːnɒtot keːr]
to appear (come into view)	megjelenik	[mɛɟjɛlɛnik]
to applaud (vi, vt)	tapsol	[topʃol]
to appoint (assign)	kijelöl	[kijɛløl]
to approach (come closer)	közeledik	[køzɛlɛdik]
to arrive (ab. train)	érkezik	[eːrkɛzik]
to ask (~ sb to do sth)	kér	[keːr]
to aspire to ...	igyekszik	[iɟɛksik]
to assist (help)	segédkezik	[ʃɛgeːdkɛzik]
to attack (mil.)	támad	[taːmɒd]
to attain (objectives)	elér	[ɛleːr]
to avenge (get revenge)	megbosszul	[mɛgbossul]
to avoid (danger, task)	kitér	[kiteːr]
to award (give medal to)	kitüntet	[kityntɛt]
to battle (vi)	harcol	[hɒrtsol]
to be (vi)	van	[vɒn]
to be a cause of ...	okoz	[okoz]
to be afraid	fél	[feːl]
to be angry (with ...)	haragszik ...re	[hɒrɒgsik ...rɛ]

to be at war	harcol	[hɒrtsol]
to be based (on …)	alapul	[ɒlɒpul]
to be bored	unatkozik	[unɒtkozik]
to be convinced	meggyőződik	[mɛgɟøːzøːdik]
to be enough	elég van	[ɛleːg vɒn]
to be envious	irigyel	[iriɟɛl]
to be indignant	felháborodik	[fɛlhaːborodik]
to be interested in …	érdeklődik	[eːrdɛkløːdik]
to be lost in thought	elgondolkozik	[ɛlgondolkozik]
to be lying (~ on the table)	fekszik	[fɛksik]
to be needed	szükség van …re	[sykʃeːg vɒn …rɛ]
to be perplexed (puzzled)	megdöbbent	[mɛgdøbbɛnt]
to be preserved	megmarad	[mɛgmɒrɒd]
to be required	szükség van …re	[sykʃeːg vɒn …rɛ]
to be surprised	csodálkozik	[tʃodaːlkozik]
to be worried	nyugtalankodik	[ɲugtɒlɒŋkodik]
to beat (to hit)	üt	[yt]
to become (e.g., ~ old)	válik	[vaːlik]
to behave (vi)	viselkedik	[viʃɛlkɛdik]
to believe (think)	hisz	[his]
to belong to …	tartozik	[tɒrtozik]
to berth (moor)	kiköt	[kikøt]
to blind (other drivers)	megvakít	[mɛgvɒkiːt]
to blow (wind)	fúj	[fuːj]
to blush (vi)	elpirul	[ɛlpirul]
to boast (vi)	dicsekedik	[ditʃɛkɛdik]
to borrow (money)	kölcsönkér	[køltʃøŋkeːr]
to break (branch, toy, etc.)	tör	[tør]
to breathe (vi)	lélegzik	[leːlɛgzik]
to bring (sth)	hoz	[hoz]
to burn (paper, logs)	éget	[eːgɛt]
to buy (purchase)	vásárol	[vaːʃɒrol]
to call (~ for help)	hív	[hiːv]
to call (yell for sb)	hív	[hiːv]
to calm down (vt)	nyugtat	[ɲugtɒt]
can (v aux)	tud	[tud]
to cancel (call off)	visszavon	[vissɒvon]
to cast off (of a boat or ship)	elold	[ɛlold]
to catch (e.g., ~ a ball)	fog	[fog]
to change (~ one's opinion)	változtat	[vaːltoztɒt]
to change (exchange)	cserél	[tʃɛreːl]
to charm (vt)	elbájol	[ɛlbaːjol]
to choose (select)	választ	[vaːlɒst]

to chop off (with an ax)	levág	[lɛvaːg]
to clean	megtisztít	[mɛgtistiːt]
(e.g., kettle from scale)		
to clean (shoes, etc.)	tisztít	[tistiːt]

to clean up (tidy)	takarít	[tɒkɒriːt]
to close (vt)	bezár	[bɛzaːr]
to comb one's hair	fésül	[feːʃyl]
to come down (the stairs)	lemegy	[lɛmɛɟ]

to come out (book)	megjelenik	[mɛgjɛlɛnik]
to compare (vt)	összehasonlít	[øssɛhɒʃonliːt]
to compensate (vt)	kompenzál	[kompɛnzaːl]
to compete (vi)	versenyez	[vɛrʃɛnɛz]

to compile (~ a list)	összeállít	[øssɛaːlliːt]
to complain (vi, vt)	panaszkodik	[pɒnɒskodik]
to complicate (vt)	bonyolít	[bonøliːt]
to compose (music, etc.)	szerez	[sɛrɛz]

to compromise (reputation)	kompromittál	[kompromittaːl]
to concentrate (vi)	összpontosul	[øsspontoʃul]
to confess (criminal)	bevall	[bɛvɒll]
to confuse (mix up)	összetéveszt	[øssɛteːvɛst]

to congratulate (vt)	gratulál	[grɒtulaːl]
to consult (doctor, expert)	tanácskozik ... vel	[tɒnaːtʃkozik ... vɛl]
to continue (~ to do sth)	folytat	[fojtɒt]
to control (vt)	ellenőriz	[ɛllɛnøːriz]

to convince (vt)	meggyőz	[mɛgɟøːz]
to cooperate (vi)	együttműködik	[ɛɟyttmyːkødik]
to coordinate (vt)	koordinál	[koordinaːl]
to correct (an error)	javít	[jɒviːt]

to cost (vt)	kerül	[kɛryl]
to count (money, etc.)	számol	[saːmol]
to count on ...	számít ...re	[saːmiːt ...rɛ]
to crack (ceiling, wall)	megrepedezik	[mɛgrɛpɛdɛzik]

to create (vt)	teremt	[tɛrɛmt]
to crush,	szétnyom	[seːtnøm]
to squash (~ a bug)		
to cry (weep)	sír	[ʃiːr]
to cut off (with a knife)	levág	[lɛvaːg]

253. Verbs D-G

| to dare (~ to do sth) | merészel | [mɛreːsɛl] |
| to date from ... | keltez | [kɛltɛz] |

to deceive (vi, vt)	csal	[ʧɒl]
to decide (~ to do sth)	eldönt	[ɛldønt]
to decorate (tree, street)	díszít	[di:si:t]
to dedicate (book, etc.)	szentel	[sɛntɛl]
to defend (a country, etc.)	véd	[ve:d]
to defend oneself	védekezik	[ve:dɛkɛzik]
to demand (request firmly)	követel	[køvɛtɛl]
to denounce (vt)	besúg	[bɛʃu:g]
to deny (vt)	tagad	[tɒgɒd]
to depend on ...	függ	[fygg]
to deprive (vt)	megfoszt	[mɛgfost]
to deserve (vt)	érdemel	[e:rdɛmɛl]
to design (machine, etc.)	tervez	[tɛrvɛz]
to desire (want, wish)	óhajt	[o:hɒjt]
to despise (vt)	lenéz	[lɛne:z]
to destroy (documents, etc.)	megsemmisít	[mɛgʃɛmmiʃi:t]
to differ (from sth)	eltér	[ɛlte:r]
to dig (tunnel, etc.)	ás	[a:ʃ]
to direct (point the way)	irányít	[ira:ni:t]
to disappear (vi)	eltűnik	[ɛlty:nik]
to discover (new land, etc.)	felfedez	[fɛlfɛdɛz]
to discuss (vt)	megbeszél	[mɛgbɛse:l]
to distribute (leaflets, etc.)	terjeszt	[tɛrjɛst]
to disturb (vt)	zavar	[zɒvɒr]
to dive (vi)	lemerül	[lɛmɛryl]
to divide (math)	oszt	[ost]
to do (vt)	csinál	[ʧina:l]
to do the laundry	mos	[moʃ]
to double (increase)	megkettőz	[mɛgkɛttø:z]
to doubt (have doubts)	kételkedik	[ke:tɛlkɛdik]
to draw a conclusion	következtetésre jut	[køvɛtkɛstɛte:ʃrɛ jut]
to dream (daydream)	ábrándozik	[a:bra:ndozik]
to dream (in sleep)	álmodik	[a:lmodik]
to drink (vi, vt)	iszik	[isik]
to drive a car	autót vezet	[ɒuto:t vɛzɛt]
to drive away (scare away)	elkerget	[ɛlkɛrgɛt]
to drop (let fall)	leejt	[lɛɛjt]
to drown (ab. person)	vízbe fúl	[vi:zbɛ fu:l]
to dry (clothes, hair)	szárít	[sa:ri:t]
to eat (vi, vt)	eszik	[ɛsik]
to eavesdrop (vi)	hallgatózik	[hɒllgɒto:zik]

255

to emit (diffuse - odor, etc.)	áraszt	[a:rɒst]
to enjoy oneself	szórakozik	[so:rɒkozik]

to enter (on the list)	beír	[bɛi:r]
to enter (room, house, etc.)	bejön	[bɛjøn]
to entertain (amuse)	szórakoztat	[so:rɒkoztɒt]
to equip (fit out)	felszerel	[fɛlsɛrɛl]

to examine (proposal)	elbírál	[ɛlbi:ra:l]
to exchange (sth)	kicserél	[kitʃɛre:l]
to excuse (forgive)	bocsát	[botʃa:t]
to exist (vi)	létezik	[le:tɛzik]

to expect (anticipate)	vár	[va:r]
to expect (foresee)	előre lát	[ɛlø:rɛ la:t]
to expel (from school, etc.)	kizár	[kiza:r]
to explain (vt)	magyaráz	[mɒɟɒra:z]

to express (vt)	kifejez	[kifɛjɛz]
to extinguish (a fire)	elolt	[ɛlolt]
to fall in love (with …)	beleszeret	[bɛlɛsɛrɛt]
to feed (provide food)	etet	[ɛtɛt]

to fight (against the enemy)	harcol	[hɒrtsol]
to fight (vi)	verekedik	[vɛrɛkɛdik]
to fill (glass, bottle)	tölt	[tølt]
to find (~ lost items)	talál	[tɒla:l]

to finish (vt)	befejez	[bɛfɛjɛz]
to fish (angle)	halat fog	[hɒlɒt fog]
to fit (ab. dress, etc.)	megfelel	[mɛgfɛlɛl]
to flatter (vt)	hízeleg	[hi:zɛlɛg]

to fly (bird, plane)	repül	[rɛpyl]
to follow … (come after)	követ	[køvɛt]
to forbid (vt)	megtilt	[mɛgtilt]
to force (compel)	kényszerít	[ke:ɲsɛri:t]

to forget (vi, vt)	elfelejt	[ɛlfɛlɛjt]
to forgive (pardon)	bocsát	[botʃa:t]
to form (constitute)	alakít	[ɒlɒki:t]
to get dirty (vi)	bepiszkolódik	[bɛpiskolo:dik]

to get infected (with …)	fertőződik	[fɛrtø:zø:dik]
to get irritated	felingerel	[fɛliŋgɛrɛl]
to get married	feleségül vesz	[fɛlɛʃe:gyl vɛs]
to get rid of …	megszabadul	[mɛgsɒbɒdul]
to get tired	elfárad	[ɛlfa:rɒd]
to get up (arise from bed)	felkel	[fɛlkɛl]

to give a bath (to bath)	fürdet	[fyrdɛt]
to give a hug, to hug (vt)	megölel	[mɛgølɛl]
to give in (yield to)	enged	[ɛŋgɛd]
to glimpse (vt)	meglát	[mɛgla:t]
to go (by car, etc.)	utazik	[utɒzik]

to go (on foot)	megy	[mɛɟ]
to go for a swim	fürdik	[fyrdik]
to go out (for dinner, etc.)	kimegy	[kimɛɟ]
to go to bed (go to sleep)	lefekszik	[lɛfɛksik]

to greet (vt)	üdvözöl	[ydvøzøl]
to grow (plants)	termel	[tɛrmɛl]
to guarantee (vt)	biztosít	[bistoʃi:t]
to guess (the answer)	kitalál	[kitɒla:l]

254. Verbs H-M

to hand out (distribute)	szétoszt	[se:tost]
to hang (curtains, etc.)	akaszt	[ɒkɒst]
to have (vt)	van	[vɒn]
to have a try	próbál	[pro:ba:l]
to have breakfast	reggelizik	[rɛggɛlizik]

to have dinner	vacsorázik	[vɒtʃora:zik]
to have lunch	ebédel	[ɛbe:dɛl]
to head (group, etc.)	vezet	[vɛzɛt]
to hear (vt)	hall	[hɒll]
to heat (vt)	melegít	[mɛlɛgi:t]

to help (vt)	segít	[ʃɛgi:t]
to hide (vt)	rejt	[rɛjt]
to hire (e.g., ~ a boat)	kibérel	[kibe:rɛl]
to hire (staff)	felvesz	[fɛlvɛs]
to hope (vi, vt)	remél	[rɛme:l]

to hunt (for food, sport)	vadászik	[vɒda:sik]
to hurry (vi)	siet	[ʃiɛt]
to imagine (to picture)	elképzel	[ɛlke:pzɛl]
to imitate (vt)	utánoz	[uta:noz]
to implore (vt)	könyörög	[køɲørøg]

to import (vt)	importál	[importa:l]
to increase (vi)	növekszik	[nøvɛksik]
to increase (vt)	növel	[nøvɛl]

to infect (vt)	megfertőz	[mɛgfɛrtø:z]
to influence (vt)	hat	[hɒt]
to inform (e.g., ~ the police about)	közöl	[køzøl]

to inform (vt)	tájékoztat	[ta:je:koztɒt]
to inherit (vt)	örököl	[ørøkøl]
to inquire (about …)	megtud	[mɛgtud]

to insert (put in)	betesz	[bɛtɛs]
to insinuate (imply)	céloz	[tse:loz]
to insist (vi, vt)	ragaszkodik	[rɒgɒskodik]
to inspire (vt)	lelkesít	[lɛlkɛʃi:t]
to instruct (teach)	kiképez	[kike:pɛz]

to insult (offend)	megsért	[mɛgʃe:rt]
to interest (vt)	érdekel	[e:rdɛkɛl]
to intervene (vi)	beleavatkozik	[bɛlɛɒvɒtkozik]
to introduce (sb to sb)	bemutat	[bɛmutɒt]
to invent (machine, etc.)	feltalál	[fɛltɒla:l]

to invite (vt)	meghív	[mɛghi:v]
to iron (clothes)	vasal	[vɒʃɒl]
to irritate (annoy)	felingerel	[fɛliŋgɛrɛl]
to isolate (vt)	elszigetel	[ɛlsigɛtɛl]
to join (political party, etc.)	csatlakozik	[ʧɒtlɒkozik]

to joke (be kidding)	viccel	[vitsɛl]
to keep (old letters, etc.)	őriz	[ø:riz]
to keep silent, to hush	hallgat	[hɒllgɒt]
to kill (vt)	megöl	[mɛgøl]
to knock (on the door)	kopog	[kopog]

to know (sb)	ismer	[iʃmɛr]
to know (sth)	tud	[tud]
to laugh (vi)	nevet	[nɛvɛt]
to launch (start up)	beindít	[bɛindi:t]

to leave (~ for Mexico)	elutazik	[ɛlutozik]
to leave (forget sth)	elhagy	[ɛlhɒɟ]
to leave (spouse)	elhagy	[ɛlhɒɟ]
to liberate (city, etc.)	felszabadít	[fɛlsobɒdi:t]
to lie (~ on the floor)	fekszik	[fɛksik]

to lie (tell untruth)	hazudik	[hɒzudik]
to light (campfire, etc.)	meggyújt	[mɛɟɟu:jt]
to light up (illuminate)	világít	[vila:gi:t]
to like (I like …)	tetszik	[tɛtsik]
to limit (vt)	korlátoz	[korla:toz]

to listen (vi)	hallgat	[hɒllgɒt]
to live (~ in France)	lakik	[lɒkik]
to live (exist)	él	[e:l]
to load (gun)	megtölt	[mɛgtølt]
to load (vehicle, etc.)	megrak	[mɛgrɒk]
to look (I'm just ~ing)	néz	[ne:z]
to look for … (search)	keres	[kɛrɛʃ]

to look like (resemble)	hasonlít	[hɒʃonli:t]
to lose (umbrella, etc.)	elveszít	[ɛlvɛsi:t]
to love (e.g., ~ dancing)	szeret	[sɛrɛt]

to love (sb)	szeret	[sɛrɛt]
to lower (blind, head)	leenged	[lɛɛŋgɛd]
to make (~ dinner)	készít	[ke:si:t]
to make a mistake	hibázik	[hiba:zik]
to make angry	megharagít	[mɛghɒrɒgi:t]

to make easier	enyhít	[ɛɲhi:t]
to make multiple copies	sokszoroz	[ʃoksoroz]
to make the acquaintance	megismerkedik	[mɛgiʃmɛrkɛdik]
to make use (of ...)	használ	[hɒsna:l]
to manage, to run	irányít	[ira:ni:t]

to mark (make a mark)	megjelöl	[mɛgjɛløl]
to mean (signify)	jelent	[jɛlɛnt]
to memorize (vt)	kívülről megtanulni	[ki:vylrø:l mɛgtanulni]
to mention (talk about)	megemlít	[mɛgɛmli:t]
to miss (school, etc.)	elmulaszt	[ɛlmulɒst]

to mix (combine, blend)	összekever	[øssɛkɛvɛr]
to mock (make fun of)	gúnyol	[gu:nøl]
to move (to shift)	eltol	[ɛltol]
to multiply (math)	megszoroz	[mɛgsoroz]
must (v aux)	kell	[kɛll]

255. Verbs N-R

to name, to call (vt)	nevez	[nɛvɛz]
to negotiate (vi)	tárgyal	[ta:rɟol]
to note (write down)	megjegyez	[mɛgjɛɟɛz]
to notice (see)	észrevesz	[e:srɛvɛs]

to obey (vi, vt)	engedelmeskedik	[ɛŋgɛdɛlmɛʃkɛdik]
to object (vi, vt)	ellentmond	[ɛllɛntmond]
to observe (see)	figyel	[fiɟɛl]
to offend (vt)	megsért	[mɛgʃe:rt]
to omit (word, phrase)	kihagy	[kihɒɟ]

to open (vt)	nyit	[nit]
to order (in restaurant)	rendel	[rɛndɛl]
to order (mil.)	parancsol	[pɒrɒntʃol]
to organize (concert, party)	rendez	[rɛndɛz]
to overestimate (vt)	túlértékel	[tu:le:rte:kɛl]
to own (possess)	birtokol	[birtokol]
to participate (vi)	részt vesz	[re:st vɛs]
to pass through (by car, etc.)	elhalad	[ɛlhɒlɒd]

to pay (vi, vt)	fizet	[fizɛt]
to peep, spy on	megles	[mɛglɛʃ]
to penetrate (vt)	behatol	[bɛhɒtol]
to permit (vt)	enged	[ɛŋgɛd]
to pick (flowers)	letép	[lɛteːp]

to place (put, set)	elhelyez	[ɛlhɛjɛz]
to plan (~ to do sth)	tervez	[tɛrvɛz]
to play (actor)	játszik	[jaːtsik]
to play (children)	játszik	[jaːtsik]
to point (~ the way)	mutat	[mutɒt]

to pour (liquid)	beönt	[bɛønt]
to pray (vi, vt)	imádkozik	[imaːdkozik]
to prefer (vt)	többre becsül	[tøbbrɛ bɛtʃyl]
to prepare (~ a plan)	előkészít	[ɛløːkeːsiːt]
to present (sb to sb)	bemutat	[bɛmutɒt]

to preserve (peace, life)	megőriz	[mɛgøːriz]
to prevail (vt)	dominál	[dominaːl]
to progress (move forward)	előrehalad	[ɛløːrɛhɒlɒd]
to promise (vt)	ígér	[iːgeːr]

to pronounce (vt)	kiejt	[kiɛjt]
to propose (vt)	ajánl	[ɒjaːnl]
to protect (e.g., ~ nature)	őriz	[øːriz]
to protest (vi)	tiltakozik	[tiltɒkozik]

to prove (vt)	bebizonyít	[bɛbizoniːt]
to provoke (vt)	provokál	[provokaːl]
to pull (~ the rope)	húz	[huːz]
to punish (vt)	büntet	[byntɛt]

to push (~ the door)	lök	[løk]
to put away (vt)	eltesz	[ɛltɛs]
to put in order	rendbe hoz	[rɛndbɛ hoz]
to put, to place	tesz	[tɛs]

to quote (cite)	idéz	[ideːz]
to reach (arrive at)	elér	[ɛleːr]
to read (vi, vt)	olvas	[olvɒʃ]
to realize (a dream)	végrehajt	[veːgrɛhɒjt]
to recognize (identify sb)	megismer	[mɛgiʃmɛr]

to recommend (vt)	tanácsol	[tɒnaːtʃol]
to recover (~ from flu)	felgyógyul	[fɛlɟøːɟyl]
to redo (do again)	ismétel	[iʃmeːtɛl]
to reduce (speed, etc.)	csökkent	[tʃøkkɛnt]

to refuse (~ sb)	elutasít	[ɛlutɒʃiːt]
to regret (be sorry)	sajnál	[ʃɒjnaːl]

to reinforce (vt)	megszilárdít	[mɛgsila:rdi:t]
to remember	emlékszik	[ɛmle:ksik]
(Do you ~ me?)		

to remember	emlékszik	[ɛmle:ksik]
(I can't ~ her name)		
to remind of ...	emlékeztet	[ɛmle:kɛztɛt]
to remove (~ a stain)	eltávolít	[ɛlta:voli:t]
to remove (~ an obstacle)	elhárít	[ɛlha:ri:t]

to rent (sth from sb)	bérel	[be:rɛl]
to repair (mend)	javít	[jɒvi:t]
to repeat (say again)	ismétel	[iʃme:tɛl]
to report (make a report)	bejelent	[bɛjɛlɛnt]

to reproach (vt)	szemrehányást tesz	[sɛmrɛha:nja:ʃt tɛs]
to reserve, to book	lefoglal	[lɛfoglɒl]
to restrain (hold back)	visszatart	[vissɒtɒrt]
to return (come back)	visszatér	[vissɒte:r]

to risk, to take a risk	megkockáztat	[mɛgkotska:ztɒt]
to rub out (erase)	letöröl	[lɛtørøl]
to run (move fast)	fut	[fut]
to rush (hurry sb)	sürget	[ʃyrgɛt]

256. Verbs S-W

to satisfy (please)	eleget tesz	[ɛlɛgɛt tɛs]
to save (rescue)	megment	[mɛgmɛnt]
to say (~ thank you)	mond	[mond]
to scold (vt)	szid	[sid]

to scratch (with claws)	kapar	[kɒpɒr]
to select (to pick)	kiválaszt	[kiva:lɒst]
to sell (goods)	elad	[ɛlɒd]
to send (a letter)	felad	[fɛlɒd]

to send back (vt)	visszaküld	[vissɒkyld]
to sense (~ danger)	érez	[e:rɛz]
to sentence (vt)	elítél	[ɛli:te:l]
to serve (in restaurant)	kiszolgál	[kisolga:l]

to settle (a conflict)	elrendez	[ɛlrɛndɛz]
to shake (vt)	ráz	[ra:z]
to shave (vi)	borotválkozik	[borotva:lkozik]
to shine (gleam)	fénylik	[fe:ɲlik]

to shiver (with cold)	remeg	[rɛmɛg]
to shoot (vi)	tüzel	[tyzɛl]
to shout (vi)	kiabál	[kiɒba:l]

to show (to display)	mutat	[mutɒt]
to shudder (vi)	megrezzen	[mɛgrɛzzɛn]
to sigh (vi)	sóhajt	[ʃo:hɒjt]
to sign (document)	aláír	[ɒla:i:r]
to signify (mean)	jelent	[jɛlɛnt]

to simplify (vt)	egyszerűsít	[ɛcsɛry:ʃi:t]
to sin (vi)	bűnt követ el	[by:nt køvɛt ɛl]
to sit (be sitting)	ül	[yl]
to sit down (vi)	leül	[lɛyl]

to smell (emit an odor)	illatozik	[illɒtozik]
to smell (inhale the odor)	szagol	[sɒgol]
to smile (vi)	mosolyog	[moʃojog]
to snap (vi, ab. rope)	szétszakad	[se:tsɒkɒd]
to solve (problem)	megold	[mɛgold]

to sow (seed, crop)	elvet	[ɛlvɛt]
to spill (liquid)	kiönt	[kiønt]
to spit (vi)	köpköd	[køpkød]

to stand (toothache, cold)	elvisel	[ɛlvisɛl]
to start (begin)	kezd	[kɛzd]
to steal (money, etc.)	lop	[lop]
to stop (for pause, etc.)	megáll	[mɛga:ll]

to stop (please ~ calling me)	abbahagy	[ɒbbɒhɒɟ]
to stop talking	elhallgat	[ɛlhɒllgɒt]
to stroke (caress)	simogat	[ʃimogɒt]
to study (vt)	tanul	[tɒnul]

to suffer (feel pain)	szenved	[sɛnvɛd]
to support (cause, idea)	támogat	[ta:mogɒt]
to suppose (assume)	feltesz	[fɛltɛs]
to surface (ab. submarine)	felmerül	[fɛlmɛryl]

to surprise (amaze)	meglep	[mɛglɛp]
to suspect (vt)	gyanúsít	[ɟonu:ʃi:t]
to swim (vi)	úszik	[u:sik]
to take (get hold of)	vesz	[vɛs]

to take a bath	mosakodik	[moʃɒkodik]
to take a rest	pihen	[pihɛn]
to take away (e.g., about waiter)	elvisz	[ɛlvis]
to take off (airplane)	felszáll	[fɛlsa:ll]

to take off (painting, curtains, etc.)	levesz	[lɛvɛs]
to take pictures	fényképez	[fe:ɲke:pɛz]
to talk to ...	beszél ... vel	[bɛse:l ... vɛl]

to teach (give lessons)	**tanít**	[tɒniːt]
to tear off, to rip off (vt)	**letép**	[lɛteːp]
to tell (story, joke)	**mesél**	[mɛʃeːl]
to thank (vt)	**köszön**	[køsøn]
to think (believe)	**hisz**	[his]

to think (vi, vt)	**gondol**	[gondol]
to threaten (vt)	**fenyeget**	[fɛnɛgɛt]
to throw (stone, etc.)	**dob**	[dob]
to tie to ...	**odaköt**	[odɒkøt]

to tie up (prisoner)	**összeköt**	[øssɛkøt]
to tire (make tired)	**fáraszt**	[faːrɒst]
to touch (one's arm, etc.)	**érint**	[eːrint]
to tower (over ...)	**emelkedik**	[ɛmɛlkɛdik]

to train (animals)	**idomít**	[idomiːt]
to train (sb)	**edzeni**	[ɛdzi]
to train (vi)	**edzeni magát**	[ɛdzi mɒgaːt]
to transform (vt)	**átalakít**	[aːtɒlɒkiːt]

to translate (vt)	**fordít**	[fordiːt]
to treat (illness)	**gyógyít**	[ɟøːɟiːt]
to trust (vt)	**rábíz**	[raːbiːz]
to try (attempt)	**próbál**	[proːbaːl]

to turn (e.g., ~ left)	**fordul**	[fordul]
to turn away (vi)	**elfordul**	[ɛlfordul]
to turn off (the light)	**elolt**	[ɛlolt]
to turn on (computer, etc.)	**bekapcsol**	[bɛkɒptʃol]
to turn over (stone, etc.)	**megfordít**	[mɛgfordiːt]

to underestimate (vt)	**aláértékel**	[ɒlaːeːrteːkɛl]
to underline (vt)	**aláhúz**	[ɒlaːhuːz]
to understand (vt)	**ért**	[eːrt]
to undertake (vt)	**vállalkozik**	[vaːllɒlkozik]

to unite (vt)	**egyesít**	[ɛɟɛʃiːt]
to untie (vt)	**elold**	[ɛlold]
to use (phrase, word)	**használ**	[hɒsnaːl]
to vaccinate (vt)	**beolt**	[bɛolt]

to vote (vi)	**szavaz**	[sɒvɒz]
to wait (vt)	**vár**	[vaːr]
to wake (sb)	**ébreszt**	[eːbrɛst]
to want (wish, desire)	**akar**	[ɒkɒr]

to warn (of the danger)	**figyelmeztet**	[fiɟɛlmɛztɛt]
to wash (clean)	**mos**	[moʃ]
to water (plants)	**öntöz**	[øntøz]
to wave (the hand)	**integet**	[intɛgɛt]
to weigh (have weight)	**lemér**	[lɛmeːr]

to work (vi)	**dolgozik**	[dolgozik]
to worry (make anxious)	**nyugtalanít**	[ɲugtɒlɒniːt]
to worry (vi)	**háborog**	[haːborog]

to wrap (parcel, etc.)	**becsomagol**	[bɛtʃomɒgol]
to wrestle (sport)	**birkózik**	[birkoːzik]
to write (vt)	**ír**	[iːr]
to write down	**feljegyez**	[fɛljɛɟɛz]

Made in United States
Troutdale, OR
06/28/2023

10849988R00148